KB096157

큰 꿈 키우는
작은 대학들

큰 꿈 키우는 작은 대학들

초판 1쇄 2019년 11월 1일

편저자 | 이강렬
펴낸곳 | edu북스
펴낸이 | 김영미
편 집 | 변지애
표지디자인 | 김승일
본문디자인 | 김성인

등록번호 제2018-000054호
등록일자 2018년 4월 11일

주소 | 서울 강남구 선릉로 604(삼성동 37번지) 호산프라자 305호
전화 | 02-780-0262, 1577-6683
E-mail | tepikr@gmail.com

ISBN 979-11-965376-1-6 (03370)

큰 꿈 키우는 작은 대학들

Liberal Arts College

이강렬 편저

Edu북스

서문

해외 교육 종합 컨설팅 기관인 미래교육연구소가 한국 유학업계에 확실하게 기여한 것이 두 가지 있다. 그 하나는 중산층 가정 학생도 미국 명문 대학에 경제적 어려움 없이 다닐 수 있도록 미국 대학 재정보조(Financial aid)제도를 소개한 것이다. 미래교육연구소가 설립된 2003년부터 매년 수십 명의 가난한 학생들이 이 제도를 이용해 미국 명문대에 돈 걱정없이 진학을 하고 있다.

두번째는 한국 대학에는 없는 리버럴 아츠 칼리지(Liberal Arts College: LAC), 즉 학부중심 대학을 국내 학부모들에게 소개한 것이다. 학부중심 대학은 대학원 중심 연구중심대학과 달리 교수들이 소수 학생들을 대상으로 밀도 있는 교육을 시키는 대학을 말한다.

2003년쯤 필자가 국내 학부모들에게 리버럴 아츠 칼리지(LAC)에 대해 소개를 했을 때, 2년제 커뮤니티 칼리지로 이해를 하거나 3류의 '듣보잡 대학'으로 치부를 하고 화를 내는 사람도 있었다. 그러나 이제는 지원 대학 모두를 리버럴 아츠 칼리지로 골라오는 학부모들이 생겼다.

이 책은 리버럴 아츠 칼리지의 참 모습을 소개하기 위한 목적으로 출간한다. 리버럴 아츠 칼리지를 미래교육연구소 컨설턴트들이 백 번 소개하는 것보다 이 대학에 다니는 학생들의 목소리를 통해 정보를 제공하는 것이 설득력이 있을 것이라는 생각에서 기획을 하게 됐다. 필자와 함께 책을 집필한 사람들은 미래교육연구소 컨설팅을 통해 '리버럴 아츠 칼리지'에 진학을 했고 또 많은 재정보조/장학금을 받은 학생들이다.

국내 대학 가운데는 리버럴 아츠 칼리지 시스템을 갖고 있는 대학이 없다. 그래서 자녀를 미국 대학에 보내려는 많은 학부모들은 여전히 자신이 많이 들어본 대학, 또한 주변에서 많이 간 연구중심 대학, 특히 주립대학을 고르려 한다. 이 책의 제목처럼 리버럴 아츠 칼리지는 학생들에게 큰 꿈을 갖도록 도와주는 작은 규모 대학이다. 전체 학생이 3천명 미만이다. 하버드 대학이 6000여명, UC 버클리가 2만 8000여명인 것과 대비된다. 리버럴 아츠 칼리지 학생 수는 미국 전체 대학생 가운데 3%에 불과하다. 그러나 그 영향력은 지대해 미국 역대 대통령의 48%를 배출하고 있다.

필자가 이 책을 함께 쓴 여러 필자들에게 이번 책의 기획 의도를 밝히고 원고를 청탁했을 때 누구 하나 망설임 없이 흔쾌히 수락을 했다. 필자는 공동 저자들이 이렇게 수락할 수 있었던 것은 LAC에서 배운 비판적 사고능력과 글쓰기 수업 때문이라고 생각한다. 어떤 학생은 한글로 써줬고, 또 일부 학생들은 영어로 쓰는 것이 편하다고 해서 영어로 쓴 것을 번역했다. 모두 자신감에 넘쳐 이 책의 공저로 참여를 했다.

이 책이 나오기까지 필자와 함께 글을 쓴 여러 공동저자들에게 깊은 감사를 드린다. 밝은 미래를 열어가는 미래 주역들에게 기립 박수를 보낸다. 또한 바쁜 필자를 도와 출판 전 과정을 도와준 미래교육연구소 변지애 이사에게 깊은 감사를 드린다.

우리는 흔히 보이는 것만 믿으려 한다. 또한 내가 아는 만큼만 생각을 한다. 그러나 필자는 리버럴 아츠 칼리지를 소개하는 이 책을 집필하며 '내가 아는 게 다가 아니며, 아는 만큼 보인다'란 생각을 많이 했다. 많은 학부모들이 이 책을 통해 성공하는 자녀교육의 길을 새롭게 열어 가길 기대한다.

서울 삼성동 미래교육연구소에서
이강렬

차례

1. 큰 꿈 키우는 작은 대학들, 리버럴 아츠 칼리지 ····················· 13
   이강렬

2. 망설임 끝에 선택한 버크넬, 나를 성장시키다 ····················· 31
   Bucknell University | 변재훈

3. 브린마라서 가능했던 것들 ····································· 47
   Bryn Mawr College | 이하경

4. 단언컨데 미국에서 이보다 더 좋은 대학은 없다 ····················· 71
   College of Wooster | 황형구

5. 예상치 못한 만남은 큰 변화를 가져온다 ····················· 101
   Franklin & Marshall College | 유태호

6. 그리넬 학생은 어려운 질문을 하고 쉽게 답한다 ····················· 125
   Grinnell College | 김혜선

7. 나만을 위해 수업을 개설해 준 대학 ····························· 145
   Lawrence University | 권영훈

8.　경계를 넘어 도전할 때 비로소 배울 수 있다 ·················· 165
　　Macalester College | 정혜림

9.　미국 최초 여자 대학, 내 삶을 바꾸다 ······················· 187
　　Mount Holyoke College | 이예희

10.　고전 100권 읽고 졸업하는 대학 ·························· 213
　　ST. John's College | 임동재

11.　내가 꿈꾼 대학은 버지니아였다 ·························· 235
　　University of Richmond | 권윤민

12.　와바시는 끊임없이 도전한다! ··························· 255
　　Wabash College | 이인범

13.　영문학 작가의 꿈을 이루다 ····························· 281
　　Whitman College | 라에스터

Liberal Arts College

큰 꿈 키우는 작은 대학들,
리버럴 아츠 칼리지

미래교육연구소 소장 **이강렬 박사**

Liberal Arts College
[학부중심대학]란?

　　　　　　　　　　하버드, 프린스턴, 예일, 스탠포드 등 아이비리그 혹은 아이비리그 급 대학들과 UC버클리, UCLA, 위스콘신 메디슨, 일리노이 어바나 샴페인, 아이오와 대학 등 명문 주립대학의 이름은 귀에 익다. 그런데 윌리엄스, 앰허스트, 위튼, 콜게이트 등의 대학 이름은 낯설다. 들어본 사람도 있겠지만 대부분 한국 학부모들은 전혀 들어보지 못한 대학 이름일 것이다. 이 대학들은 학부중심 대학(Liberal Arts College)이다. 리버럴 아츠 칼리지(LAC)는 미국에만 있는 독특한 시스템을 갖춘 대학들이다. 한국에는 이런 종류의 대학이 없기 때문에 한국 학생들과 학부모들에게는 매우 낯설다.

　우리에게 잘 알려진 대학들은 대학원에 석·박사과정을 개설해 놓은 연구중심대학이다. 즉, 이 대학들의 경우 대학의 무게 중심이 학부가 아닌 대학원에 있다. 반면 리버럴 아츠 칼리지는 대학원 과정이 없거나 있어도 아주 적은 수의 석·박사 과정을 두고 있다. 그렇다면 학부중심대학, 즉 리버럴 아츠 칼리지는 어떤 특징을 갖고 있을까?

첫째, 리버럴 아츠 칼리지는 '학부 교육'에 초점을 맞추고 있다.

일반적으로 대학의 3대 기능은 연구, 강의, 출판이다. 학부와 함께 대학원을 설치한 대학의 중심 역할은 연구에 있다. 그 다음이 강의이고 세 번째가 출판이다. 박사과정이 설치된 대학의 교수들은 연구에 상당한 시간을 할애한다. 1년에 SCI(Science Citation Index), 혹은 SSCI(Social Sciences Citation Index)에 몇 편의 논문을 게재했는지, 또한 어떤 연구 성과를 냈는지가 연봉 혹은 승진에 중요한 요소가 된다. 따라서 교수들은 학생들을 가르치는데 열중하기보다는 연구 업적을 내놓는데 열심일 수밖에 없다. 연구중심대학의 경우 대학원 학생 수가 많은 반면 학부중심대학(리버럴 아츠 칼리지)에는 대학원 과정이 없거나 설치돼 있어도 극히 적다. 즉 리버럴 아츠 칼리지의 특징은 학부생을 가르치는 데 있다.

둘째, 리버럴 아츠 칼리지는 BA(문학사), BS(이학사) 학위를 수여한다.

4년제 대학을 졸업한 사람에게 대학이 학사 학위를 수여하는 것은 당연한 일이다. 학부중심대학은 우리가 알고 있는 미국의 주립대학들처럼 수업 연한이 4년이다. 즉 4년제 대학이고 학사 학위를 받게 된다. 이때 받는 학위는 문학사(BA), 혹은 이학사(BS)다. 한국 대학들도 마찬가지로 문학사와 이학사 학위를 수여한다. BA는 Bachelor of Art의 약자로 문학사이고, BS는 Bachelor of Science의 약자로 이학사를 의미한다. 한국의 학부모들 상당수는 리버럴 아츠 칼리지에 '칼리지'가 들어가는 까닭에 2년제 '커뮤니티 칼리지(Community College)'와 혼동한다. 그래서 리버럴 아츠 칼리지를 이야기하면 교육 수준을 의심한다. 그러나 미국의 리버럴 아츠 칼리지는 오랜 전통 속에 높은 교육의 질을 유지하고 있다. 우리가 일반적으로 아는 미국 주립대학들보다 그 교육 질이 더 높다.

셋째, 리버럴 아츠 칼리지는 학생 수가 매우 적다.

학생 수가 적다는 것이지 학교 부지가 작다는 것은 아니다. 앞서 설명을 하였듯이 미국 주립대학들은 대학원 과정까지 있기 때문에 학생 수가 대단히 많다. 명문 주립대학인 UC버클리의 경우 학부 학생 수가 25,774명이고 UCLA는 27,941명이다. 펜실베이니아 주립대학인 펜스테이트 대학은 38,594명이며, 위스컨신 메디슨 대학은 30,863명이다. 대개 학생수가 2만 명이 넘는다.

반면 연구중심의 사립대학은 학생 수가 주립대학보다 적다. 하버드 대학은 6,658명이고 프린스턴 대학은 다소 적은 5,336명이며 예일 대학은 5,405명이다. 사립대학이면서도 펜실베이니아 대학(유펜)은 9,841명이며, 코넬대학은 14,261명이지만 대부분 사립대학들은 학부 학생 수가 1만명을 넘지 않는다.

그러나 학부중심대학은 학생 수가 더 적다. 윌리엄스 칼리지는 2,052명이고 앰허스트 대학은 1,817명이다. 뉴욕주에 위치한 바사 대학은 2,406명이고 웨슬리언 대학은 2,940명이다. 이렇게 볼 때 학부중심대학들은 학생 수가 3,000명을 넘지 않는다. 심지어는 500명이 안 되는 대학도 있다. 예를 들어서 남자 대학인 와바시 칼리지는 906명이고 소카 유니

버시티 오브 아메리카 대학은 436명이다. 토마스 아퀴나스 칼리지는 학부 전체 학생이 370명이다.

넷째, 리버럴 아츠 칼리지의 또 다른 특징은 사고력을 확장시켜 주는 데 있다.

학부중심대학은 학생들의 생각하고 쓰는 능력을 향상시키는데 중점을 두고 있다. 즉 전공을 바로 가르치기보다는 대학원에 가서 심도 있는 전공을 할 수 있도록 사고력을 확장시키기 위한 '생각하고 글 쓰는 능력'을 키워준다. 이런 능력을 키워 주기 위해서 학부에서 종교, 철학, 문학 등 인문학을 비롯해 심리학, 사회학 등 사회과학 분야 학문들을 폭넓게 가르치고 있다. 이런 분야의 과목들을 배우는 대상은 사회과학, 자연과학을 구분하지 않고 모든 학생들이 대상이다.

다섯째, 교수는 오로지 학생을 가르치는 데만 열중을 한다.

연구중심대학에서 교수들은 연구 결과와 출판으로 평가를 받고 승진을 한다. 테뉴어 즉 종신 교수직을 얻으려면 많은 시간 연구를 하고 그 결과물을 만들어 내야 한다. 따라서 이런 상황에서 학부 학생들을 가르친다는 것은 연구중심대학 교수들에게 큰 부담이 아닐 수 없다. 따라서 학부 학생들을 가르치는 것이 첫 번째 과제인 학부중심대학 교수들에 비해 연구중심대학 교수들은 가르치는 일에 상대적으로 소홀할 수밖에 없다.

학부중심대학 특징은 교수들이 강의실 강의에서부터 실험실 실습까지 모두 직접 가르친다. 연구중심대학의 경우 많은 대학원생들이 교수의 강의나 실험을 지원한다. 실험실에서의 실험은 100% 박사과정 대학원생들 몫이다. 그러나 학부중심대학의 경우 교수들이 모두 맡는다. 따라서 수업의 질, 즉 교육의 질에서 학부중심대학이 유리할 수밖에 없다.

여섯째, 교수와 학생 간의 교류와 교감이 넓다.

학부중심대학의 가장 큰 특징 가운데 하나다. 우선 강의실에서 교수와 학생 간의 활발한 토론이 가능하다. 그것은 교수 대 학생 비율이 낮기 때문이다. 학부중심대학의 경우 30명 미만 학급이 다수다. 따라서 교수 1명이 몇 안 되는 학생들과 활발한 토론을 하게 되고 교수는 학생을 정확히 파악하게 된다. 이 같은 교류는 강의실에서뿐 아니라 강의실 밖에서도 이어진다. 연구중심대학의 경우 학생이 교수를 만나고자 하면 매우 까다롭고 복잡한 절차가 필요하다. 교수와의 면담 약속을 해야 하고 오랜 시간 이야기를 나눌 수 없다. 그러나 학부중심대학의 경우 학생이 원하면 언제든지 교수와 대화를 나누고 상담을 할 수 있다.

강의실뿐 아니라 팝에서 맥주 한잔 나누며, 혹은 식당에서 밥을 먹으며 교수와 토론을 하는 시간이 많다. 필자 둘째 아이의 경험담이다. 미국대학들은 11월 추수감사절에 기숙사를 닫고 식당을 운영하지 않는 경우가 있다. 이때 여학생들은 이런 상황에 대비해 철저히 준비를 하나 남학생들은 그렇지 못하다. 기숙사에서 거의 굶고 있는 데 평소에 교류가 많았던 일본어 교수가 전화를 걸어왔다. "우리 집에 와서 저녁을 먹자. 기숙사에 남아 있는 유학생들과 함께 오너라." 부실한 음식으로 배를 곯고 있던 학생들은 실컷 저녁을 먹고 교수가 싸주는 칠면조 요리를 들고 와서 며칠간 배를 채웠다. 학부중심대학은 연구중심대학에서 느끼지 못하는 인간미를 느낄 수 있다.

일곱째, 학생들은 4년간 교내에서 기숙사 생활을 한다.

학부중심대학에 재학 중인 학생들의 대부분은 기숙사에 거주한다. 반면 주립대학이나 커뮤니티 칼리지의 경우 상당수 학생들이 통학을 한다. 주립대학의 경우 기숙사를 마련하기에는 학생 수가 너무 많아서 제한적으로 기숙사 입사를 할 수 있고 또 경쟁이 치열하다. 그러나 학부중심대학의 경우 4년간 학교 내에 머물며 교수-학생, 학생-학생 간 교류를 하는 것은 당연한 일이다. 오히려 학교 기숙사에서 나와 혼자 집을 얻어서 생활을 하려면 학교의 허락을 받기도 한다.

리버럴 아츠 교육 핵심은
비판적 사고를 위한 토론과 글쓰기

하버드 대학은 연구중심대학이다. 학부 과정과 대학원 석·박사 과정이 개설돼 있다. 일반적으로 석·박사 과정이 개설돼 있는 대학들을 '연구중심대학'(Research University)이라고 한다. 그런데 칼리지보드는 하버드 대학을 '4년제 대학' '사립대학' '중간 규모 대학' '리버럴 아츠 칼리지'라고 규정하고 있다. 어떻게 이런 일이? 분명 하버드 대학은 석·박사 과정이 있는 연구중심대학이지만 이 대학은 스스로를 '리버럴 아츠 칼리지'라고 선언하고 있다. 즉 리버럴 아츠 교육을 시키고 있다는 이야기다. 그렇다면 리버럴 아츠 교육의 핵심은 무엇일까? 바로 비판적 사고를 키워주기 위한 토론과 글쓰기를 가르치는 것이다.

하버드 대학에서 가장 인기 있는 강의 중 하나는 마이클 샌들 교수의 정치철학 강의다. 샌들 교수는 베스트셀러 '정의란 무엇인가'를 쓴 작가다. 강의는 정의로운 세계를 만드는 관점과 방법의 도덕적 토대를 다룬다. 주요 철학자들의 저서를 읽고 이들의 철학을 어떻게 현실 세계에 접목시킬지에 대해 공부한다. 소득 불균형, 대리모, 동성애자, 결혼 등 사회적으로 예민한 주제를 놓고 학생들은 열띤 토론을 펼친다. 강의 규모는 크지만 비판적 사고를 키워 주기 위한 토론을 한다.

스티브 잡스는 오리건주의 명문 리버럴 아츠 칼리지인 리드 칼리지 (Reed College)를 다녔다. 이 대학은 학생을 평가할 때 A, B, C로 평가하지 않는다. 점수로 평가하지 않아 학점이 없다. 전공은 개설돼 있지만 학생들이 자유롭게 자신의 주제를 정해 공부한다. 잡스는 이 학교에서 동양 철학을 깊이 공부했다. 애플의 탁월한 디자인 감각은 여기서 출발했다고 한다.

많은 연구중심 대학 특히 주립대학이 경영학이나 엔지니어링 등 실무에 가까운 전공에 무게를 두는 데 비해 리버럴 아츠 칼리지는 기초 학문 과정에 더 무게를 둔다. 리버럴 아츠 대학은 학생들이 전공에 국한하지 않고 다양한 분야를 경험하고 폭넓은 학문을 쌓도록 유도한다. 초강대국 미국의 진짜 힘은 리버럴 아츠 교육 시스템이라고 해도 과언이 아니다.

리버럴 아츠 칼리지는 재학생 수가 1500명 안팎으로 가족같이 친근한 분위기 속에서 철저한 학문 연구와 전인 교육을 지향한다. 반면 UC 9개 대학은 적어도 1만 명 많으면 3만 명에 달한다. 리버럴 아츠 대학의 특징은 크기만이 아니다. 학생 대 교수의 비율, 재정 보조 규모, 인턴십 기회, 학내 클럽 활동이 뛰어나다. 또한 졸업 후에는 자신이 원하는 대학원에 진학하는 학생들도 많다. 예일대학의 대학원 진학률이 20% 정도이지만 리버럴 아츠 칼리지의 경우 50-60%를 넘는 대학들이 많다. 특히 의대, 치대, 법대, 약대 등 전문 대학원 지원자가 많다.

미국에는 현재 200개가 넘는 리버럴 아츠 칼리지가 있다. 대부분 사립이고 역사도 오래 됐다. 매년 거액의 기부금이 들어와서 재정도 매우 튼튼하다. US뉴스 앤드 월드 리포트가 선정하는 우수 대학 순위에서 상위를 차지하는 대학들은 거의 리버럴 아츠 칼리지다.

역대 미 대통령 48%
리버럴 아츠 칼리지가 배출

미국 지도자 가운데서도 미국 대통령들은 어느 대학을 졸업했을까? 한국의 경우 12명의 전·현직 대통령을 보면 해외대학 4명, 육사 2명, 서울대 1명, 고려대 1명, 서강대 1명, 경희대 1명, 상고 2명이다. 우리나라도 대통령을 배출한 대학을 보면 세칭 일류대학이다. 미국도 대통령을 배출한 대학을 보면 나름대로 미국 명문대학이다.

우선 대통령을 가장 많이 배출 대학은 하버드이다. 존 F 케네디와 루스벨트 대통령을 비롯해 5명을 배출했다. 물론 로스쿨 등 전문대학원은 제외했다. 오바마 대통령은 하버드 로스쿨을 졸업했지만 학부인 컬럼비아 대학 출신으로 분류된다.

그 다음으로 많은 대통령을 배출한 대학은 주립대학인 윌리엄 앤 메리로 4명의 대통령을 배출했다. 이 대학은 하버드와 역사를 같이 한다. 이 대학 출신으로는 초대 대통령인 조지 워싱턴과 토머스 제퍼슨 등이 있다.

그 다음으로 프린스턴 대학이다. 우드로 윌슨 등 3명의 대통령을 배출했다. 존 F 케네디는 프린스턴대를 다니다가 병으로 자퇴를 하고 다시 하버드에 입학한다. 물론 그는 그 이전에 영국 런던정경대학을 다니다 프린스턴 대학으로 옮긴다. 그는 3개 대학을 다닌 셈이다. 그러나 프린스턴 출신으로 카운트한다.

예일 대학도 프린스턴대학과 같이 3명의 대통령을 배출했다. 아버지 부시, 아들 부시 대통령이다. 또한 윌리엄 하워드 태프트 대통령도 이곳 출신이다. 육사 출신은 2명으로 아이젠하워와 그란트 대통령이다. 해사 출신 대통령은 지미 카터 대통령이다. 공사 출신은 없다.

여기서 특징적인 것 가운데 하나는 학부중심대학(리버럴 아츠 칼리지) 출신들이 많다는 것이다. 한국인들에게 낯선 학부중심대학에서 대통령을 많이 배출했다. 미국대통령을 배출한 학부중심대학을 보면 ▲Allegheny College ▲Amherst College ▲Bowdoin College ▲Davidson College ▲Dickinson College ▲Eureka College ▲Hampden-Sydney College ▲Hiram College ▲Kenyon College ▲Occidental College ▲Union College ▲Whittier College ▲Williams College ▲United States Military Academy ▲United States Naval Academy 다. 대통령을 배출한 31개 대학 가운데 학부중심대학이 15개나 된다. 즉 절반이 학부중심대학이다. 학부중심대학의 저력을 보여주는 것이다.

다음 대학들은 1명씩의 대통령을 배출한 대학들이다.

▲Allegheny College(William McKinley (withdrew)) ▲Amherst College(Calvin Coolidge)▲Bowdoin College(Franklin Pierce)▲Columbia University(Barack Obama)▲Davidson College(Woodrow Wilson (후에

Princeton University으로 편입))▲Dickinson College(James Buchanan)▲Eureka College(Ronald Reagan)▲Georgetown University(Bill Clinton)▲Georgia Institute of Technology(Jimmy Carter (후에 United States Naval Academy로 편입))▲Hampden-Sydney College(William Henry Harrison (withdrew))▲Hiram College(James A. Garfield (후에 Williams College로 편입))▲Industrial College of the Armed Forces(Dwight D. Eisenhower) ▲Kenyon College(Rutherford B. Hayes)▲London School of Economics(John F. Kennedy (후에 Princeton University으로 편입))▲Miami University (Ohio) (Benjamin Harrison)▲Occidental College(Barack Obama (후에 Columbia University으로 편입))▲Ohio Central College(Warren G. Harding)▲Texas State University-San Marcos(Lyndon B. Johnson)▲Stanford University(Herbert Hoover)▲Leiden University(John Quincy Adams (후에 Harvard University로 편입))▲University of Michigan(Gerald Ford)▲University of North Carolina at Chapel Hill(James K. Polk)▲Union College(Chester A. Arthur)▲United States Naval Academy(Jimmy Carter)▲Whittier College(Richard Nixon)▲Williams College(James A. Garfield)

교육의 질이 뛰어난 리버럴 아츠 칼리지(LAC)로 점점 몰리는 국제 학생들

10여 년 전까지만 해도 한국 학생이나 학부모 가운데 리버럴 아츠 칼리지(LAC)를 아는 사람은 많지 않았다. 미국에서 유학을 한 학부모들조차도 LAC가 어떤 대학인지 잘 모른다. 그러나 미국인들은 리버럴 아츠 칼리지를 무척 좋아한다. 교육의 질을 우선하는 이들은 더욱 리버럴 아츠 칼리지를 선호한다. 리버럴 아츠 칼리지 가운데는 아이비리그 급의 수준 높은 대학들은 미국 상위권 연구중심대학과 겨뤄도 전혀 밀리지 않는다.

최근에는 한국 학생뿐 아니라 다른 나라 학생들 가운데서도 리버럴 아츠 칼리지를 선호하는 학생들이 급격히 늘었다. 미국 통계가 이를 입증한다. 명문 리버럴 아츠 칼리지인 그리넬 칼리지는 2016년에 2,590명의 국제 지원자 중 97명만 입학을 허가했다고 입학 및 재정 지원 담당 부학장 조셉 바그놀리 주니어가 말한 것으로 포브스지가 보도했다.

점점 증가하는 LAC 지원 국제 학생

명문 리버럴 아츠 칼리지인 그리넬 칼리지의 바그놀리 부학장에 따르면 국제 학생 지원자 수는 2013년 약 1,500명에서 2016년 2,590명으로 3년만에 73% 증가했다. 다양성 유지를 위한 학교 정책에 기초하여, 그리넬 대학은 국제학생 비율을 전체 학생의 약 20%로 유지하려 하고, 국제 학생 가운데 한 국가의 학생이 1/3을 넘지 않도록 조정하고 있다.

리버럴 아츠 칼리지는 소규모 대학이기 때문에 많은 학생들을 받아들일 수 없다. 대형 연구중심 대학인 주립대학들과 상황이 다르다. IIE에 따르면 2014-15학년도에 거의 100만 명의 국제 학생들이 미국 대학으로 유학 왔다. 전년도 대비 10% 증가한 것이다. 2014년에 국제학생으로 리버럴 아츠 칼리지에서 학사 학위를 받은 학생은 전체 유학생의 3.7%에 불과하다. 그러나 이 수치는 전년인 2013년 대비 8.8% 증가한 수치다. 점점 국제학생들도 리버럴 아츠 칼리지를 선호하고 있는 것이다.

리버럴 아츠 칼리지, 인문 사회과학 외에 다양한 전공 존재

많은 사람들은 리버럴 아츠 칼리지에는 전공이 아예 없거나 인문 사회과학 분야 전공만 있는 것으로 오해한다. 그러나 리버럴 아츠 칼리지에는 다양한 프로그램이 개설돼 있다. 일반적인 인문 사회과학 및 자연과학 전공은 기본이고, 때로는 공학, 비즈니스 전공이 개설된 대학도 많다. 따라서 개설 전공만을 가지고 리버럴 아츠 칼리지를 분류하는 것은 옳지 않다.

리버럴 아츠 칼리지에 STEM 전공도 많이 개설돼 있다. 물론 연구중심대학만큼 다양하지는 않다. 예를 들어 미네소타 대학에는 심리학이 여러 분야로 나눠 학부에 개설돼 있지만 리버럴 아츠 칼리지에는 그냥 심리학으로 개설돼 있다. 그러나 학교에 따라 주립대학과 연계가 되어 있어 리버럴 아츠 대학에 다니지만 주립대학에서 수업을 들을 수 있는 학교가 많다.

B급 학생이 가는 A+ 대학, LAC에 재정보조(장학금)가 많다

미국 대학 분류 방법에는 여러 가지가 있다. 카네기 파운데이션에서는 미국 대학을 9가지로 분류하고 있다. 대학 랭킹을 내고 있는 유에스 뉴스 앤 월드 리포트는 4가지로 분류를 하고 있다. 유에스 뉴스 앤 월드 리포트가 분류하는 4가지 종류는 다음과 같다.

1) National University

2) National Liberal Arts College

3) Regional University

4) Regional College

위의 분류 외에 ◀아이비 대학 ◀아이비 플러스 ◀뉴 아이비 대학 ◀리틀 아이비 대학 ◀퍼블릭 아이비 ◀내 인생을 바꾸는 대학 등 각각의 특색에 따라 그룹을 묶기도 한다.

이 가운데 '내 인생을 바꾸는 대학'에 대해 이야기를 해 보려고 한다. 한국도 그렇지만 미국 사람들도 명문 대학을 좋아한다. 그래서 위에 언급한 것처럼 아이비라는 이름을 붙인 아류의 아이비 대학들을 여럿 만들어 분류하고 있다. 실제 아이비란 이름이 붙은 그룹의 대학들은 초일류 명문 대학들이다.

그런데 최근에는 대학 이름에 얽매이기보다 정말 학생들을 잘 가르치는 대학을 찾는 학부모들이 많다. 많은 학부모들을 상담하다 보면 명성보다 교육의 질과 전공에 따라 선택하는 학부모들이 꽤 있다. 이 경우 리버럴 아츠 칼리지, 즉 학부 중심 대학에 대해 설명한다. 그 가운데서도 '내 인생을 바꾸는 대학'(College that change lives)에 대해 생각해 보도록 한다.

대학 명성보다 교육의 질(quality)로 대학을 묶는 경우 꼭 등장하는 대학이 바로 '내 인생을 바꾸는 대학'들이다. 이 대학은 NYT(뉴욕 타임스) 전 교육 에디터였던 로렌 포프가 발굴해 내어 이름 붙인 대학들이다. '아이비리그 대학은 좋은 대학이고, 인생 성공의 지름길'이라는 전통적 사고를 깨는 대학들이다. '내 인생을 바꾸는 대학'들은 연구를 목적으로 하고 석·박사 과정의 학생들에게 무게 중심이 있는 아이비리그를 포함한 전통적인 명문 대학들과 달리 창의적 사고와 글쓰기를 바탕으로 인문, 사회 과학 분야의 학문을 가르치는 대학들이다. 한마디로 작지만 강한 대학들이다.

다음날 수업을 위해 과목당 적어도 50페이지 내지 300페이지의 책을 읽어야 하고, 교수의 일방적 강의가 아니라 학생들이 토론하고 스스로 공부하는 수업을 진행하며, 과학 분야 전공이나 과목에서도 많이 읽고 생각하게 하는 대학이다. 1년 가야 교수 한번 못 만나는 연구 중심 대학과는 달리 매주 정해진 Office hour에 교수와 만나 토론하고 공부에 대한 조언을 듣는다. 교수가 학생들의 이름을 일일이 기억하고 추천서를 써줄 때 매우 깊이 있게 써주는 대학이다. 아이비리그 대학보다 대학원 진학률이 훨씬 높고 박사 배출 비율에 있어 아이비리그 등 상위권 연구 중심 대학보다 월등히 높다. 전공을 통해 학문을 가르치지만 더불어 학문을 하는 법을 배우기 때문이다.

'내 인생을 바꾸는 대학'은 40개다. 리버럴 아츠 칼리지 가운데서도 뛰어난 상위권 대학은 아니다. 유에스 뉴스 기준으로 리버럴 아츠 칼리지 랭킹 50위권에서 90위권 사이에 있는 대학들이다. 그런데 이 대학들은 대학들만의 학풍과 학습 분위기가 있다. 필자는 오래 전부터 이 대학에 많은 학생들을 보내고 있다. 그러나 입학 후 지금까지 후회하는 학생을 만나지 못했다. 두고두고 대학을 잘 골라줬다는 감사의 인사를 듣는다.

물론 이 대학을 다니다 아이비리그급 대학으로, 더 수준 높은 대학으로 점프 업(편입)을 해 간 학생도 있다. 이 대학을 졸업하고 아이비리그 대학원으로 진학한 학생들도 많고 졸업 후 곧바로 취업을 한 학생들도 있다. 내 인생을 바꾸는 대학 사이트는 다음과 같다. www.ctcl.org

이 대학들은 B급 학생들을 받아들여 A+로 만들어 내는 대학들이다. 이 대학들의 특징 중 하나는 사립 대학으로 학비가 비싸지만 재정보조/장학금을 많이 준다는 것이다. 국제 학생들에게도 많은 재정보조를 준다. 잘 찾아서 지원을 하면 연간 2만 달러 미만의 비용으로 4년을 다닐 수 있다.

원서 작성을 목전에 둔 12학년들은 아이비리그 대학의 명성에 얽매이지 말고 시야를 넓게 가지길 바란다. 시야를 넓게 가지면 리버럴 아츠 칼리지도 보일 것이고, 그 가운데서 B급 학생들이 지원할 만한 '내 인생을 바꾸는 대학'들도 보일 것이다. 여기서 B급이라고 해서 형편없는 학생들이 아니다. GPA 3.5 이상, SAT 1350-1500점대 학생들이다. 즉 명문 주립대나 명문 사립대에 지원하는 학생들 그룹이다. 바다 위 갈매기처럼, 더 높이 날아올라 더 멀리 바라보자. 거기에 또 다른 길이 보인다.

망설임 끝에 선택한 버크넬,
나를 성장시키다

◆ 변재훈(Undecided, 2학년) ◆

Bucknell Universeity	
위치	Lewisburg, Pennsylvania
학교 홈페이지	www.bucknell.edu
설립연도	1846
학부생 수	3611
교수 : 학생 비율	1:9
남 : 녀 비율	49 : 51
국제학생 비율	6.1%
등록금	56092$
기숙사&식비	13662$
재정보조를 받는 학부생 비율	36%
한 학생 당 재정보조를 받는 평균 금액	33500$
졸업 후 취업률 (인턴십, 프리랜서 제외)	70%
졸업 후 대학원 진학률	17.1%
유명 전공	1. Economics 2. Accounting and Finances 3. Psychology 4. Biology/Biological Sciences 5. Mechanical Engineering

망설임 끝에 선택한
버크넬

현재 나는 버크넬 대학(Bucknell University)이라는 리버럴 아츠 대학(Liberal Arts College:LAC)에서 1학년을 마쳤고 2학년으로 진학했다. 한국인들에게 버크넬 대학은 결코 익숙하지 않은 대학이다. 나는 새내기로 이 대학에서 꿈 같은 일년을 보냈다. 내가 보통 학생들이 그렇듯 명성을 좇아 대형 주립 대학을 선택하지 않고 한국인들이 잘 알지 못하는 버크넬 대학을 선택한 것을 후회하지 않는 이유는 다음과 같다.

학부 총 학생 수가 3,600여 명에 불과한 작은 규모에도 불구하고 버크넬 대학에는 전 세계 45개국에서 온 230여명의 학생들이 공부를 하고 있다. 물론 대부분 학생들은 백인인 미국 학생들이지만 다양한 나라에서 온 마음이 맞는 친구들을 사귈 수 있다. 나도 다양한 친구들을 사귀었고 정말 재미있는 한 학년을 보냈다.

버크넬에서는 다양한 분야의 전공이 개설되어 있고 학생들은 자신의 전공과목 외에 다양한 수업들을 들을 수 있다. 그 때문에 많은 학생들은 매 학기마다 새로운 수업을 들어보고 그 과목이 자신과 맞는지 탐험한다. 또한 교수와 학생의 관계가 매우 돈독하고 그에 따른 좋은 점이 매우 많다. 학생 수가 적다 보니 개론 과목이라도 수업 당 많아야 겨우 30명이기 때문에 교수들은 학생들에게 집중할 수 있고 학생들 또한 교수들과 친해질 수 있다. 그리고 교수들과 친밀해지면 다양한 기회를 얻을 수 있다. 대학은 학생들을 매우 철저히 관리를 해 주고 학생들 편에서 학생들을 세심하게 도와준다.

그럼에도 불구하고 내가 이제까지 전혀 접해 보지 않았던 개념의 리버럴 아츠 교육을 하는 버크넬 대학을 지원하기까지는 많은 망설임이 있었다. 솔직히 리버럴 아츠 칼리지는 나에게 익숙하지 않은 대학이었다. 처음 LAC에 대해 들은 것은 아버지와의 통화에서였다. 아버지는 LAC를 설명하시면서 LAC를 다니면 일반적인 주립대학보다 더 많은 기회가 주어질 것이라 말씀하셨다. 사실 대학 진학을 준비 중이던 나에게 대학의 질은 별로 중요하지 않았다. 나는 그저 나의 프로파일로 들어갈 수 있는 대학과 없는 대학으로만 나누었다. 아버지가 말씀하신 버크넬 대학은 당시 나의 기록으로 들어가기 쉽지 않은 대학이었다. 그리고 학비도 매우 비쌌기 때문에 경제적으로 넉넉치 못한 우리 가족에게 이 대학은 큰 짐이 될 것으로 생각했다. 그래서 나는 버크넬을 말고 입학이 쉬우면서 학비가 상대적으로 저렴한 대학을 알아보고 있었다. 자연스럽게 나는 한국인들이 잘 아는 주립 대학을 중점적으로 알아보았다. 하지만 이미 미국 주립대학에서 생활을 해보신 아버지는 주립대학의 획일화된 시스템이 나에게는 맞지 않을 것이라 하셨다. 그러나 아버지도 리버럴 아츠 칼리지 생활은 해보지 않았기에 정확히 그것이 어떨지 몰랐다. 그럼에도 아버지는 LAC를 계속 언급하셨고 이는 미래교육연구소 소장 이강렬 박사님의 영향이 있었다. 이 박사님은 소규모 대학인 LAC가 주립대학들보다 장점이 많은 대학으로 주립대학보다 더 질 높은 교육을 받을 수 있다고 설명하셨다. 아버지는 LAC의 교육 시스템에 반하셨고 계속 나에게 버크넬 대학으로 진학할 것을 권유하셨다. 나는 다른 무엇보다도 버크넬 대학의 비싼 학비가 마음에 걸렸다. 그럼에도 나는 버크넬 대학에 얼리 디시전(ED)로 지원하였고, 많은 재정보조 장학금을 받고 버크넬에 합격해 진학하게 되었다.

여름을 보내고 버크넬로 가야할 날이 오자 걱정이 앞섰다. 고등학교를 미국에서 다녔지만 고등학교 때는 홈스테이를 통해 어려움 없이 지냈다. 하지만 이제 모든 것을 혼자 헤쳐 나가야 했다. JFK공항에 도착한 후 난 다른 신입생들과 셔틀버스를 타고 학교로 향했다. 버스에서 난 칠레에서 온 스페인어 조교와 같이 앉게 되었다. 가는 동안 조교와 나는 칠레의 예술에 대해 이야기를 나누었다(물론 조교가 대부분 이야기했지만). 칠레인 조교는 매우 친절했고 그는 내가 걱정하고 있다는 걸 알고 나를 다독여주었다. 그 덕분에 나는 자신감을 얻을 수 있었다. 셔틀이 새벽에 도착해 녹초가 된 나는 방을 배정받고 나를 기다리고 있는 한국인 선배를 만났다.

시니어였고 기계공학을 전공한 선배에게 내가 버크넬에 온 계기를 설명하자 선배는 "우리 학교 좋아"라는 한 마디를 했다. 정말 대단한 말이 아니었지만 안심이 되었다. 나는 내심 한국에 알려지지 않은 학교에 온 것이 걱정되었던 것이다.

버크넬에서 맺은 다양한 교우관계

유학생들을 위한 오리엔테이션이 있던 날, 학생들은 여러 조로 나누어 활동했다. 비자 확인 중 나는 한 팀이었던 네팔인 친구와 우연히 이야기를 하게 되었는데 우리는 음악 취향부터 본 영화까지 이야기가 너무 잘 통하였고 자연스럽게 친구가 되었다. 나중에는 필리핀에서 온 친구도 합세하여 우리 셋은 떼려야 뗄 수 없는 관계가 되었다. 가끔 영화를 보거나 게임을 했지만 대부분 시간은 아무것도 하지 않고 누워 있거나 앉아 있었다. 물론 때때론 주말을 허무하게 낭비하는 것이 아닌가 생각했지만 그 시간은 안정적으로 학교 생활을 하는데 큰 힘이 되었다.

버크넬은 대부분 학생들이 백인이고 다양성이 부족하다는 평을 듣는다. 하지만 나는 그렇게 느끼지 않았다. 나는 가나에서부터 부탄, 프랑스에서 온 다양한 학생들과 만났고 아직까지 교우관계를 유지하고 있다. 리버럴 아츠 칼리지는 학생 수가 적은 대신에 학생들 사이의 네트워크가 굉장히 광범위하고 촘촘하다. 네트워크는 학교의 프레터니티(편집자 주: fraternity, 학부 남학생을 위한 오랜 전통의 사교모임)에 가입하면 기하급수적으로 커지게 된다. 이는 일종의 사교클럽으로 가입을 할 경우 전용 기숙사에서 합숙을 하게 되고 때때로 다른 프레터니티 그룹들과 행사를 진행한다. 여학생들의 경우 소로리티(편집자 주: sorority, 여자 학부 학생을 위한 사교 모임)라는 것으로 대체된다. 프레터니티의 경우 1학년 이후 들어갈 수 있는데 의무적인 것은 아니지만 대부분의 학생들이 가입을 한다. 이를 통해서 다양한

사람들을 만날 수 있고 함께 합숙하다 보면 관계가 돈독해진다. 이처럼 버크넬에서는 다양한 사람들을 만날 수 있는 기회들이 항상 있다. 나는 그들을 통해 많은 것을 배웠고 그들 또한 나를 통해 많은 것을 배워갔다.

다양한 학생들을 만나는 것은 좋지만 한국인 학생 수가 적은 것은 단점이 될 수 있다. 하지만 나에게는 이런 점이 오히려 득이 되었다. 한 친구는 미시간에 있는 주립대학을 다니는데 학교생활은 마치 한국의 대학생활을 연상케 한다고 했다. 규모가 큰 주립대학은 다양한 교우관계를 맺을 옵션들을 주지만 많은 학생 수는 버블을 만들고 학생들은 그 안에서만 생활하게 된다. 버크넬은 중산층 이상의 백인들의 문화를 접할 수 있는 곳이기도 하다. 한국 학생이 백인들의 문화를 일상생활에서 경험하기 쉽지 않다. 폐쇄적이고 보수적인 경향이 있기 때문이다. 하지만 버크넬에

서는 특이하게 다양한 민족성을 지닌 유학생부터 미국의 흔히 WASP라고 부르는 집단에 속한 학생들까지 만날 수 있다.

다양한 수업을 통해
전공을 찾다

버크넬에서는 다양한 교우 관계만큼 다양한 학문을 접할 수 있었다. 나는 버크넬에서 진정으로 공부하고 싶은 것을 찾았다. 고등학생 시절 나는 미래에 대한 추상적인 목표조차 없었다. 대학을 지원할 때 전공을 정해야 했으나 아무것도 모르는 나는 어찌할 바를 몰랐다. 그러나 버크넬은 전공을 정하지 않고도 지원할 수 있다. 하지만 이는 전공 선택의 문제를 늦출 뿐 해결책이 되지는 않았다. 입학 후에도 전공에 관한 걱정은 계속되었다. 흥미가 있는 학문들은 있었지만 대부분 졸업 후 취업이 어려운 학문들이었다. 나는 '대학에 가면 어떻게 되겠지' 하는 심정으로 대학에 왔고, 결국 다양한 과목들을 듣고 여러 시행착오를 겪으면서 전공을 찾았다.

나는 첫 학기에 정말 다양한 수업들을 들었다. 항상 흥미를 가지고 있던 심리학과 버크넬에서 유명한 동물행동학 그리고 다양한 감독의 필모그래피를 배우는 영화학까지 나의 흥미를 끈 모든 수업을 들어보았다. 그리고 이렇게 다양한 수업을 들은 것에 나는 매우 만족했다. 항상 관심만 있었던 심리학을 심층적으로 배울 수 있었고 동물행동학의 경우 입문용 수업이었음에도 다양한 실험들을 진행할 수 있었다. 영화학은 매주 학교 내 극장에서 여러 감독들의 영화를 보며 공부하였다. 이처럼 모두 최상의 환경에서 여러 수업을 들었지만 심리학은 흥미를 잃게 되었고, 동물행동학 수업은 재미있었으나 생물화학이라는 난관이 있어 포기했다. 여러 이유로 내가 선택한 과목들이 내 전공이 되지는 못했으나 나는 예상치도 못한 곳에서 내 전공을 찾았다.

1학년 1학기에 들게 된 필수 교양 수업 중에 버크넬식 에세이에 익숙해지기 위해 많은 양의 에세이를 쓰는 수업이 있었다. 운 나쁘게도 이 수업은 오후 7시에 시작하여 10시에야 끝이 났다. 나는 이 수업에 별 다른 기대도 없었는데 이 과목은 나의 전공이 되어 버렸다. 수업 주제는 '데이터 시각화'로 우리 주변의 일반적인 원 데이터를 이용하여 분석하기 쉬운 형태로 바꾸는 것을 배우는 수업이다. 쉽지 않은 내용이었지만 나는 이 과목에 큰 흥미를 느꼈다. 애초에 이런 학문에 대해 들어본 적이 없었던 나는 이에 대한 사전지식은 전무했고 기본적인 내용조차 이해하기 쉽지 않았다. 그럼에도 나는 이 수업이 너무나도 재미있었다. 또 데이터 시각화가 체계적으로 연구되기 시작한 것도 80년대 이후인 아주 젊은 학문이었기에 나를 사로잡았다. 물론 오후 7시부터 3시간 동안 앉아 수업 듣는 것이 지루할 때도 있었지만 새로운 학문을 통해 남들과 차별화된 기술을 배울 수 있다는 마음에 열심히 듣게 되었다. 또 이 학문의 특성상 다양한 학문과 접목이 가능했고 나는 이를 바로 실행해 보았다.

이 수업을 듣는 동안 동물행동학도 같이 들었는데 학기말 조별 프로젝트로 원숭이의 행동을 관찰하여 분석한 결과를 발표해야 했다. 우리 조는 원숭이의 나이가 미치는 사회적 활동의 정량적 수치를 연구했다. 이 결과를 발표할 때 나는 데이터 시각화를 사용해서 개별 원숭이의 행동패턴을

분석하였다. 동물행동학 프로젝트는 좋은 결과를 맺었고 이후로 나의 데이터 시각화를 향한 열정은 더욱 커졌다. 하지만 데이터 시각화는 신생 학문이었기에 버크넬에는 부전공으로만 있었다. 그 때문에 나는 데이터 시각화를 부전공으로 하고 전공은 데이터 시각화와 밀접한 컴퓨터과학으로 정하였다.

처음으로 하고 싶은 공부가 생겼다는 마음에 나는 너무 기뻤고 신기했다. 10년이 넘는 시간동안 남들이 하라는 공부만 수동적으로 해온 나였다. 내가 하고 싶은 분야가 생겼다는 것은 확실한 삶의 목표가 생겼다는 것과 같다. 그 덕분에 나는 미래를 계획해 나갈 수 있게 되었고 나에게 지금 필요한 것이 무엇인지 알게 되었다. 이것이 가능했던 것은 다양한 수업을 들을 수 있는 리버럴 아츠 특징 덕분이다. 내가 들은 수업 외에도 다양한 수업들이 있고, 전공이 정해졌다고 해도 전공 외 수업을 마음껏 들을 수 있다. 내가 2학기부터 들었던 컴퓨터 과학 수업에는 컴퓨터 공학

전공자들뿐만 아니라 비즈니스 전공자들과 사회학 전공자들도 많이 있었다. 어떤 과목에 흥미가 생긴다면 언제든지 그 과목을 들을 수 있고 그 때문에 버크넬의 학생들은 복수전공을 하는 경우가 많고 학교 차원에서도 이를 장려한다.

버크넬의 경우 인문학뿐만 아니라 순수과학과 엔지니어링 분야도 매우 뛰어나기 때문에 어떤 과목이든 수준 높은 수업을 들을 수 있다. 나는 1학년 일년을 내가 듣고 싶은 수업을 듣는데 썼고, 시행착오를 겪었기에 시간 낭비라고 생각할 수도 있겠지만 이런 시간이 있었기에 진정으로 하고 싶은 전공을 찾게 되었다. 2학기에 들었던 사회학은 학점에는 아무런 도움이 되지 않았지만 사회학을 들으며 다양한 철학을 접하게 되었고 이는 스스로 성장할 수 있는 계기가 되었다. 또 다양한 수업을 들을 수 있었던 데는 교수들이 학생들을 전적으로 도와주었기 때문이다. 아무리 다양한 수업을 들어도 학생이 진도를 따라가지 못하면 다양한 수업을 듣는 의미가 없어진다. 버크넬의 교수들은 항상 학생들이 필요할 때 도움을 준다.

친구같은 교수와
학생 관계

대부분 대학교 교수들은 자신들의 연구를 우선시하기 때문에 학부 학생들에게는 조금 소홀히 하는 경우가 있다. 왜냐하면 연구성과에 의해 그들의 직장이나 연구비 책정이 좌지우지되기 때문이다. 또한 대부분 수업은 몇 십명에서 많게는 몇 백명이 듣기 때문에 교수가 모든 학생들을 돌본다는 것은 불가능하다. 하지만 버크넬 수업은 대부분 20명 혹은 그보다 적은 수의 학생들이 듣는다. 교수들은 자신이 지도하는 학생들을 대부분 잘 알고 있고 학생들과 무척 가깝다. 적은 학생 수는 유연한 수업 계획을 가능케 한다. 그래서 교수들은 학생들의 의견을 반영하며 수업을 진행하는 경우가 많다. 예를 들면 중간이나 기말고사 전, 교수들은 학생들이 공통적으로 어려워했던 부분을 찾아 같이 복습을 한다. 그리고 수업도 학생들의 참여 위주로 진행돼서 학생들 간 토론도 활발하지만 그것 못지 않게 교수와의 대화도 많이 하게 된다. 수업에서 학생들은 자유롭게 교수에게 질문하고 또 교수가 학생들에게 역으로 질문하는 경우도 빈번하다. 그러므로 학생들은 교수의 질문에 대답할 준비가 되어 있어야 한다. 아버지는 오하이오 주립대에서 석사과정을 마쳤지만 이러한 수업은 불가능했다고 말씀하셨다.

수업 참여 외에도 교수와의 친밀함을 유지할 수 있는 기회는 더 있다.

모든 교수들은 오피스 시간이라는 것이 있는데. 오피스 시간동안 학생들은 교수 사무실에 자유롭게 가서 교수와 이야기를 나눌 수 있다. 대부분의 경우 수업과 관련된 질문을 하지만 수업 외적인 이야기를 해도 상관없다. 나의 성격상 교수를 찾아가 살갑게 이야기하는 것을 잘 못해서 이 시간을 잘 이용하지 못한다. 그럼에도 종종 데이터 시각화 교수의 연구실에 가서 현재 진행중인 연구나 나의 장래에 대하여 이야기를 한다. 그럴 때면 교수님은 항상 살갑게 나를 맞아주고 친절히 답해주었다. 덕분에 나는 수업 외로 나의 전공에 대하여 많은 것을 배웠다. 어떤 교수들은 학생들과 더 긴밀한 관계 유지를 위해 자신들의 시간표를 공개하고 학생들은 자유롭게 교수와의 개인적인 면담 시간을 계획한다. 이런 시간을 잘 활용한다면 학생들이 교수님과 친해지는 것은 매우 쉬운 일이다.

교수와의 관계가 좋을 경우 종종 공동 연구 제의가 들어온다. 연구 제의가 들어오면 주로 방학동안 학생은 교수와 함께 공동 연구를 진행하는데 연구 중에는 인턴으로 고용된 상태이기 때문에 학교에서 급여와 주거를 모두 제공한다. 연구 인턴은 학생의 학년과는 상관없이 지원할 수 있고 그 때문에 1학년들도 많이 지원한다. 하지만 연구 지도 교수는 자신이 잘 아는 학생을 주로 뽑기 마련이다. 학생들의 노력에 따라 자신을 4년간 멘토링해 줄 교수를 찾을 수도 있다.

다양한 인턴십 기회를 주는 대학

버크넬은 다양하게 학생들을 지원한다.

버크넬에는 학생들이 가입할 수 있는 다양한 동아리가 있고, 이를 통해 많은 사람들을 만날 수 있다. 나의 네팔 친구와 필리핀 친구는 모두 버크넬 내 아시안 학생들을 위한 동아리의 간부를 맡아 보람을 느끼고 있다. 동아리뿐 아니라 교환학생 프로그램 또한 매우 훌륭하게 짜여 있다. 매년 많은 학생들이 외국에서 한 학기를 보낸다. 한국인 선배 중 한 명은 영국에서 한 학기 동안 공부를 했고 나의 오리엔테이션 지도를 맡았던 선배는 덴마크에 교환학생으로 가서 공부 중이다. 교환학생을 가기 위해서는 몇 가지 들어야만 하는 수업들이 있는데 이는 과목과 가는 나라에 따라 다르다. 하지만 교환학생 담당 부서에서는 모든 준비를 친절히 도와준다. 또 학교에서 주기적으로 교환학생 프로그램에 관한 홍보 책자와 이메일을 보내기 때문에 학생들은 손쉽게 관련된 정보를 얻을 수 있다. 이 교환학생 프로그램은 항상 많은 학생들로부터 좋은 평가를 받아왔고 나도 교환학생을 계획 중이다.

버크넬의 또 다른 장점은 바로 다양한 인턴십 기회이다 매년 학교에서는 인턴십 페어가 열리는데 이곳에서는 다양한 회사와 연구소에서 직접 와서 인턴십을 홍보한다. 모든 학생들이 참여할 수 있는 이 행사를 통해 많은 학생들이 인턴십을 구한다. 이런 행사 외에도 개인적으로 교수를 통해 인턴십 자리를 얻기도 한다. 이처럼 버크넬에서 인턴십을 구하는 것은 다른 학교에 비해서 쉬운 편이다. 그래서인지 1학년들도 인턴십을 하는 경우가 빈번하다. 이런 인턴십 기회는 후에 취업을 할 때 매우 큰 도움이 된다. 인턴십 종류도 다양해서 나의 친구 중 한 명은 현재 일본에서 연구직으로 인턴 생활을 하고 있다.

어려움은
성장의 양념

　　혼자 생활한다는 것은 쉬운 일이 아니다. 방 청소와 빨래 같은 자잘한 일뿐만 아니라 혼자 있을 때 오는 외로움, 또는 미래에 대한 막연한 걱정을 함께 해 줄 사람이 주변에 없기 때문이다. 혼자만의 생활을 즐기다가도 어떤 날은 마음 한구석이 공허하기도 하다. 하지만 모든 어려운 점은 혼자만의 생활을 매우 값진 경험으로 만드는 양념과 같다. 다양한 경험을 통해 개인이 점점 더 여물어지고 어른으로 성장하게 된다는 것을 나는 버크넬에서 일년 동안 생활하며 느꼈다. 성장이라는 것은 계단처럼 확연한 차이가 보이는 것이 아니라 완만한 언덕을 오르는 것처럼 느리고 불확실하다. 하지만 완만한 경사는 경사인 줄도 모르고 오르다가 뒤를 돌아보면 자신이 꽤 높은 곳에 당도했다는 걸 알게 된다. 이와 같이 자신이 성장한 줄도 모른 채 한참 지나서야 성장을 깨닫게

된다. 버크넬에서 나는 많은 사람들을 만났고 많은 일들을 했다. 어떨 때
는 나에게 매우 힘든 일들을 떠넘기기도 했고 어떨 때는 너무나도 소중
해서 평생 간직하고 싶은 시간을 갖기도 했다. 버크넬에서의 일 년은 너
무나 빨리 지나갔고 내게는 매우 값진 시간이었다.

 버크넬에 오고 싶은 학생이 있다면 나는 주저하지 않고 전폭적으로 응
원할 것이다. 버크넬에서의 일 년은 내 생의 최고의 시간이었기 때문이
다. 아름다웠던 나의 대학교 일학년 시간들을 후배도 맛보았으면 한다.

Bryn Mawr College

브린마라서 가능했던 것들

• 이하경(Computer Science & Mathematics 복수전공 4학년) •

Bryn Mawr College (여학교)	
위치	Bryn Mawr, Pennsylvania
학교 홈페이지	www.brynmawr.edu
설립연도	1885
학부생 수	1334
교수 : 학생 비율	1:8
남 : 녀 비율	0 : 100
국제학생 비율	22.6%
등록금	52360$
기숙사&식비	16500$
재정보조를 받는 학부생 비율	53%
한 학생 당 재정보조를 받는 평균 금액	47906$
졸업 후 취업률 (인턴십, 프리랜서 제외)	N/A
졸업 후 대학원 진학률	N/A
유명 전공	1. Social Sciences 2. Mathematics and Statistics 3. Biological and Biomedical Sciences 4. Foreign Languages, Literatures, and Linguistics 5. Psychology

내 생애 최고의 선택,
브린마

"선생님, 저는 장학금을 받지 않으면 유학이 힘들 것 같습니다."

"만약 너가 유학을 꼭 가고 싶다면, 마음을 굳혀서 얼리 디시전 I(Early Decision I)으로 브린마(Bryn Mawr College)를 써보는 것이 어떠니?"

"브린마요.? 설마 그 여대 말씀하시는 건가요? 선생님, 큰 세상을 경험하기 위해 유학을 가는 것인데, 왜 굳이 여대에 가서 세상의 반만 경험을 해야 하는지 잘 모르겠어요."

지금 돌이켜 보면 어리석고 오만했던 나와 고3때 학교 카운슬링 선생님이 나누었던 대화이다. 그리고 나는 얼리 디시전 I 마감날인 11월 15일 전날 밤까지도 고민했다. 아직도 생생하게 기억난다. 늦은 밤 11시경, 앞으

로의 4년이, 평생 따라다닐 알마 마터(라틴어: Alma mater : 모교 −母校)가, 다음날 낼 원서에 좌지우지된다는 생각에 이강렬 소장님께 전화를 드렸다.

"소장님, 저는 브린마 대학에 만족을 못할 것 같습니다. 고등학교 3년 내내 목표해 왔던 학교도 아니고, 순위가 조금 더 높은 학교에 가면 제가 제 자신과 부모님께 덜 미안할 것 같습니다."

"브린마 대학은 하경이가 생각하는 그 이상의 학교에요. 학생들에게 재정 지원도 정말 많이 해 줘요. 한국인에게 이름이 더 알려진 학교만 생각하지 말고, 현실적으로 생각해 봐요. 다른 좋은 학교에 붙어도 갈 수 없는 상황이면 그림의 떡이지요."

선생님과 소장님 그리고 부모님의 끊임없는 설득과 회유에 마지못해

마감 당일 브린마 대학교에 원서를 넣었다. 학교에 대해 잘 알아보지도 않은 채, 주변 친구들과 다르게 정시(Regular Decision)에 도전하는 것도 사치로 느껴지게 했던 나의 환경을 탓하면서……. 그리고 눈치 빠른 사람들은 알아챘겠지만 브린마 대학에 지원한 것은 내 생애 최고의 선택이었고, 다시 그때 11월 15일로 돌아간다면 예전처럼 망설이지 않을 것이다.

'퀘이커' 정신으로
설립된 여대

브린마는 미국 동부에 위치한 7개의 여자대학, '세븐 시스터즈(Seven Sisters)' 중 하나다. 그 중 브린마를 포함한 5개 대학만 아직 여자 대학으로 운영되고 있다. 학교 공식 웹사이트에 따르면 교수 대 학생 비율이 8대1을 유지되고 있어 교수와 학생들 간의 교류가 매우 활발하다. 브린마 교수와 학생들과의 관계는 상상 그 이상이다. 세상 어느 학교에 가더라도 이렇게 교수와 친밀한 관계를 가질 수 없음을 자부한다.

브린마에는 약 1,300명의 학부생이 있으며, 물리학/ 수학/ 화학/ 미술학/ 고대 그리스,라틴학/ 고고학은 석사까지 할 수 있다. 브린마의 사회복지/사회연구/공공보건 석박사는 학교 창립 정신인 Quaker의 정신을 이어받아 매년 역사적으로 소외되는 계층을 위해 일하는 인재들을 배출해 내고 있다. 또한, 프리메드(Premed: 미국에서 의대를 가기 위해 들어야하는 필수과목을 듣는 과정을 일컫는 말)로 유명한 브린마에서는 Postbac Premed

프로그램이 미국에서 유명하다. 학사 때 다른 전공을 하다가 의대를 꿈꾸는 학생들이 1년동안 브린마에서 이 프로그램의 필수 과목들을 이수한다. 이 프로그램은 MCAT(미국 의학전문대학원 입학시험)를 보지 않아도 유명한 아이비리그 의대들 외 많은 의대에 합격할 수 있다는 장점이 있어, 경쟁률이 높고, 들어가기 힘든 프로그램이다.

브린마는 매우 매력적인 위치에 있다. 뉴욕과 워싱턴 디시와 가까운 위치에 있어 쉽게 버스를 타고 이동할 수 있다. 필라델피아 공항과도 가까우며, 필라델피아로 오는 비행기 값이 비쌀 땐, 뉴욕으로 가는 직항 비행기를 싸게 구해, 필라델피아까지 운영되는 무료 셔틀을 타고 올 수도 있다. 필라델피아 센터시티에서 약 20분 떨어진 브린마대학교는 교외의 매우 조용한 동네(Bryn Mawr, PA)에 있다. 브린마 동네는 은퇴 후 조용한 삶을 즐기는 백인 노인들이 많이 거주하고 있는 부촌이다. 학교에서 10분 정도 떨어진 마트에 장을 보러 큰 대로변에 가면(조금 과장을 더해서) 지나가는 차들 중 3대중 1대가 포르쉐이고, 대로 끝머리 쯤엔 페라리 딜러샵이 있다. 학교 근처 스타벅스에 오픈카를 타고 유유히 커피를 픽업하는 백발의 백인 할머니를 보면 브린마가 어떤 동네인지 알 수 있다. 그만큼 브린마는 안전한 동네이고 필라델피아 시티의 밤과 전혀 다른 분위기를 지니고 있다.

인터넷으로만 보았던 브린마 대학교를 실물로 보았을 때, 그 감격은 이루 말할 수 없었다. 넓은 잔디와 연못 옆에 성같은 건물이 서서히 드러나는데, 익히 그려온 그 아름다운 건물이 내가 묵을 기숙사임을 알 수 있

었다. 회색 벽돌로 이루어진 성들과 학생들이 제일 많이 드나드는 Pem Arch(Pembroke 기숙사 East와 West 사이의 Arch)를 지나면 2열로 쭉 서있는 웅장한 나무들이 반겨준다. 처음 보는 사람이라도, 브린마 구성원이기에, 학생들은 신입생들에게 "Welcome Home!"을 외치며 열렬히 반겨주었다. 처음 브린마에 도착했을 때, 한국에서 끌고 온 큰 이민가방 두 개와 배낭을 들고, 낯선 환경에 잔뜩 긴장을 하고 있었는데, 다들 너무 행복한 얼굴로 환영을 해주니 마음이 많이 놓였다. 입학 후, 일주일 동안 "Welcome Home"이라는 말을 너무 많이 들어, 일기에 이제 그만 듣고 싶다는 말을 쓰기도 했다. 그만큼 학생들도 서로에게 많은 관심을 가져주고 서로 친해지려고 노력했다.

브린마에서 사귄 친구들 중에 '이렇게도 친해질 수 있구나'하는 몇몇 친구가 있다. 그 중 카페테리아에서 밥 먹다가 자주 마주쳐서 친구가 된 경우가 있다. 그 친구와 나는 서로 혼밥을 하다가 밥친구가 되었고 우연치 않게 같은 수업도 듣게 되어 좋은 친구로 발전했다. 또 1학년 첫 학기에 킥복싱 수업을 하다가, 그 어색한 환경에서 친해진 친구도 있다. 학생 수가 적어, 캠퍼스를 걷다 보면 아는 얼굴들이 많이 보인다. 학생 수가 많은 대학교를 다니는 친구들은 서로 마주할 수 있는 기회가 적어 관계를 발전시키거나 회복하기 힘들다고 했다. 학생 수가 적다 보니 다른 큰 대학교들과 다르게 학생-교수 간의 교류도 활발하여 교수들과 깊은 관계를 형성할 수 있다. 교수가 시험지를 돌려줄 때, 자신의 이름을 기억해줘서 세상 기뻤다는 큰 대학에 다니는 친구의 말을 듣고 브린마에서는 당연하게 여겼던 것이 큰 대학교에서는 쉽지 않은 일임을 실감했다.

내 인생에 더이상
이과와 인연은 없을 줄 알았다

내가 전공을 정할 때 교수와의 좋은 관계가 꽤 많은 영향을 주었다. 나는 어렸을 때부터 국제관계학 및 사회학에 관심이 많았고 수학 및 과학에 대한 흥미가 적었다. 심지어 고등학교 2학년때 마지막 생물 시험을 치르고 나서 이제 내 인생에 이과 과목은 없으리라 외쳤건만, 나는 현재 브린마에서 수학과 컴퓨터과학을 전공하고 있다. 두 전공을 정하게 된 데는 각각 다른 이야기가 있지만, 우선 수학 전공을 하게 된 계기에 대해 이야기하고 싶다.

입학 후, 수학과 교수들은 큰 문서봉투에 담은 이런저런 문서들과 초콜렛 바 하나와 또 브린마 입학을 축하한다는 자필의 카드를 담아 신입생 한 명 한 명의 포스트박스에 보내주었다. 봉투 안에는 수학을 전공하면 어떤 커리어를 할 수 있을지, 어떤 능력을 키울 수 있는지에 대한 정보 및 전공 필수과목 등 수업 정보를 담은 문서가 들어 있었다. 이 봉투를 받고

나와 가장 친한 수학 교수님과 인도 음식점에서 찍은 사진

난 후, 수학과에 대한 첫 인상이 매우 따뜻했다. 물론 초콜렛에 넘어간 것은 절대 아니다.

교수들은 수업 외에 학생들이 수업 때 미처 하지 못한 질문과 공부 중 가지게 된 의문점에 대해 일대일로 질문하고 답하는 오피스 아워(Office Hour)을 마련해 준다. 브린마에 와서 가장 인상적인 것 중 하나는 많은 수학과 교수들이 많은 시간을 오피스 아워에 투자해 줘서 학생들이 질문하고 싶은 어느 때라도 교수 연구실을 방문해 서로 토론할 수 있는 환경을 마련해 준다는 것이다. 수학과 교수들의 학생들에 대한 열정과 사랑은 대단하다. 한 교수은 늦은 밤 12시까지 오피스에서 학생들 두세 명과 함께 수학 문제에 대한 토론 및 학생들 커리어 또는 방학에 대한 계획에 대한 이야기를 종종 나누곤 했다. 학생들에 의하면 학생들과 교류를 많이 하는 몇몇 교수들은 미혼이고 집에서 키우는 고양이도 없기에 학생들에게 집중한다고 하지만, 학생과 브린마 대학교를 엄청 사랑하기에 가능하지 않을까 싶다. 나와 가장 친한 수학 교수와는 주말이면 학교 주변 레스토랑에서 같이 밥을 먹고 인생에 대한 고민도 털어놓는다. 언뜻 대하기 어려운 교수이지만 정말 좋은 친구 같다. 학생이라 매번 나에게 밥을 사주는데, 얼른 졸업해서 교수님께 좋은 식사를 대접해 드리고 싶다.

다시 입학 초기를 되돌이켜보면, 내가 수학을 특출나게 잘 하는 것이 아니어서 수학을 전공하겠다는 결정을 쉽게 내리지 못했다. 그러나 나를 지지해 주는 교수들을 믿고 수학 과목 한 두 개를 더 선택해 들어보았다. 높은 레벨의 수학을 듣기 전에, 증명에 익숙해지기 위해 증명을 연습하는 수업이 있었는데, 같이 수업 듣는 친구와 한 문제를 가지고 늦은 밤까지 같이 고민했던 시간과 그 문제를 풀었을 때 서로 소리지르면서 좋아했던 순간이 떠오른다. 친구들과 같이 하면서 내가 절대로 풀지 못할 것 같았던 문제들을 하나씩 해결해 나가자 수학 전공에 대한 두려움이 사라지게 되었다.

1학년 때는 필수로, 그리고 다른 학년 대부분 학생들이 기숙사 생활을 하기 때문에, 학교에서 일하시는 많은 분들과도 돈독한 관계를 가지게 된다. 기숙사 및 학교 청소하시는 분들부터 식당에서 일하시는 분 등 모든 분들이 학생들과 친하게 지낸다. 도서관에서 이른 오전에 일하게 될 때, 종종 만나던 크로아티아 이민자인 도서관 청소 아주머니와 이민자의 삶에 대해서 나누기도 하고 학교에 대한 얘기를 나누기도 했다. 1학년때 살았던 기숙사 청소 아주머니가 항상 마주칠 때마다 'Hi Honey'로 인사해 주던 그 목소리가 아직도 귀에 맴돈다. 이렇게 사람과의 끈끈한 관계 속에서 전혀 계획에 없던 수학을 공부하게 된 것과 마냥 두려웠던 새로운 환경에서 느낀 편안함은 브린마였기 때문에 가능하지 않았을까 생각한다.

대학 간 컨소시엄

브린마에서 대체로 수학 수업을 많이 들었던 반면, 옆에 있는 남녀공학인 남매 학교 Haverford College(이하 헤버포드)에서는 컴퓨터 수업을 주로 들었다. 브린마는 여러 대학들과 컨소시엄을 맺고 있다. 헤버포드와는 Bi-Co consortium을, Swarthmore College(이하 스와츠모어) 와는 헤버포드와 함께 Tri-Co consortium을 맺고 있고, 앞세 Liberal Arts College들과 University of Pennsylvania(이하 유펜)와는 Quaker consortium으로 결연되어 있다. 이 컨소시엄을 통해서 각 학교에서 제공되는 수업을 수강할 수 있다. 특히 브린마에서 10분 거리인 헤버포드와는 같은 수강 신청 사이트를 사용한다. 그래서 헤버포드에서 제공되는 수업을 쉽게 신청할 수 있다. 헤버포드로 가는 블루버스는 이른 오전부터 늦은 밤 새벽2시까지 운영되는데 한 시간에 4-5대, 수업이 많은 오전 시간대는 더 많은 버스가 배치되어 있다. 스와츠모어와 브린마는 차로 25-30분 정도 걸리는데, 브린마와 헤버포드를 지나 스와츠모어까지 가는 Tri-Co Van이 운영된다. Tri-Co consortium에 포함된 학생들은 다른 학교 기숙사를 신청할 수도 있으며, 전공 또한 다른 학교에서 정할 수 있다. 중국어, 일본어 같은 언어 수업들은 헤버포드와 공동으로 운영된다. 언어학 같은 경우는 스와츠모어와 헤버포드가 공동 운영하며, 특정 수업들은 캠퍼스를 돌아가면서 열리기도 한다.

실제로 많은 브린마 친구들이 헤버포드에서 전공을 했고, 헤버포드에서 수업을 많이 듣는 친구는 아예 헤버포드 기숙사에서 살기도 한다. 헤버포드에서 1년을 산 친구는 브린마에서 2-3년 살고 난 후 쉼이 필요할 때 어학연수를 가기도 하는데, 굳이 새로운 나라에 가는 것보다 가까우면서도 익숙하지 않은 다른 캠퍼스에서 지내는 것도 좋다고 했다. 특히 헤버포드, 유펜은 국제학생들에게 장학금을 적게 주는데 브린마에서 많은 장학금을 받으면서 다른 학교에서 제공되는 자원들을 쓸 수 있다는 게 브린마의 크나큰 장점이다.

학부 중심인 리버럴 아츠 칼리지에서는 회계, 경영, 공학 등 특정한 도메인이 결정되어 있는 전공들을 제공하지 않는다. 그래서 공학이나 교육, 도시계획, 공공보건학에 대해 더 배워 직업으로 정하고자 하는 사람들은 유펜이나 보스턴 대학교 등 여러 파트너 학교들과 협연되어 있는 Combined Degrees로 학위를 딸 수 있다. 나 또한 컴퓨터 공학에 대해 더 배우고 싶어 브린마 학사 4학년과 유펜 엔지니어링 석사 1년차를 같이 하고 있다. 그리고 브린마 졸업 후, 남은 석사 1년을 유펜에서 마칠 예정이다.

리버럴 아츠 교육 중심에
창의적 글쓰기가 있다

특정 도메인 전공에 관한 이야기를 해 보겠다. 헤버포드에서는 유명한 강사가 가르쳤던 회계 수업이 매 가을 학기마다 열렸다. 그런데 수강 신청 때마다 학생이 차고 넘쳤다. 그래서 회계에 관심이 있는 학생이 이렇게 많은데, 왜 브린마에서는 회계나 금융 전공을 만들지 않는지 문의를 했다. 그때 학교 측은 그 전공을 하면 졸업 후 더 쉽게 일자리를 얻을 수 있을지라도, 리버럴 아츠의 철학과는 어긋나기 때문에 만들 수 없다고 했다.

리버럴 아츠의 철학은 과연 무엇일까? 학교마다 조금씩 다르고, 또 학생마다 다르게 느낄 수도 있어 말하기 조심스럽다. 하지만 내가 브린마에서 느꼈던 리버럴 아츠의 철학은 다음과 같다. 나는 리버럴 아츠 교육의 중심에 글쓰기가 있다고 생각한다. 글은 자신의 의견을 피력할 수 있는 가장 강력한 도구이고, 글을 정돈되고 간결하게 잘 쓰는 실력은 강력한 무기가 된다. 잡 마켓에서도 글을 잘 쓰는 인력을 서로 뽑으려고 한다. 금융이나 회계 쪽에서도 요즘은 점점 리버럴 아츠 학생들을 뽑아가려고 한다. 비록 학교에서 경영과 회계, 금융을 전공 과목으로 배우지 않았더라도, 특정 도메인 지식과 기술들은 입사 후 배워도 별 다르지 않다는 것이다. 그것보다 글을 잘 쓸 수 있는지, 자신의 의견을 잘 얘기할 수 있는지, 또 다른 사람들의 의견을 잘 정리해서 또 설득 및 발전시킬 수 있는 팀플레이어인지를 더 중요하게 본다.

브린마는 글 쓰는 훈련을 많이 시킨다. 정말 많이 시킨다. 또한 글을 쓰기 전과 후 많은 토론을 하게 한다. 일단 브린마에 입학하면 첫 학기에 필수로 듣게 되는 Emily-Balch Seminar(ESEM)이라고 과목이 있다. 학교에서는 입학 전, 학생들에게 ESEM으로 제공되는 수업들, 교수들에 대한 정보를 준 다음, 선호하는 3개 수업을 적게 한다. 제공되는 수업은 철학, 환경부터 미술학, 생물학까지 다양한 주제들로 구성되어 있다. 학교는 전교생을 한 반에 최대 10-12명이 넘지 않도록 배치한다. ESEM 신청할 시기이면 브린마 페이스북에 어떤 교수, 어떤 수업이 괜찮냐는 질문이 많이 올라온다. 나는 학생들이 수업을 듣고 난 후 글쓰기 실력이 많이 늘었는지, 교수는 괜찮은 분인지를 기준으로 선배들의 추천을 정리해 수업을 골랐다.

내가 들었던 수업은 영문학과 철학을 바탕으로 이루어진 수업이었다. 매주 금요일 5시까지 내야 하는 에세이 과제와 매 수업마다 읽어가야 하는 리딩이 많아 첫 몇 주 동안(아니 학기가 끝날 때까지) '내가 이 수업을 괜히 골랐구나' 싶었다. 교수 재량으로 이루어지는 수업이기 때문에, 숙제 양이 적은 수업들도 있었다. 하지만 불평하면서도 매 수업마다 많은 것을 배웠다. 만약 브린마에서 가장 기억에 남는 수업이 무엇이냐고 물어보면 고민할 여지없이 내가 수강했던 ESEM을 얘기할 것이다.

큰 규모 대학에서는
상상할 수 없는 것들

　　　　　ESEM이 왜 나의 최고 수업이었는지, 내 경험을 토대로 이야기해 보고자 한다. 10-12명의 소규모 수업인데, 교수님은 주변 환경에 따라 수업도 달라질 수 있다며 매 수업마다 학생들이 돌아가면서 정한 캠퍼스 내 가장 좋아하는 장소에서 수업을 옮겨 다니면서 진행했다. 글을 '잘' 쓰기 위해서는 저자가 많은 것을 알고 글쓰기 솜씨가 뛰어나야 하겠지만, '정말 잘' 쓴 글은 넓은 시각을 가지고 토론을 통해 저자가 미처 생각하지 못했던 것까지 포용한 글이라고 생각한다. 수업을 이끌어 가는 분은 교수이지만, 교수는 중간 중간 토론을 중재하는 역할만 할 뿐, 모든 의견과 대화는 학생들 사이에서 오갔다. 한 주 동안 읽은 자료들과 수업에서 진행된 토론을 바탕으로 3장짜리 페이퍼를 써야 했는데, 페이퍼 쓰는 시간은 쉽게 줄지 않았지만, 시간이 지날수록 내 글의 문체와 깊이가 발전한다는 게 느껴졌다.

　　2주마다 교수와 20~30분 정도 상담을 진행했는데, 나는 교수와 대화하는 이 시간을 매우 기다렸다. 나는 브린마 입학 후 첫 학기에 그렇게 어려운 수업들을 듣지는 않았지만 낯선 환경에 적응하고 생각보다 많은 숙제를 해내야 하는 부담감이 있었다. 2주마다 찾아오는 교수와의 상담에서는 수업 관련 얘기보다 이런 저런 생활적인 측면, 즉, 내가 요즘 어떤 생각을 하고 사는지, 내가 어떤 문제에 이끌리는지 등에 대해 얘기를 나누었다. 교수는 '매번 잘하고 있지만 내 목소리를 수업시간에 더 들으면 좋겠다', '이번 글엔 이런 내용이 조금 더 추가되면 더 강한 글이 되겠다'

브린마에 와서 처음 본 건물이자 내 첫 기숙사

등 나의 모든 부분에 관해 열정적으로 관심을 가져 주고 피드백을 주었다. 내 자신을 자책하게 될 때쯤, 교수와의 상담으로 얻은 자신감으로 '나는 더 잘할 수 있어!'라는 자극을 받았고, 내가 성장하고 다듬어지는 과정을 반복하니 브린마가 나의 '제 2의 집'이 되었다.

내가 평범하다고 느낀 브린마의 경험이 큰 대학교를 다니고 있는 친구들에게는 충격으로 다가갔다. 큰 대학에서는 몇 백 명이 듣는 교양수업에서 교수와 일대일로 말해 보기는커녕, 모든 소통은 조교들과 해야 했기 때문이다. 내가 사람들 앞에서 질문하는 것, 내 생각을 말하는 것 또 글쓰기를 부담스러워 하지 않는 것은, 학생의 발전을 위해 열정적이었던 교수가 있었고, 글쓰기, 토론 중심의 문화를 가진 브린마에서 공부할 수 있었기 때문이라 생각한다.

인턴십으로 여름을 보내는 브린마 학생들

미국 학교 학생들의 여름은 한국 학생들의 여름보다 길다. 대부분 5월 둘째 주에 봄학기 기말고사를 끝낸 이후 8월 말 새로운 학기가 시작할 때까지 여름 방학 시간이 주어진다. 여름 방학 때 학생들은 연구를 하거나, 봉사, 기업에서 인턴, 또는 해외에서 어학연수를 하는 등 학기 중에 배웠던 것을 응용하거나 학기 중에 해보지 못했던 새로운 일들을 해볼 수 있다. 이때 돈을 받지 않는 무급 또는 낮은 임금을 주는 유급 인턴십을 하게 된다면, LILAC Summer Internship Funding Program에 지원할 수 있다. 이 프로그램에서 학생을 지원해 주기로 결정하면 여름동안 약 4000달러의 지원금을 받게 된다. 졸업생들의 후원금이 넘쳐나는 브린마엔 이 여름 인턴십 지원 프로그램에만 할당되는 지원금이 어마어마하다.

나는 2학년 끝난 후 여름에 학교 지원을 받아 중국 베이징에 있는 스타트업에서 인턴을 했다. 나는 고등학교 졸업 후 중국어와 중국 문화에 관심이 생겨 직접 그 나라에 가서 사람들과 직접 부딪히며 문화와 언어를 배우고 싶었다. 중국에서 청년 창업 및 스타

가끔씩 쉼이 필요할 때 찾는 Cambrian Row

브린마 전통 중 하나인 학교축제 May Day에는 모든 학생들이 흰 옷과 꽃 화관을 만든다

트업 분위기를 직접 느껴보고 싶었고, 평소에도 관심있었던 분야의 중국 마켓은 어떤지 경험하고 싶었다. 하지만 중국 베이징의 생활비는 너무나도 비싸고, 내가 일을 했던 스타트업에서 주는 월급으로는 넉넉하게 생활할 수 없어 학교 여름 인턴십 펀딩에 지원을 했다. 나는 펀딩 덕분에 주말마다 베이징 곳곳을 돌아보며 다양한 현지 음식을 먹어보며 여행을 했다. 그 덕분에 스타트업에서 했던 일 또한 매우 재밌게 느껴졌다. 만약 지원금이 없었더라면 베이징에 갈 생각 조차도 안 했을 것이다. 브린마 덕분에 중국 스타트업에서 직접 일도 할 수 있었으며, 내가 좋아하는 언어도 현지 사람들과 부딪히며 익힐 수 있었고, 중국에서 어마어마한 인연들도 만날 수 있었다.

여름 인턴 지원 프로그램이 스타트업이나 비정부기구, 봉사단체 인턴들만 지원하는 것은 아니다. 이 외에도 어학 연수나 연구 인턴을 하게 될 때에도 여름 펀딩을 지원할 수 있다. 가을 학기가 되면 펀딩을 받은 모든 학생들이 여름에 했던 일들에 대해 포스터를 만들어 소개하는 시간을 가진다. 이때 교수들 또는 많은 스태프들이 포스터 세션에 와서 학생들 인턴십에 대해 물어보고, 학생들도 서로 물어봐 관심이 비슷한 친구들에게 자기가 일했던 기관을 연결해 주기도 한다.

브린마의 의식주

브린마의 의식주(衣食住)를 통해 브린마의 학생 생활에 대해 이야기해 보고자 한다.

1. 의(衣)

미국 날씨는 참 이상하다. 11월까지는 따뜻해도 12월이 되면 얼굴 세포세포가 찢어질 듯한 칼바람이 부는 겨울이 온다. 또 2-3월엔 외투도 필요 없을 정도로 따뜻했다가 3-4월에 언제 그랬냐는 듯 수십 센티미터의 폭설이 내리기도 한다. 내가 미국에 있는 9개월 중 6개월이 추우니, 나의 애용품은 전기장판이 되었다. 한편 4-5월이 되면 아름다운 벚꽃과 이름 모르는 꽃들이 피어 브린마의 봄향기는 평생 잊을 수 없게 된다.

2. 식(食)

기숙사에서 사는 모든 학생들은 무제한 식권(Unlimited Meal Pass)를 받는다. 브린마에 있는 두 개의 식당과, 헤버포드, 스와츠모어 식당들을 제한 없이 사용할 수 있다. 오프 캠퍼스에 사는 학생들은 따로 Meal Plan 을 구입할 수 있다. 뷔페식으로 정말 잘, 많이 나온다. 채소부터, 육류, 빵, 디저트, 음료까지 다 구비되어 있으며 전국적으로 맛있는 학식으로 유명한 학교 중 하나다. 첫 1년을 보내고 집에 왔을 때 부모님께 미국이라는 나라는 공기만 마셔도 살이 찌는 나라라고 했지만, 나는 self-care를 하느라 아이스크림을 꼭 챙겨 먹었던 사실은 말하지 않았다. 무제한 식권 (Unlimited Meal Pass)이니 음식으로 소비되는 돈은 거의 없다. 또한 점심 이나 저녁 시간에 음식을 거르는 일이 없도록 Take-out Box도 제공해 준다.

3. 주(住)

브린마 학생들 중 90%가 넘는 학생들이 함께 그러나 다름을 존중하는 기숙사에서 산다. 그만큼 기숙사에서의 삶은 학교 생활의 큰 부분을 차지한다. 다른 학교 학생들이 놀라워하는 것은, 1인실이든, 4인실이든 똑같은 비용을 지불한다는 것이다. 대부분 첫 학년에는 입학 전 설문조사를 토대로 배정이 되고 고학년이 될수록 원하는 방을 먼저 고를 수 있게 되는데, 대부분 2학년부터는 1인실을 사용한다. 같은 층에 배정된 학생들을 Hall Group이라고 부르고 가끔씩 Hall Group Hang Out도 열려 맛있는 간식 먹으면서 친목의 시간을 가진다. 또 각 층마다 Hall Advisor가 있어, 학교 생활과 건강 등 생활적인 측면에 관심을 가져준다.

Diversity(다양성)을 존중하는 브린마에서는 각 기숙사마다 학생 Community Diversity Assistants(CDA)를 배치한다. 기숙사에 있는 학생들과 함께 브린마의 다양성 실태를 알아보고, 다양성을 포용할 수 있는 방안을 모색하기도 한다. 또 각 기숙사 별로 어느 한 달에는 성소수자(LGBTQ)에 대해, 어떠한 달에는 인종에 대해 오픈 포럼을 진행한다. 이렇게 많은 시간을 보내는 기숙사 안에서 같은 층 친구들과 친밀한 관계를 가짐으로써 서로 힘들 때 의지할 수 있는 공동체를 만들게 된다.

19세기부터 내려오는
브린마 전통

브린마가 19세기에 세워진 여자대학이어서 아기자기한 전통들이 많다. 모든 전통을 다 말하면, 신비가 사라지니 딱 두가지만 이야기하겠다. 입학 후, 얼마 지나지 않아 '제등의 밤(Lantern Night)'이라는 밤을 맞이하게 되는데, 이 전통은 선배들이 새로 브린마에 들어온 신입생에게 전년도 선배들에게 물려받은 Light of Knowledge, 지식의 빛을 전달해 주는 의식이다. 각 학년들마다 학년별 색깔(Class Color)이 있는데, 자신의 학년 색깔에 맞춰진 랜턴을 어두컴컴한 밤에 전달받는다. 전달받는 의식이 행해지는 곳까지 들어오고 나올 때, 어떠한 빛도 허용되지 않으며, 오직 빛나는 것은 선배들의 랜턴 뿐이다. 이때 선배들은 그리스어로 된 찬양을 아름답게 불러준다. 또 재미난 것은, 신입생들이 받은 랜턴의 촛불들이 Hall Group마다 꺼진 순서대로 미신이 존재하는 것이다. 각 Hall Group마다 전해져 오는 미신들이 또 다른데, 내가 속해 있던 Hall Group에서는 맨 처음 촛불이 꺼진 사람이 제일 먼저 결혼

할 거라는 미신이 있다. 두번째로 촛불이 꺼진 사람은 박사나 교수가 될 거라고 했다.

Hall Group이외에 친하게 지내게 되는 그룹이 Hell Family이다. 신입생이 선배에게 자신의 장미/ 엄마/ Heller가 되어 달라고 프로포즈를 한다. 이렇게 구성된 것이 Hell Family인데, 이 전통은 1학년 학생들이 봄학기 때쯤 겪게 되는 Hell Week을 위해서다. 지금은 명칭이 바뀌어 '1학년 환영주간'(Welcome The First-Year's Week :WTF Week)이라고 부른다. 1주 동안 프로포즈를 받은 선배들은 후배들이 교내 안에서 상상을 해볼 수 없는 기상천외한 미션을 준다. 나는 '한복 입고 재즈 수업에 참여하기', '영문학 시간에 내가 좋아하는 쉑쉑버거에 대해 시를 직접 써 낭독하기' 등을 했다. 이런 미션의 궁극적인 목적은 세상에 나아가서도 자신을 잃지 않고 당당하게 살아가는 것이라고 했다. 이 주간을 보내고 나면 새로운 눈으로 학교와 친구들을 보게 된다. 또한 미션을 준 선배와 돈독하게 지내게 된다. 내가 프로포즈한 선배와는 아직까지 연락하고 지내고, Hell Family Lineage 중 고모(Aunts), 할머니(Grandmother)와도 종종 안부를 묻고 지낸다.

의식주 외에 중요한 것은 '돈'이라고 할 수 있을 텐데, 교내에서 학생들에게 일을 할 수 있는 기회를 많이 준다. 1학년 때에는 대부분 교내 식당에서 일하고 고학년이 되면 수업조교, 도서관, 교내 투어가이드, 학부생 연구원, 심지어 밤에 교내에 돌아다니는 Lantern Van 운전기사 등 다양한 직군에서 일을 할 수 있다. 이렇게 국제학생들도 교내에서 일을 함으로써 부모님께 도움받지 않고 여유로운 삶을 살 수 있다.

내가 누린 혜택
여러분도 누리길…

　　　　　　　　나는 브린마였기에 어려운 상황에서도 여유
롭게 미국에서, 대학교를 다닐 수 있었다. 더구나 브린마였기에 컴퓨터
과학과 수학을 전공할 수 있었으며, 다른 학교에서 수업도 자유롭게 듣
고, 교수와 친구처럼 안부를 물으며 식사를 하고, 학사 4학년을 하면서
아이비리그 중 하나인 유펜에서 석사를 할 수 있었다. 이제 마무리하려
고 보니 반도 못 적은 것 같아 아쉽다. 더 알고 싶은 사람들은 나에게 직
접 연락해도 좋다. 나도 미국, 중국에 있는 각지의 브린마 선배, 친구들에
게 연락해 커피를 마신 적도, 밥을 먹은 적도, 심지어 집에 몇 밤 묵은 적
이 있기 때문이다. 내가 누렸던 상상 이상의 혜택들을 여러분들도 누릴
수 있기를 바란다. 미국 유학길이 특히 경제적인 이유로 불가능하다고 생
각하는 학생들이 있다면, 나의 이야기로 조금이나마 희망을 가지고 문을
두드리는 계기가 되기를 소망한다.

College of Wooster

단언컨데, 미국에서 이보다 더 좋은 대학은 없다

◆ **황형구**(경제학 수학 복수전공, 4학년) ◆

College of Wooster	
위치	Wooster, Ohio
학교 홈페이지	www.wooster.edu
설립연도	1866
학부생 수	1980
교수 : 학생 비율	1:11
남 : 녀 비율	45 : 55
국제학생 비율	12.8%
등록금	50250$
기숙사&식비	11850$
재정보조를 받는 학부생 비율	56%
한 학생 당 재정보조를 받는 평균 금액	43407$
졸업 후 취업률 (인턴십, 프리랜서 제외)	20%
졸업 후 대학원 진학률	10.6%
유명 전공	1. Social Sciences 2. Biological and Biomedical Sciences 3. Physical Sciences 4. Psychology 5. English Language and Literature/Letters

150년 전통의
명문대학

'죽은 시인의 사회'(1989)는 피터 위어 감독, 로빈 윌리엄스 주연의 영화로 미국의 전통 있은 사립학교를 배경으로 한 작품이다. 이 영화 도입부를 보면 한 청년이 백파이프를 연주하며 입학식 시작을 알리는 장면이 나온다. 백파이프는 귀를 찌르는 듯이 뾰족한 소리를 내는 관악기인데, 영화에서는 'Scotland the Brave'라는 스코틀랜드 전통 민요가 연주된다. 실제로 입학식장에서 이 민요의 선율이 울려 퍼지는 대학교가 미국에 있다. 바로 내가 다니고 있는 학교, 우스터 대학(The College of Wooster)이다.

우스터 대학(이하 우스터)은 1886년에 설립된 대학으로 스코틀랜드 풍의 전통을 이어나가는 학교이다. 이 전통은 특히 건축 양식, 학교를 대표

카우크관

하는 디자인, 공식 행사 순서 등에서 쉽게 찾아볼 수 있다. 우선, 우스터를 상징하는 건물, 카우크(Kauke) 관은 서유럽의 아름다운 성을 연상시킨다. 학과 건물들뿐만 아니라 몇몇 기숙사 건물들도 영화 '해리포터'에 나올 것만 같은 분위기를 풍긴다. 또한, 학교 웹사이트를 방문해 보면 노란색과 검정색 디자인을 쉽게 찾아볼 수 있고, 입학식이나 졸업식과 같은 행사가 있을 때에도 노란색과 검정색 무늬가 들어간 퀼트 치마가 항상 눈에 띈다. 이 복장을 한 마칭 밴드 학생들이 백파이프를 비롯한 여러 가지 악기로 'Scotland the Brave'를 연주하면, 관중들은 박자에 맞춰 박수를 치며 그들을 환영한다. 이는 미국에서도 흔히 찾아볼 수 없는 전통이기 때문에 많은 학생들과 졸업생들이 애착을 갖고 자부심을 느낀다.

우스터는 미국 중서부 오하이오주에 위치해 있으며, 클리블랜드 공항까지 50분, 콜럼버스까지는 1시간 반 정도 떨어져 있다. 우스터 시 전체 인구는 약 27,000명으로 학교 주변 환경은 대도시에 비해서는 조용한 편이다. 하지만 제조업계 대기업인 러버메이드(Rubbermaid) 등의 본사가 이곳에 있었고, 북아메리카 대륙에서 사업을 시작하기 가장 좋은 10개 소규모 도시 중 하나*로 우스터 시가 뽑힌 바 있다. 또한, 우스터 시에는 우리 학교뿐만 아니라 오하이오 주립대학교 산하 농업기술연구소(ATI)와 오하이오 농업연구개발센터(OARDC)가 위치하고 있기 때문에 대학생 및 대학원생 인구 또한 상당하다.

체계적인 '졸업 연구' 프로그램, 우스터의 가장 큰 장점

첫 번째로 소개할 것은 우스터의 가장 큰 장점이자 내가 우스터를 선택한 이유! 바로 Independent Study(I.S.) 프로그램이다. I.S.는 문자 그대로 '독립적인 연구' 경험이다. 다른 학교에서는 이와 같은 프로그램을 캡스톤 프로젝트(Capstone Project)라 부르기도 하는데, 우스터 학생이라면 누구나 4학년 때 졸업 연구를 진행하게 된다. 학생이 자율적으로 연구 주제를 설정하면, 학과에서는 회의를 통해 그 연구에 가장 적합한 I.S. 지도교수를 배정한다. 학생들은 1주

---

* fDi magazine ranked Wooster among North America's top 10 micro cities for business friendliness and strategy in 2013.

일에 한 시간씩 지도교수와 1:1로 만나 연구의 진행 방향이나 내용에 관한 도움을 받는다. 두 학기에 걸쳐 졸업 논문을 완성한 뒤 구두 심사(Oral Defense)까지 통과하면 비로소 I.S. 과정이 막을 내린다.

우스터의 I.S. 프로그램은 미국 학계 내에서 명성이 대단하다. 미국 주간지 US News & World Report에서 매년 '시니어 캡스톤 프로젝트가 잘 갖춰진 대학들'을 선정하는데, 2002년부터 빠짐없이 이 목록에 등장해 온 학교는 오직 프린스턴 대학과 우스터 뿐이다. 학부생이 무려 1년 동안이나 체계적인 연구를 진행하는 일이 흔하지 않기 때문에 I.S. 경험은 특히 대학원 진학 시에 그 진가를 발휘한다. 본인이 어떤 사물이나 현상에 이론을 적용하고, 관련된 문헌을 비판적으로 분석하며, 자신의 주장을 논리적으로 펼칠 수 있다는 것을 입증하는 가장 좋은 방법은 그 실적을 보여주는 것이다. 뚜렷한 연구 성과를 갖춘 우스터 학생들은 대학원에 지원할 때 굉장한 경쟁력을 갖추게 된다. 물론, 이러한 성취는 취업을 준비할 때에도 큰 도움이 된다. I.S.라는 결과물을 통해 본인이 큰 규모의 프로젝트도 수행할 수 있다는 것을 보여주기 때문이다.

학부생에게 주어지는
연구 지원금

대학원생들이 연구비를 지원받는 것처럼 우스터 학생들에게는 코플랜드 펀드(Copeland Fund)라는 연구지원금을 받을 기회가 주어진다. I.S.를 진행하기 위해 실험 장비를 구입하거나 다른 도시, 때로는 다른 나라에 가서 자료를 수집하고 관계자를 인터뷰 하는 경우도 종종 있다. 이런 연구가 금전적인 제약으로 인해 위축되지 않도록 코플랜드 위원회에서는 학생들의 연구 계획서를 꼼꼼하게 심사하여 연구비를 지급한다.

나는 3학년 2학기 끝 무렵에 코플랜드 펀드를 받게 되었다. 내가 계획하고 있는 I.S. 연구 주제는 '대한민국 소방 서비스의 생산'이다. 생산 효율성을 극대화하기 위해 각 시마다 있는 소방서의 규모를 어떻게 결정해야 하는지 경제학적으로 분석하고, 출동 시간을 최소화하기 위해 119 안전센터를 어디에 배치해야 하는지를 수학적으로 연구하려 한다. 이를 위해 2019년 여름 방학에 한국으로 돌아가 최근 몇 년 간의 소방 출동 데이터를 수집한 뒤, 관련 업무를 하는 소방 공무원 들과 경기도 도의원 한 분과의 면담을 진행했다. 이러한 연구 계획을 세세하게 코플랜드 위원회에 제출한 결과, 한국에 왕복으로 다녀올 수 있는 비용과 국내 여행 경비까지 보조 받는 행운을 얻게 되었다.

이처럼 우스터는 코플랜드 펀드와 같은 장치를 두어 학생들의 연구를 적극적으로 보조할 뿐만 아니라, 취업이나 대학원 진학 시에 자랑스럽게 내세울 수 있는 이야깃거리를 제공한다. 코플랜드 펀드를 받기 위해 매년 수십 명이 지원하기 때문에 경쟁이 치열하지만, 연구 주제에 대한 고민을 미리 하고 잘 준비해서 지원하면 충분히 받을 수 있다. 내가 전공하고 있는 경제학과에서는 3학년 2학기 때 '주니어 I.S.'를 쓰도록 하기 때문에 연구를 조금 더 일찍 시작할 수 있었다.

리서치 기회가
풍부한 학교

        I.S.는 모두가 해야 하는 것이지만 조금 더 부지런히 움직이면 풍부한 리서치 경험을 할 수 있다. 매 학기 소포모어 리서치(Sophomore Research) 프로젝트들이 공지되는데, 이름과는 조금 다르게 1학년 2학기부터 3학년 1학기를 보내고 있는 학생들까지 지원 자격이 주어진다. 선발된 학생들은 교수들의 연구를 보조한다. 나도 이 기회를 두 차례 활용했다. 특히 3학년 1학기 때 참여한 프로젝트는 탄자니아 여성들의 인권 신장과 경제적 권한 강화에 관한 것이었는데, 내 역할은 이 여성들의 아이들 건강 상태를 분석하는 것이었다. 수 백명 아이들의 키와 몸무게 등에 관한 데이터가 가공되지 않은 상태로 주어졌고, 나는 컴퓨터 통계 패키지를 사용하여 그들의 세계보건기구 지표 값을 산출했다.

  이 외에도 학교에서 Summer Research를 운영하여 유급 연구 보조 기회를 제공한다. 보통은 자연과학 분야 지원이 많지만, 여름방학 동안 학교에 남아 러시아 문학이나 사회학과 교수들의 연구를 보조하는 학생들도 있다. 특히 우스터 학생들은 앞서 언급한 오하이오 주립대 산하의 OARDC에서 실험 보조를 활발하게 한다. 비록 이름은 농업연구개발센터이지만 이 곳에서는 생물학, 생화학, 분자생물학, 물리학과 등 다양한 전공 출신 학생들이 교수들의 연구에 참여한다.

균형 잡힌 교육과
만나기 쉬운 교수들

I.S.가 대학생활의 꽃이라면, 우스터의 탄탄한 교육 커리큘럼은 그 꽃을 피우기 위한 양분을 제공한다. 우스터는 리버럴 아츠 교육 이념을 반영하여 균형 잡힌 교육을 추구한다. 이는 졸업 요건에 적나라하게 드러난다. 모든 학생들은 작문, 문화, 종교, 정량적 분석, 인문학, 사학 및 사회과학, 그리고 수학 및 자연과학(Writing, Cultural, Religious, Quantitative, Arts & Humanities, History & Social Sciences, Mathematical & Natural Sciences) 분야 수업을 일정 학점 이수해야 한다. 물론 두 개 이상의 요건을 동시에 충족하는 수업들도 존재한다. 가령, 내가 수강했던 'History of Black America'라는 역사학 강좌는 위의 문화, 인문학, 그리고 사학 및 사화과학 영역을 충족했다. 이처럼 학생들은 4년 동안 학교를 다니면서 여러 분야에 대한 견문과 지식을 넓히게 된다. 의사를 꿈꾸는 생화학과 학생도 종교학 수업을 수강해야 하고, 작곡가가 되려는 음악과 학생도 사회과학 수업을 꼭 들어야 한다.

1. 비판적 사고로 토론과 글쓰기 훈련

모든 학생들은 신입생 세미나(First-Year Seminar)를 수강해야 한다. 이 제도의 취지는 신입생들이 정해진 교재를 읽으면서 비판적인 사고를 하고, 토론 위주 수업 방식에 적응하며, 학술적 글쓰기 훈련을 하게 하는 것이다. 매년 흥미로운 주제의 신입생 세미나 강좌가 스무 개 남짓 제공되는데, 내가 선택한 것은 'Religion in the Age of Science'였다. 독실한 천주교 신자이자 물리학계에서 활발한 연구 활동을 하고 있는 린드너 교수가 가르쳤는데, 과학적 지식과 기독교적 교리들이 조화롭게 공존할 수도 있음을 시사하는 수업이었다. 80분 수업 시간 중 반 이상은 열한 명 학생들이 책 내용에 대한 생각을 주고받았고, 때로는 교수님이 준비해 오신 '스타워즈' 에피소드를 보며 철학적인 논의도 나눴다. 신입생 세미나답게 시험은 없었고 총 여섯 편의 에세이 과제와 수업 참여도로 평가를 받았다.

2. 교수 대 학생 비율 11:1

교육의 질을 가늠할 수 있는 가장 정확한 척도 중 하나는 교수 대 학생 비율이다. 이 비율이 낮으면 수업 중 교수와 학생들 사이의 상호작용이 잦아질 수 밖에 없다. 자연스럽게 강의 중 토론 비중이 높아지고, 학생들은 자신의 생각을 조리 있게 표현하는 연습을 하며, 궁금한 게 있을 때에 눈치를 보지 않고 자유롭게 질문할 수 있다. 수업 도중 학생들이 손을 번쩍 들고 강의 내용에 부연 설명을 하거나 교수님의 의견에 반박하는 일도 흔하게 일어난다. 평생 한국에서만 살아왔던 내가 처음 우스터에 와서 이 곳 교육에 반한 이유가 바로 이것이다. 교수님들은 늘 학생들의 질문에 "좋은 질문이네요(That's a good question)!"라고 말한 뒤에 답변한다. 어리석은 질문이란 없다는 신념으로 학생의 배움을 최우선으로 생각하며, 학생들이 강의 중에도 끊임 없이 생각할 수 있는 환경을 조성한다.

3. 언제나 만날 수 있는 교수들

우스터는 전미에서 '교수들의 접근성이 가장 높은 대학' 5위*, '가장 우수한 교수진을 갖춘 대학' 5위**, 그리고 '학부 교육의 질이 가장 높은 대학' 9위***를 기록한 학교다. 모든 교수들은 매주 정해진 시각에 오피스 아워(Office Hours)를 갖는다. 이 때 학생들은 자유롭게 사무실을 찾아가 수업 내용에 대해 질문하거나 에세이 첨삭을 요청할 수 있다. 물론 이 외의 시간에도 약속을 잡을 수 있기 때문에 강의실 밖에서 교수들을 만나기가 쉽다. 흔한 일은 아니지만 심지어는 1:1로 보강 수업을 받은 경험도 있다. 내가 심한 감기 몸살로 수업에 빠진 날, 이메일로 도움을 요청했다. 친구의 노트 필기를 베껴 적어 놓고 교과서도 읽었지만 이해가 되지 않는 부분이 있다고 구구절절 설명하니, 수학 교수님께서 흔쾌히 30분 넘게 시간을 내주었다.

우스터의 모든 학생들은 '신입생 지도교수'를 배정받는다. 이들은 1학년 학생들의 학교 생활 전반을 지켜보며 진로 상담을 해주는 역할을 한다. 아직도 처음 수강 신청을 하던 날 기억이 생생하다. 지도교수가 바로 내 옆에 앉아 어떤 과목을 들을 것인가 함께 고민해주고, 졸업 요건을 충족하기 위해 수업을 골고루 듣는 것이 좋다는 등의 조언을 해주었다. 우리 나라 대학생들이(운이 좋으면 선배들과 함께) PC방에 가서 초조한 마음으로 마우스를 두드리며 수강 신청하는 모습과는 대비되는 모습이다. 우

● https://www.princetonreview.com/college-rankings?rankings=most-accessible-professors

●● https://www.usatoday.com/story/money/business/2014/04/06/schools-smartest-professors/7347283/

●●● https://www.usnews.com/best-colleges/rankings/national-liberal-arts-colleges/undergraduate-teaching

스터는 전교생 수가 2,000명 밖에 되지 않고 교수 대 학생 비율이 낮기 때문에 수강 신청에 실패하는 경우가 많지 않다. 또한, 박사 학위를 가진 교수가 학생을 '전담 마크'하여 관리하고, 학생들은 언제든지 그들의 도움을 요청할 수 있는 시스템이다.

대부분의 교수들이 학생들의 얼굴을 알기 때문에 교실 밖에서 교제할 기회도 많다. 나는 1학년 때 만난 지도교수와 셀 수도 없을 정도로 여러 번 잔디밭에서 축구를 했다. 공을 워낙 잘 차서 경기를 할 때마다 학생들이 패스를 해달라며 "마리올라 교수님, 여기요! 여기요!" 외치고는 한다. 지난 학기에 주니어 I.S.를 지도해준 지아 교수는 나에게 논문 쓰느라 고생했다고 클리블랜드에 있는 중국 식당에서 밥을 사주었다. 도서관에서 밤늦게까지 작업을 할 때 나에게 대학원 관련 상담을 해준 적도 몇 번 있는데, 한결같은 친절함으로 도움을 주었다. 또한, 나를 비롯한 몇몇 한국인 학생들은 종교학과에 있는 박찬석 교수의 차를 타고 매주 일요일마다 애크론 한인 교회에 나간다. 늘 학생들을 살갑게 맞아주고 우리들의 고민에 귀 기울여주기 때문에 인기를 독차지하고 있다. 이렇게 멋진 교수들과 교실 밖에서도 친밀한 관계를 형성할 수 있는 것은 우스터에서 맛볼 수 있는 행운이자 특권이라고 생각한다.

학생의 경쟁력 키우는
각종 지원 프로그램

1. 우스터의 진로 개발 센터, APEX

우스터는 학생들이 공부만 잘 하는 것이 아니라 사회에 나가서도 경쟁력을 갖출 수 있도록 돕는다. APEX(Academic Planning & Experiential Learning)는 진로 개발 및 취업 센터 역할을 담당하는 곳이다. 여기의 Career Planning 부서에 찾아가면 이력서를 상세하게 교정 받고 취업 면접 연습을 할 수도 있다. 학생들이 지원해볼 만한 좋은 일자리가 있을 때면 그것을 이메일로 업데이트 해주며, 늘 벽보에 관련 기회들을 공지해 놓는다. 한편, Experiential Learning(EL)은 학생들이 현장에서 일하거나 연구하며 배우는 것을 가능케 한다. 가령, 의미 있는 봉사나 무급 인턴십을 하려는 학생들을 선별하여 APEX Fellowship Grant를 주기도 하고, Center for Entrepreneurship의 심사를 통해 창업에 도전하는 재학생들을 지원하기도 한다. APEX를 통해 해외연수(Study Abroad) 프로그램에 참가할 수도 있다. 미국의 듀크, 영국의 옥스퍼드, 아일랜드의 에딘버러 같은 명문 대학들 뿐만 아니라 호주, 칠레, 중국을 비롯한 수십 개 국가에서 수업을 들으며 그곳 문화를 경험하는 학생들도 많다. APEX에서는 매년 가을 'EL 심포지엄'을 개최하여 학생들 입을 통해 교내의 훌륭한 프로그램들을 대중들에게 알린다.

2. 교육의 질과 인턴십, 두 마리 토끼를 잡아라

APEX와 같은 훌륭한 자원을 갖춘 우스터는 '인턴십을 찾기 가장 좋은 대학' 9위*까지 차지하였다. 이 작은 학교가 탁월한 교육 뿐만 아니라 풍부한 취업 기회를 제공하는 것을 보면 놀라울 따름이다. 우스터에서 찾아볼 수 있는 다양한 인턴십 기회와 프로그램들이 있겠지만, 그 중에서도 내가 으뜸으로 뽑는 AMRE를 소개하도록 하겠다.

AMRE(Applied Methods and Research Experience)는 그 이름처럼 학생들이 수업시간에 배운 것들을 적용하고 어떤 문제에 대한 해결책을 모색하는 경험이다. 매년 10여 개 기업이나 지역 기관에서 학교 측에 8주짜리 프로젝트를 의뢰하는데, 이 과업을 수행하기 위한 AMRE 팀들이 치열한 경쟁을 거쳐 구성된다. 두 명에서 네 명 사이의 학생들이 컨설턴트로 선정되어 프로젝트를 이끌고, 한두 분의 교수들이 고문으로 이들을 보조한다. 학생들의 실적에 만족하여 거의 매년 AMRE를 찾는 기업들로는 Progressive Insurance, Goodwill Industries, Western Reserve Group 등이 있으며, 최근 들어서는 교도소 출소자들의 취업 문제를 탐구하거나 장애인 스포츠 시설을 확충하기 위한 입법안을 작성하는 사회적 프로젝트도 있었다.

3. 내가 경험한 AMRE 프로젝트

나도 2019년 여름에 AMRE를 통해 값진 경험을 쌓았다. Wooster Community Hospital이라는 지역 사설병원에서 학교 측에 3년 간의 물리치료 환자 데이터를 건네 주며 데이터 분석을 의뢰하였다. 환자 치료

---

* https://news.wooster.edu/news/2018/10/princeton-review-ranks-wooster-9-for-internships/

결과에 영향을 미치는 요소들을 파악하여 회복도를 예측할 수 있는 '공식'을 만들어 달라는 것이었다. 나는 수학과 학생들 두 명, 그리고 수학과 교수 두 분과 한 팀이 되어 1 주일에 40시간 씩 8주 동안 이 과업에 몰두하였다. 환자들의 인구통계적 정보, 사회경제적 여건, 과거 치료 내역 등을 반영하여 회복도 모형을 만들었는데, 예전에 수업을 통해 배웠던 회귀 분석학이나 통계학 개념들을 적용할 수 있는 기회라 더욱 보람 있었다. 프로젝트를 마감하면서 병원 CEO를 비롯한 관계자들 앞에서 결과 발표를 했고, 그들이 매우 만족해 하며 곧 있을 물리치료요법 학회에서 우리 연구 결과를 인용하겠다고 했다. 이처럼 우스터는 AMRE와 같은 프로그램들을 통해 학생들에게 의미 있는 인턴십 기회를 제공한다.

4. 타 대학 연계 프로그램

듀얼 디그리(Dual Degree) 프로그램으로 입학한 학생들은 우스터에서 3년을 마친 뒤 그 다음 목표를 향해 나아간다. 그 예로는 케이스 웨스턴 대학(Case Western University)과 연계된 3+4 치과대학 프로그램과 3+2 엔지니어링 프로그램이 있다. 매년 한두 명의 한국 학생들이 이 치대 프로그램으로 입학한다. 또한, 법학 대학 중 전미 랭킹 1위인 컬럼비아 대학(Columbia University)과는 3+2 법학박사 프로그램이, 워싱턴 대학(University of Washington)과는 3+2 건축 프로그램 등이 갖추어져 있다. 한편, 의과대학 진학을 준비하는 학생들을 위해 우스터 지역병원에서 섀도잉(Shadowing) 경험을 쌓을 수 있는 제도를 마련해 놓았다. 뿐만 아니라 학생들은 헬스 코치(Health Coach)로 활동하며 정기적으로 환자의 건강 상태를 확인하고 의료진에게 보고하는 역할을 수행하기도 한다.

학생 전원
기숙사 생활

        우스터 학생들은 전원 기숙사 생활을 한다. 따라서 캠퍼스는 학생들에게 집과 같은 공간이며, 기숙사 건물들과 학과 빌딩들, 그리고 교무 행정을 담당하는 사무실들이 어우러져 있다. 캠퍼스 크기는 고려대학교 서울 캠퍼스보다 조금 더 크다. 다만 학과 건물들이 밀집되어 있기 때문에 건물에서 건물로 이동하는 데에 5분 이상이 걸리지 않는다. 개인적으로 학교가 너무 커서 등교하기 힘들었던 적도 없었고, 그렇다고 해서 너무 작아서 답답함을 느낀 적도 없다. 한 마디로 학부 생활하기에 딱 좋은 크기라고 생각한다.

    학과 건물은 총 열 개가 있다. 전공 과목 특성에 따라 같은 건물에서 수업이 이루어지는 경우가 많다. 가령, 인간 행동을 연구하는 심리학이나 경제학 학생들은 모건(Morgan) 관에서 자주 마주치고, 수학, 물리학, 그리고 컴퓨터 공학 강좌들은 모두 테일러(Taylor) 관에서 제공된다. 한편, 샤이다(Shiede) 관에는 음악 및 음악치료학를 전공하는 학생들을 위한 피아노 연습실과 근사한 콘서트 홀이 있으며, 이버트(Ebert) 관에는 각종 유물이 비치된 박물관 뿐만 아니라 미술 전시회를 열 수 있는 공간도 마련되어 있다.

    특히 2018년 여름에 완공된 윌리엄스(Williams) 홀은 생물학 및 화학관으로서 생화학, 신경과학, 환경과학 수업들이 여기에서 이루어진다. 신축 건물답게 대학원 수준 이상의 최첨단 실험 장비들을 구비하고 있으며, 화

학과에서는 자체적으로 다양한 장학금을 수여한다. 생물학과는 매 학기 지원할 수 있는 교내 리서치가 가장 활발한 분야로서, 가장 많은 수의 학생이 연구 조교로 채용되는 학과이기도 하다. 이처럼 우스터에서 제공하는 51개의 전공 프로그램은 훌륭한 시설과 교수진을 갖추고 있으며, 각 건물을 돌아다니다 보면 그 특유의 분위기와 전통을 엿볼 수 있다.

각기 다른 매력의
두 도서관

우스터에는 두 개의 도서관이 있다. 앤드류스(Andrews) 도서관은 학교의 메인 도서관으로 걸트(Gault) 도서관과 통합되어 있으며, 인문학과 사회과학 서적들이 비치되어 있다. 혼자서 과제를 하러 오는 학생들 뿐만 아니라 그룹 스터디를 하기 위해 오는 학생들도 많기 때문에 앤드류스는 전반적으로 바글바글하고 활기가 넘치는 분위기다. 이 곳에는 리서치 헬프 데스크와 라이팅 센터가 있다. 우스터 학생

팅켄 도서관

들은 저학년 때부터 논문을 검색하고 자료를 찾아야 하는 경우가 많다. 졸업 논문을 쓸 수 있는 역량을 키우기 위해 1학년 때부터 차근차근 훈련을 하는데, 아늑한 자습 공간 뿐 아니라 참고문헌을 찾는 법을 배울 수 있는 자원도 풍부하다. 한편, 라이팅 센터에 가면 전문가로부터 에세이나 랩 리포트, 인턴십 지원서, 논문 등 각종 글을 첨삭 받을 수 있다.

이에 비해 팀켄(Timken) 과학 도서관은 차분하고 집중하기 좋은 분위기이다. 사진에서 보는 것처럼 이 도서관에는 기다란 창문과 은은한 전등, 그리고 아름다운 대리석 기둥이 있다. 아무리 과제가 많고 공부가 힘들어도 팀켄 도서관 책상에만 앉으면 공부할 '맛'이 난다. 또 한가지 좋은 점은 과학이나 수학 과목들의 교재를 2시간 동안 단기간 대출할 수 있다는 것이다. 내가 도서관 데스크에서 일하면서 관찰한 바로는 미적분학이나 생물학 교과서, 지리정보체계 문제 풀이집 등을 이용하는 학생들이 가장 많다. 이런 자료가 학교에 존재한다는 것을 알고 입학하면 20만원이 훌쩍 넘는 교재를 굳이 구입하지 않아도 된다. 뿐만 아니라 두 도서관 모두 성능이 좋은 윈도우 데스크탑과 애플 아이맥을 구비하고 있어서 학생들이 개인 노트북을 가져오지 않아도 컴퓨터 작업을 하기에 편리하다.

생각해 보면 학교를 다니면서 도서관에 자리가 없어서 공부를 못한 적은 없었다. 그건 아마도 4학년들에게 '캐럴(carrel)'이 주어지기 때문일 것이다. 우스터의 모든 학생들은 4학년이 되면 근사한 개인 책상을 하나씩 배정 받는다. 이는 일 년간 졸업 논문을 쓰느라 바쁜 예비졸업생들에게 주는 일종의 특권인데, 책꽂이도 함께 있어서 책이나 개인 용품을 보관할수 있다.

제 2의 고향, 기숙사

기숙사 건물은 총 14채가 있다. 그 중 5개는 신입생 전용으로 새내기들이 가족 같은 분위기 속에서 학교 생활에 더 빨리 적응할 수 있도록 다양한 프로그램을 기획한다. 모든 건물에는 Resident Assistant(RA)라고 불리는 기숙사 사감이 상주한다. 이들은 모두 Residence Life라는 교내 기관에 소속되어 근무하는 학생들로서, 동료 학생들이 안전하고 편안한 기숙사 생활을 할 수 있도록 돕는다. 건물마다 지어진 연도나 보수 공사를 한 시기가 달라서 시설의 편차는 존재하지만, 모든 기숙사들의 화장실과 공동 주방, 라운지를 청소부 직원들께서 매일 깨끗하게 치워 주신다. 이 외에도 고학년이 되면 기숙사 대신에 교내 '하우스'라는 공간에서 대여섯 명끼리, 많게는 20명에서 단체로 사는 것도 가능하다. 건강상 이유와 같은 예외적인 경우를 제외하고는 모든 학생들이 기숙사 혹은 하우스에서 생활한다.

학생들이 많은 시간을
보내는 라우리 센터

학생 회관과 식당을 겸하고 있는 라우리 (Lowry) 센터는 아마 학생들이 가장 많은 시간을 보내는 건물 중 하나일 것이다. 1층 라운지에는 소파와 테이블, 그랜드 피아노 등이 있는데, 주중에는 학생들이 수업과 수업 사이에 휴식을 취하고 주말에는 아시안 학생회에서 노래방 행사를 진행하거나 프랑스 문화 동아리에서 영화를 상영하기도 한다. 또한, 매주 교내 각 기관에서 실내 벽보를 활용하여 유익한 정보나 다양한 볼거리를 제공한다. 가령, 흑인 학생회에서 흑인의 달을 맞아 역사적 위인들을 소개한다거나 학교 측에서 운동부 학생들의 경기 실적이나 응원 글들을 게시해 놓기도 한다. 벽보를 구경하며 안쪽으로 걸어가다 보면 씨스토어(C-Store)라는 매점이 나온다. 작은 편의점 규모이지만 간식거리와 심지어 불닭 볶음면까지 웬만한 것은 다 있다. 씨스토어는 카페를 겸하기도 하는데, 아침 시간이면 커피 한 잔을 들고 강의실로 향하려는 학생들로 붐빈다.

2층에는 교내 식당 라우리가 있다. 식당은 아침 7시와 저녁 8시 사이라면 언제든 출입이 가능하고, 10개의 스테이션에 다양한 종류의 음식이 준비되어 있다. 식당에 앉아 밥을 먹을 시간이 없는 학생들은 '그린 박스'라는 재활용 도시락 통에 음식을 담아 가기도 한다. 가끔씩 '인터내셔널'

스테이션에 김치와 돼지고기가 나올 때도 있는데 그럴 때면 나는 친구들과 함께 그린 박스에 김치와 각종 채소들을 받아 기숙사 주방에 가서 김치 볶음밥을 해 먹는다. 아 참, 매일 저녁 밥솥에 쌀밥을 제공하니까 밥을 꼭~ 드셔야 한다는 분들도 안심해도 된다.

지하에는 교내 음식점 맘스(Mom's)와 푸드트럭 팝스(Pop's)가 있다. 씨 스토어와 더불어 이 두 곳에서는 학교 화폐인 Flex로 결제할 수 있다. 맘스는 새벽까지 열기 때문에 밤 늦게까지 공부를 하거나 파티를 하는 학생들이 즐겨 찾는다. 또한 같은 층에는 지역 방송국 Woo91도 있으며, 앨리(Alley)라는 넓직한 공간은 발표회 등의 행사장으로 사용하기도 한다. 라우리 지하 1층은 24시간 개방되어 있어서 시험 기간에 많은 학생들이 밤샘 공부를 하는 모습을 볼 수 있다.

안전과 건강을 지켜주는
대학

우스터에는 시큐리티(Security and Protective Services) 보안관들이 상시 대기한다. 이들은 특수 훈련을 받은 인력으로 만약에 있을 비상사태에 대비한다. 시큐리티에 전화를 걸면 보안관들이 즉각 응답을 하고 신속하게 출동한다. 기숙사에 상주하는 사감들 역시 시큐리티와 협력하여 훈련을 받기 때문에, 어떤 일이 발생했을 때 도움을 요청할 수 있는 대상이 늘 학생들 가까이에 있다.

유학 생활을 하면서 가장 서러운 순간은 몸이 아플 때이다. 감기 증세가 있거나 몸에 이상이 있을 때에는 웰니스 센터(Wellness Center)를 이용할 수 있다. 이는 캠퍼스 병원과 같은 곳으로 주중에 전문의에게 예약 진찰을 받는 것이 가능하고, 간호사들도 24시간 대기한다. 고열과 같은 이유로 웰니스에서 하룻밤을 보내야 할 학생들을 위한 침실도 여러 개 있으며, 감기약이나 진통제, 알레르기 약 등의 상비약도 준비되어 있다.

우스터 대학 VS. 한국 대학들

이번에는 국내 대학과 다른 점 몇 가지에 주목하여 이야기해 보고자 한다. 우선, 가장 큰 차이점은 전공을 정하고 입학할 필요가 없다는 것이다. 이는 학생들의 탐구 정신을 함양하고 적성 및 진로 탐색의 폭을 확연히 넓힌다. 물론 한국대학에도 자유전공학부나 전과 제도 등이 존재하지만, 실제를 전공을 바꾸는 일은 쉽지 않다. 하지만 우스터에서는 2학년 말까지 전공을 고를 수 있는 선택권이 주어진다. 한 번 배워보고 싶어서, 혹은 부모님의 권유로, 또는 요즘 대세인 분야라서 선택했던 전공이 자신에게 맞지 않는다면 그것을 억지로 공부할 필요가 없다. 앞서 언급한 졸업 요건을 충족하려면 자연스레 다양한 학문을 접하게 되는데, 이 때 자신이 진정으로 공부하고 싶은 것을 찾는 사례도 흔히 본다.

둘째, 공부량이 정말 많다. 유학생들은 이것을 흔히 리딩(Reading)이라고 일컫는다. 미국 대학에서는 수업에 가기 전 교재나 논문 자료를 읽어가야 하는데, 강의 내용을 완벽히 흡수하고 수업 중 토론에 활발하게 참여하기 위해서 리딩은 필수다. 한 회의 수업을 위해 40-60 페이지의 책을 읽어가야 하는 일이 아주 흔한데, 장 수가 적다고 좋아할 일은 아니다. 한 번은 고급 철학 수업인 윤리 이론(Ethical Theory)을 들은 적이 있었는데, 주말 동안 아리스토텔레스의 〈니코마코스 윤리학〉 열 장을 읽어가야 했다. 적은 분량이라 방심하고 있다가 내용을 이해하는 데에 시간이 오래 걸려 애를 먹었다. 최근 우스터는 '학생들이 가장 공부를 많이 하는 대학'• 전미 8위 를 기록했는데, 왠지 내가 여기에 한 몫을 한 것 같다.

마지막으로 캠퍼스 잡(Campus Job) 기회가 풍부하다. 많은 리버럴 아츠 대학들이 합격통지서에 재정보조금이나 성적 우수 장학금과 함께 근로장학금의 금액을 표기한다. 물론 이것이 캠퍼스 잡을 보장하지는 않는다. 많은 학생들이 학교에서 아르바이트를 하고 싶어하기 때문에 일자리 다툼이 있다. 하지만 한국 대학에 비해 확실히 근로 장학생이 될 수 있는 기회가 많다.

나는 우스터에서 다양한 캠퍼스 잡을 가져 보았다. 짧은 기간이었지만 동문회 사무실에서 일하며 동문들에게 기부를 부탁하는 전화를 돌려보았고, 앞서 언급했듯이 팀켄 도서관 데스크에서도 일하고 있다. 도서관은 지원자가 너무 많다 보니 학생들을 채용하는 사서들의 마음을 사로잡기 위해 많은 노력을 했다. 틈만 나면 찾아가서 인사를 하며 관심을 표했고, 근무자 매뉴얼을 통째로 다운로드 받아서 꼼꼼히 읽은 뒤 관련된 질문을 하기도 했다. 지원 시 2명의 추천인이 필요한데 보통 학생들은 교수들께

• https://www.princetonreview.com/college-rankings?rankings=students-study-most

만 부탁을 한다. 하지만 당시 나는 팀켄 도서관에 살다시피 하던 터라, 매일 인사하며 담소를 나누던 도서관 청소부 아주머니 한 분께 추천서를 받았다. 물론 이렇게 극성을 피우지 않고 고용된 학생들이 대부분이지만, 나는 꼭 캠퍼스 잡을 얻어서 부모님께 작게나마 보탬이 되고 싶은 마음이 강했다.

이 외에도 나는 리서치 조교, 수업 조교, I.S. 연구 실험 참여 등을 통해 용돈을 벌었다. 특히 기숙사 사감 일이 재정적으로 큰 도움이 되었다. 올해 우스터 기숙사 및 식비(Room and Board)가 총 12,250달러인데, 나는 이 중 75%를 공제 받고 기숙사 독방을 배정 받기까지 한다. 비록 2주에 한 번씩 순찰을 돌고 당직을 해야 하는 등의 많은 책임이 따르지만, 동료 학생들의 편안한 학교 생활에 이바지할 수 있어 보람차다. 이처럼 우스터에서는 학생 본인이 의지를 갖고 찾으면 교내에서 아르바이트를 할 수 있는 기회가 많다.

우스터 대학 VS.
미국 대형 주립대

그렇다면 미국 내 대형 대학들과 어떤 것이 다를까? 첫째는 뭐니뭐니해도 수업의 크기다. 주립대에서는 경제학 원론이나 미시경제학 수업을 듣는 수강생 수가 100명을 넘기는 일이 허다하다. 또한 대학원생인 수업 조교가 수업을 가르치고 조교가 오피스 아워를 여는 경우도 흔하다. 물론 이것은 대학원생에게는 귀중한 경험이 되겠지만, 학비를 내고 수업을 들으러 온 학부 학생들에게는 손해일 것이다. 하지만 우스터에서는 모든 수업을 100% 교수들이 진행한다. 애초에 강의를 시킬 대학원생이 없다. 그리고 학생 대 교수의 평균 비율이 11:1이기 때문에 교수들이 교실에 있는 학생들의 얼굴을 거의 다 안다. 따라서 학생들은 더 집중적인 관리를 받을 수 있고, 교수님께 직접 질문할 수 있는 기회도 많다. 물론 경제학 원론이나 선형대수학 같은 전공 필수 강좌들은 수강생이 30-40명씩 된다. 하지만 고급 강좌로 올라갈수록 그 수가 현저히 적어진다. 가령, 내가 수강한 기업조직론 수업은 9명의 학생들이 수강했기 때문에 토론과 발표가 잦았고, 학생들이 이해하지 못한 것을 확실히 짚고 넘어갈 수 있는 맞춤형 수업에 가까웠다.

둘째, 시험이 주관식이다. 적어도 내가 치른 모든 중간고사와 기말고사는 주관식이었다. 주립대에 다니는 친구에게 이 말을 했더니 친구가 충격을 받았다. 자신은 객관식이 아니었던 시험을 손에 꼽을 수 있다는 것이다. 주관식 시험의 장점이자 단점은 본인이 아는 만큼 적을 수 있다는 것이다. 공부를 열심히 한 학생은 주어진 문제에 대해 자신의 생각을 피력할 수 있겠으나, 준비가 안 된 학생은 한 글자도 쓰지 못할 수도 있다. 물론 주관식이라 해서 정답이 아예 없는 것은 아니다. 관련된 핵심어를 제시하고 논리적으로 설명해야 하기 때문에 일정한 채점 기준은 존재한다. 우스터에서 이러한 제도가 유지될 수 있는 이유는 수업의 크기가 작아 교수들이 주관식 답안들을 하나하나 채점할 수 있기 때문이라고 생각한다.

내가 지난 학기에 들었던 계량경제학 수업의 기말고사 문제를 하나 소개한다.

In a Supreme Court hearing on April 23, 2019 of the case of the Department of Commerce versus New York, Justice Gorsuch at one point said, "But we don't have any evidence disaggregating the reasons why the forms are left uncompleted. What do we do with that? I mean, normally we would have a regression analysis that would disaggregate the potential cause and identify to a 95th percentile degree of certainty what the reason is that the persons are not filling out this form and we could attribute it to this question." Critically analyze this statement, discussing the merits and the mistakes.

시험 일자가 2019년 5월 초였음을 감안한다면 교수가 얼마나 부지런하고 열성적인 분인지 짐작이 갈 것이다. 조금 단순하게 이야기하자면 회귀 분석이라는 도구의 장단점을 논하라는 것인데, 처음 보는 유형의 문제에 많은 학생들이 당황하여 시험장을 나오며 수군대기도 했다. 이런 경험은 학생들의 사고력을 증진시키며 일상생활에 수업 내용을 적용하는 습관과 능력을 기르게 한다.

마지막 차이점이자 단점은 계절 학기에 제공되는 수업이 없다는 것이다. 학생 수가 적다 보니 방학 중에 수업을 개설하는 일이 드물다. 수강해야 할 전공 과목이 많이 남았거나 성적을 올리고 싶은 학생들에겐 아쉬운 소식이지만, 대안이 없는 것은 아니다. 미국 각지의 명문 학교에서 계절 학기를 들으며 새로운 인맥까지 형성하는 친구들이 있는가 하면, 비교적 저렴한 커뮤니티 컬리지에서 수업을 들으며 학점을 채우는 학생들도 있다. 방학을 알차게 보낼 수 있는 방법은 다양하기 때문에 충분히 극복할 수 있는 단점이라고 생각한다.

에필로그

나는 2012년에 용인외고(현 외대부고)를 졸업할 때까지 SAT나 ACT는 모의고사조차 치러본 적이 없다. 국내반을 다니면서 수능만을 준비했기 때문에 유학은 나와 상관없는 일이었다. 하지만 이러저러한 시행착오를 겪던 중 미래교육연구소를 만났고 부모님의 권유로 미국 유학을 결정하게 되었다. 이 때 나는 의무소방원으로 군 복무 중이었다. 평소 영어는 곧잘 했으나 기본적인 수학 용어들도 모를 정도로 준비가 되어 있지 않았다. 그야말로 형설지공으로 입시 준비를 했다. 시간을 쪼개어 시험 공부를 했고, 후임이 불빛에 깰까 봐 내무반에서 나와 구급차에 앉아 밤새도록 커먼앱 에세이를 쓰던 기억이 난다. 두 번이나 공들여 준비했던 수능에선 원했던 결과를 얻지 못했는데, 두 달만에 뚝딱 준비한 ACT는 첫 도전에 36점 만점에 33점을 받았다. 생각보다 수월하게 유학 준비가 진행되었다.

미국에서 교수가 되고 싶었다. 전공은… 경제학? 아니면 돈 잘 번다는 경영학? 확실하진 않았지만 아무튼 그 쪽 분야에 흥미가 있었다. 아마 고등학교 1학년 때 봤던 AP 경제학 시험의 영향이었을 것이다. 교수가 되려면 좋은 대학원에 가야겠다는 생각이 들었다. 그래서 경제학 프로그램의 순위가 썩 괜찮은 주립대를 뒤로 하고 우스터를 택했다. 홈페이지에

'리서치가 강한 대학'이라고 대문짝 만하게 쓰여 있었기 때문이다. 학부에서 탄탄한 연구 경험을 쌓아야 좋은 대학원에 진학할 수 있겠다는 판단이었다. 그렇게 나는 생애 가장 탁월한 선택을 내렸다는 것을 알지 못한 채로 미국 유학을 시작했다.

놀랍게도 나의 유학 생활은 막연했던 '경제학 교수'의 꿈을 구심점으로 하여 물 흐르듯이 흘러갔다. 1학년 1학기 개강 첫 날, 경제학 개론 수업을 마치고 다짜고짜 교수님을 찾아갔다. "저는 경제학 교수가 되고 싶습니다. 앞으로 뭘 어떻게 해야 하는지 잘 모릅니다. 교수님이 저 좀 도와주세요."

그렇게 시작된 히스튼 교수와의 인연은 꼬리에 꼬리를 물어 많은 성취를 가능케 했다. 대학원 진학이라는 목표를 이루기 위해 밟아야 할 과정들을 히스튼 교수가 하나하나 설명해주었고, 그런 조언들을 되새기며 학교 생활을 해나갔다.

첫 학기를 마치고 히스튼 교수에게 감사 겸 연말 인사 메일을 보냈다. 해가 바뀌고 한참 뒤에서야 답장이 왔는데, 이메일 잘 받았다며 자신의 수업 조교(TA)가 되어 보지 않겠냐고 물었다. 우스터에는 대학원생이 없어 학부생 TA를 두고는 하는데, 아직 1학년이었던 나에게는 파격적인 제안이었다. 꿈을 이루고자 하는 나의 간절함을 아시는 교수님이었기에, 수많은 고학년생들을 두고도 나에게 기회를 주신 것 같다. 이 경험 하나가 촉매가 되어 이후 리서치 조교 기회를 두 번이나 수월하게 잡을 수 있었고, 또 다른 교수의 미시경제학 TA로 근무할 수 있는 밑거름이 되었다.

학과 공부를 열심히 하다 보니 학교로부터 Learning Center의 경제학 튜터(Peer Tutor)로 일해 달라는 제의를 받았다. 배정받은 몇 명의 학생과 만나서 매주 한 시간씩 질문에 답해주고 말 그대로 '과외'를 해주는 캠퍼스 잡이다. 미시경제학 수업에 어려움을 느끼는 학생들에게 도움을 주며 돈까지 벌 수 있었기 때문에 매주 즐겁게 근무했다. 교수가 되어 학생을 가르치는 게 꿈인 나에게는 더할 나위 없이 좋은 기회였다.

그렇지만 미국에서 공부하는 게 쉬웠던 적은 한 번도 없다. 특히 수학을 이중전공하기로 결정한 때부터는 수험생 시절만큼이나 열심히 공부했다. 그러면서도 도서관 일과 기숙사 사감 일만은 고집스럽게 이어 나갔는데, 주변 친구들로부터 그 스케줄을 어떻게 다 소화하냐며 미쳤다는 소리를 듣기도 했다. 하지만 분명한 꿈과 목표가 있었기에 그 과정이 즐거웠고, 경제학도 적성에 잘 맞았다. 수학 역시 한국에서 배울 때와는 달리 개념 중심적이라 그 이해의 깊이가 더해갔고 공부도 재미있었다. 그 결과 매 학기 성적우수자 학생 명단(Dean's List)에 오르기도 했고, 수학과 경제학 모두 아너 소사이어티(Honor Society)에 가입되는 쾌거를 거두었다.

유학 생활을 돌이켜보면 나는 그저 꿈에 한 발짝 더 가까워지기 위해서 신중한 선택들을 해갔을 뿐이다. 하지만 이 모든 선택들을 가능케 한 시작점은 히스튼 교수와의 첫 대화였다. 나의 꿈과 목표를 교수의 머릿속에 각인시킨 결과, 소중한 기회들을 남들보다 더 수월하게 잡을 수 있었다. 그리고 결정적으로, 이것은 우스터이기 때문에 가능했다. 훌륭한 교수들을 아무 거리낌 없이 찾아가 모르는 것을 질문하고 진로 고민을 털어놓을 수 있다는 건 학생들에게 엄청난 자산이다. 이렇게 교수와 학생이 긴밀한 관계를 유지하는 문화 속에서 생활한다면 그 누구나 자신의 잠재력을 최대로 끌어낼 수 있다고 생각한다. 아마 〈Colleges that Change Lives〉의 저자 로렌 포프 역시 이런 점을 보고 우스터에 대해 다음과 같은 평을 남겼을 것이다.

"As I have gotten to know what [Wooster] accomplishes, I can testify there is no better college in the country."●

"단언컨대 미국에 이보다 더 좋은 대학은 없다"
고 말이다.

끝으로 나에게 리버럴 아츠 칼리지인 우스터 대학을 소개해주신 미래교육연구소 이강렬 박사님, 부족한 아들을 믿고 모든 것을 내어주시는 나의 부모님, 그리고 사랑하는 동생 지호에게 감사의 말씀을 전한다.

● http://ctcl.org/college-of-wooster/

예상치 못한 만남은
큰 변화를 가져온다

◆ 유태호(computer science 2학년) ◆

Franklin & Marshall College

위치	Lancaster, Pennsylvania
학교 홈페이지	www.fandm.edu
설립연도	1787
학부생 수	2283
교수 : 학생 비율	1:9
남 : 녀 비율	46 : 54
국제학생 비율	15.6%
등록금	56550$
기숙사&식비	14050$
재정보조를 받는 학부생 비율	55%
한 학생 당 재정보조를 받는 평균 금액	50865$
졸업 후 취업률 (인턴십, 프리랜서 제외)	N/A
졸업 후 대학원 진학률	N/A
유명 전공	N/A

타인 존중의
자세를 배우다

내가 처음 대학에 들어갔을 때, Franklin & Marshall은 나에게 매우 도전적이었다. 미국에서 고등학교를 다녔는데도 대학 수업은 따라가기 힘들었다. 하지만, 도전적인 수업은 오히려 내가 열심히 공부할 수 있도록 격려했다. 수업을 잘 따라가고 낙제하지 않기 위해 정말 열심히 공부해야 했다. Franklin & Marshall에 다니는 모든 신입생들은 추후 들어야 하는 수업들의 내용을 미리 볼 수 있는 소개 수업을 들어야 한다. 나는 컴퓨터 과학을 위한 소개 수업을 듣고 추후 수업에서 어렵지 않게 A를 받을 수 있을 것으로 기대했다. 하지만, 실제 수업을 들어보니 분량도 많고 난이도가 높았다. 매주 숙제를 받았고, 수업을 같이 들은 친구들과 보통 7~8시간 동안 숙제를 했다. 중간고사가 다가오면서 한 명씩 수업을 포기했으며, 중간고사가 될 쯤에는 거의 반 정도의 학생들이 그 수업을 그만뒀다. 이 예시는 어려운 수업 사례 중 하나지만, 그 수업은 내가 결코 대학 수업이 쉬울 것이라고 기대해선 안 된다는 것을 가르쳐 주었다.

Franklin & Marshall의 모든 수업에는 파트너 프로젝트나 그룹이 연구한 아이디어를 발표하는 그룹 작업이 한 두 가지 있다. 그룹은 두 명이서 하는 파트너 프로젝트부터 8명 그룹까지 다양하다. 나는 대학에 입학하기 전에는 혼자 공부를 했지만 대학은 나를 괜찮은 그룹 멤버로 만들어 주었고, 그룹 토론에서 목소리를 낼 수 있게 해주었다. 나의 첫 번째 그룹 프로젝트는 파트너 프로젝트였다. 우리는 역사적 배경을 가진 영화를 관람한 후 그 영화에 대한 보고서를 작성해야 했다. 파트너와 나는 "The Platoon"이라는 영화를 선택했다. 이 영화는 군인들이 베트남 전쟁에서 겪은 경험을 토대로 한 것이다. 우리는 영화를 보고 나서 큰 문제없이 보고서를 작성했다. 그룹 프로젝트를 마친 후 파트너와 함께 서로의 아이디어를 이야기하고 의견을 조율하여 최고의 아이디어를 얻어 좋은 결과를 도출할 수 있었다.

하지만, 나는 인원이 더 많은 그룹에 들어갔을 때 고군분투했다. 한 수업에서, 나는 8명으로 그룹을 구성했으며, 전 세계 어느 한 곳에서 하나의 산업을 선정하여 그 산업 및 회사들을 연구해야 했다. 8명이 이 그룹에 속해 있었기 때문에, 우리는 종종 갈등에 부딪혔다. 하나의 주제에 대해 8개의 아이디어들이 던져졌기 때문이다. 하지만, 결국 서로 충분히 대화하고, 모두가 동의할 수 있는 중간점을 찾음으로써 쟁점과 갈등을 해결할 수 있었다. 1학년이 끝나갈 무렵, Franklin & Marshall에서 나는 수많

은 그룹 작업을 했다. Franklin & Marshall은 나에게 그룹의 훌륭한 구성
원이라는 가치와 그룹의 성공을 돕는 중요성을 가르쳐 주었다.

Franklin & Marshall 그룹 활동을 통해 나는 다른 사람들의 의견을 경
청하는 자세와 다른 의견을 존중하는 것의 중요성을 깨닫게 되었다. 여
러 그룹 프로젝트를 진행하면서, 나는 다른 아이디어를 주제에 포함시키
기 위해 내 의견을 조정해야만 했다. 혼자 일하기를 좋아했던 나는, 다른
의견을 듣고 내 생각을 조정하여 중간 지점을 찾는 것은 어려운 일이었
다. 학년 초기에 그룹 프로젝트를 진행하는 동안, 나는 종종 우리 모두가
동의할 수 있는 요점을 찾는 대신에 그들이 내 아이디어를 받아들이도록
설득하려고 했다. 이는 종종 그룹 프로젝트를 더 어렵게 만들었고 프로젝
트를 완료하는데 더 오랜 시간이 걸리게 했다. 하지만, 몇 번의 그룹 프로
젝트 후, 나는 다른 사람들의 아이디어를 내 아이디어와 섞어 모두가 동
의할 수 있는 중간 지점을 찾고, 함께 일할 수 있도록 노력하는 것을 배웠
다. 나는 우리가 아이디어를 통합하여 모든 아이디어의 본질을 통합하는

하나의 아이디어를 형성할 수 있다면 그룹 아이디어를 향상시킬 수 있다는 것을 배웠다.

역사 수업에서 나는 주어진 주제에 대한 연구 논문을 작성하기 위해 4인조 그룹으로 배정받았다. 우리 모두는 주제에 접근하는 방법에 대해 서로 다른 생각을 가지고 있었다. 그룹의 모든 사람들은 자신의 아이디어가 다른 아이디어보다 낫다고 생각했다. 우리의 그룹 프로젝트는 어떤 아이디어를 사용해야 할지 결정할 수 없었기 때문에 예상보다 오랜 시간이 걸렸다. 우리는 서로에게 좌절감을 느꼈지만 결국 서로 타협하지 않으면 프로젝트를 실패할 것이라는 결론에 도달했다. 우리는 각각의 아이디어를 해부하기 시작했고 중요한 아이디어들을 하나의 아이디어로 통합하려고 했고, 결국 모두가 동의할 수 있는 아이디어를 만들 수 있었다. 모두가 동의한 아이디어를 형성한 후에 그룹 프로젝트가 얼마나 쉽게 진행되었는지에 우리 모두 놀랐다. 우리는 다른 아이디어로 형성된 통합 아이디어에 만족했고 여러 아이디어들이 결합될 수 있다는 것에 놀랐다.

불편 감수하고
도전하라

또한 대학은 내가 공부에만 집중하지 말고 과외활동에도 집중해야 한다고 가르쳤다. 나는 고등학교 때 공부만이 내가 신경 써야 할 유일한 것이라고 생각했다. 그러나 Franklin & Marshall은 1학년 학생들에게 과외활동의 중요성을 강조했다. 나는 학생들이 Franklin & Marshall에서 4~5개의 과외활동을 한다는 것을 알게 되었다. 또한 갓 입학한 학생들은 대학에 적응할 수 있는 시간이 필요하기 때문에 1학년 때는 1~2개의 과외 활동을 하고, 이후 2~4학년때는 3~4개의 과외활동을 했다. Franklin & Marshall은 동아리 축제라는 행사를 개최하여 학생들이 동아리들을 알 수 있는 기회를 제공한다. 이 축제는 Franklin & Marshall에서 열리는 큰 행사 중 하나로 많은 동아리들이 신입생들을 가입시키기 위해 노력하고, 많은 신입생들도 이 동아리 축제를 통해 재미있는 동아리를 찾는다. Franklin & Marshall이 학생들에게 학습 이외의 많은 것들을 경험할 수 있도록 격려한 결과, 나는 동아리 회원으로 자원봉사를 하는 것에 감사함을 배웠다.

그룹 프로젝트, 동아리 및 자원 봉사 활동을 통해, 나는 다른 사람들이 다가오기 전에 먼저 다른 사람들에게 서서히 다가갈 수 있게 되었다. 사람들에게 가까이 다가갈수록 그들이 내게 다시 연락하는 기회가 많아졌다. Franklin & Marshall에 들어가기 전, 나는 친한 친구들하고만 어울렸고, 더 많은 친구들을 사귀고 싶어하지 않았다. 하지만, Franklin & Marshall의 경험을 통해 나는 낯선 사람들과 이야기를 나누고 그들과 친구가 될 수 있는, 좀 더 외적인 사람으로 변했다.

나는 불편을 감수하더라도 도전하라고 격려하는 것이 리버럴 아츠 대학의 특징이라고 생각한다. Franklin & Marshall의 교양 과목들은 낯선 사람과 함께 활동하는 것을 힘들어하는 학생이라도 적어도 한 학기에 한두 번은 낯선 사람들과 함께 공동활동을 하게 한다. 낯선 사람들과 함께한 경험을 통해, 나는 하나의 주제라도 견해가 다양하다는 것을 받아들이

게 되었다. 나는 그들의 견해를 존중하고 그들과 대화하는 법을 배웠다. 리버럴 아츠 대학은 학생들이 다른 사람들과 자신의 의견을 이야기하고 다양한 견해를 마주하도록 하여 하나의 세계관에 연연하지 않도록 격려한다.

또한 리버럴 아츠 대학은 내가 대학에서 무엇을 하고 싶은지, 졸업한후에 무엇을 추구할지 탐구할 수 있게 해 준다. 리버럴 아츠 대학은 신입생 때 전공을 선택하지 않고, 학생들이 진정으로 좋아하고 직업으로 즐길 전공을 찾을 수 있도록 여러 분야를 탐험하게 한다. 대학은 2학년 첫학기가 끝날 때까지 학생들에게 그들의 전공을 선택할 시간을 준다. 대학은 각 과의 모든 학과장이 프레젠테이션 행사를 개최하여, 학생들이 전공을 선언하기 전에 그들의 옵션을 충분히 탐구할 수 있는 기회를 준다. 또, 학교에서는 2학년들이 전공을 선언할 때 선언 저녁 만찬을 열어 준다. 리버럴 아츠 교육을 중시하지 않는 대학에서는 학생들이 입학 전에 전공을 미리 선택하기 때문에 전공을 선택하기 전에 자신이 원하는 것을 탐구하는 사치를 누리지 못한다.

리버럴 아츠 칼리지는 수업 분량이 정말 많다. 적지 않은 수업 분량 때문에 나는 우선 순위를 매기는 방법과 우선 순위에 따라 공부하는 방법을 배워야 했다. 처음에는 우선 순위를 정하지 않고 공부하다 보니, 나는 종종 늦게 잤고 매우 피곤했다. 그러나 서서히 작업의 우선 순위를 정한 후에는 그전보다 훨씬 더 일찍 잘 수 있었다. 나는 다른 일을 할 때도 우선 순위 지정 기술을 사용하여 효율적으로 작업할 수 있게 되었다.

내가 리버럴 아츠 교육을 선택한 이유는 새로운 형태의 교육을 경험하고 싶었기 때문이다. 나는 리버럴 아츠 교육에 대해 들은 후 리버럴 아츠 교육에 대해 연구하면서 관심이 높아졌고 더 끌리기 시작했다. 나는 리버럴 아츠 교육이 한 분야에만 집중하지 않고 다양한 분야를 다루는 것이 좋았다. 나는 여러 사람들에게 리버럴 아츠에 대하여 문의하였으나 미국 중부에서 온 대부분의 사람들은 리버럴 아츠 교육이 무엇인지 알지 못했다. 하지만 리버럴 아츠 교육에 대해 아는 몇몇 사람들은 리버럴 아츠 교육을 강력하게 추천했다. 그들은 리버럴 아츠 교육이 얼마나 융통성 있으며, 졸업 후에 진로를 정하는데 얼마나 도움이 되는지에 대해 이야기했다.

문화 다양성
존중하는 학교

    Franklin & Marshall은 Franklin 대학과 Marshall 대학, 즉 다른 두 대학이 합병하여 설립되었다. 합병 전, 각 대학은 종교 학원으로 설립되었으나, 1853년 6월 7일에 합병했다. 여러 지역과 다양한 국가의 학생들이 Franklin & Marshall 대학에 재학 중이며, 이로 인해 학교는 다양한 문화를 기념하기 위해 노력한다. Franklin & Marshall 대학은 다른 문화권에서 온 사람들을 위해 다양한 문화권의 휴일과 기념일을 축하함으로써 각 문화를 수용하는 환경을 조성하려고 노력한다.

    Franklin & Marshall 대학 합격률은 39%다. 이 대학은 학생들을 무척 까다롭게 선발한다. Franklin & Marshall 졸업생들은 각자의 분야에서 존경받고 있으며 대학원 지원할 때도 좋은 평가를 받고 있다. Franklin & Marshall 대학은 미국에서 가장 오래된 대학 중 하나다.

    Franklin & Marshall 대학은 미국 교육 환경에 익숙하지 않은 외국 학생들에게 매우 친절하다. 교수들은 학생들이 과정의 모든 것을 이해할 수 있도록 도와주며, 더불어 직원들과 대학 당국도 함께 도와준다. Franklin & Marshall에는 국제 학생들을 위한 특별한 오리엔테이션이 있다. 국제 학생들은 미국 학생들이 오기 3~4일 전에 대학에 도착하여 미국 생활과 교육 시스템에 대해 배운다. 또한 학교는 국제 학생들에게 비자에 대한 법적 절차와 할 일을 알려준다.

    Franklin & Marshall은 국제 학생들을 위해 특별히 마련된 센터가 있다. 이 센터는 국제 학생들을 관리하고 돕기 위한 목적으로 만들어졌다.

국제 센터의 명칭인 Joseph 국제 센터의 직원들은 인내심이 강하고, 다른 문화권 출신으로 미국 문화를 불편하게 여기는 학생들을 기꺼이 도와준다. 국제 학생들이 미국 대학 생활에 편안하게 적응할 수 있도록 많은 행사들을 열어 주고 매주 주말마다, 학생들이 기숙사에서 생활하는데 필요한 물건을 살 수 있도록 대형 식료품점에 데려다 주는 버스와 각 나라의 음식을 살 수 있도록 국제 식료품점으로 가는 버스도 운행한다. 그들은 또한 미국의 법적 측면에서도 학생들을 도와준다. 예를 들어, 세금 신고를 도와주고 세금 정보를 제공한다.

학교에는 글쓰기에 도움을 주는 센터도 있다. 센터에서는 온라인 정보를 적절하게 기록하고, 출처를 인용하는 방법을 알려주고, 에세이 구조에 대해서도 도움을 준다. Franklin & Marshall은 매주 국제 학생들을 위해 글쓰기 전문가를 초청, 더 나은 글쓰기 기술을 습득하여 에세이 작성을 잘 할 수 있도록 도와준다. 글쓰기 전문가들은 영어를 쓰는 것이 편하지 않은 국제 학생들이 글을 잘 쓸 수 있도록 도와준다. 나는 미국에서 고등학교를 다녔지만, 라이팅센터에 글쓰기 도움을 받으러 갔고, 더 나은 문법으로 에세이를 쓰고 표현될 수 있도록 도움을 받았다.

Franklin & Marshall은 성공적인 수업을 위해 우수한 교육 환경을 조성하고 있다. 대학은 필라델피아 교외에 위치하고 있어 조용하여 공부하기에 적합하다. 학교 측은 학생들이 수업을 따라가기 힘들어 하면 과외를 받을 수 있도록 도움을 준다. 학교 안에는 학생들이 함께 공부하거나 그룹 프로젝트를 하기 위해 모일 수 있는 공간이 많다. 게다가 학생들의 연구 프로젝트를 위해 연구 자금을 후원하기도 한다. 학교 측에서 해당 연구가 전공 학생에게 적합하고 무언가를 배우는데 도움이 된다고 판단하면, 해당 프로젝트의 자금을 지원한다. 만약 프로젝트 중에 학생들의 여행이 필요하다면 여행 비용과 호텔 비용을 포함한 비용을 제공한다. 학교에는 도서관이 두 개 있어 학생들이 도서관에 가기 위해 먼 거리를 걷지 않아도 된다. 두 도서관은 모든 학생들에게 개방되어 있으며 그룹 활동 공간이 따로 있다.

Franklin & Marshall은 학생들이 학습을 통해 배운 것을 활용할 수 있도록 현장으로 보내기도 한다. 디지털 방식을 통해 과거의 도시를 탐구하는 과정에서 학생들은 실제로 그곳을 방문해서 디지털을 통해 탐구한 지역과 실제 지역을 비교 탐색한다. 생물 수업을 듣는 학생들은 학교 근처의 강으로 가서 강 주변의 환경을 탐험한다. 학교는 교외 기관을 통해 학생들이 배운 것을 실험하고 생활에 적용할 수 있도록 도와준다. 예를 들어, 학생들은 학교를 통해 전공과 연계된 기관에 인턴십을 지원하고, 여름 방학 동안 해당 기관에서 일할 수 있다. 생물학을 전공하는 친구 중 한 명은 학교를 통해 생물학과 관련된 기관에 인턴으로 들어갈 수 있었고, 메인 주 지역을 조사하고 생명표를 작성함으로써 수업에서 배웠던 것을 실생활에 적용할 수 있었다.

수업 따라가기 힘든
학생에게 과외 제공

          Franklin & Marshall은 강사를 초대하여 매주 다양한 주제에 대해 이야기한다. 주제는 주마다 다르며 무엇이든 될 수 있다. 강사와 주제는 학생회에서 선정한다. 학생들은 초청 강사가 선택할 주제들에 대해 의견을 낼 수 있다. 푸에르토리코의 독립을 지지하는 조직 운영자가 강사로 온 적이 있다. 강사는 푸에르토리코가 미국으로부터 독립하는 방안에 대해 이야기하며 노골적으로 트럼프와 그의 정부가 마음에 들지 않는다고 말했다. 그 강연을 들은 학생들은 이렇게 노골적으로 말하는 것에 놀랐다. 강연은 푸에르토리코 상황을 학생들에게 알려 줄뿐만 아니라 트럼프와 정부에 대한 다른 견해도 알려주었다. 이런 강연을 통해 우리는 평소 잘 알지 못하는 주제에 대해 자신의 생각을 넓힐 수 있을 뿐만 아니라, 초청 강사들로부터 본인의 의견을 강하게 말할 수 있는 능력을 배울 수 있다. 강연 후에, 학생들은 강사와 이야기를 나누고 같이 점심을 먹으며, 심도 있고 대화를 나눌 수 있었고, 강연 내용에 동의하는 학생은 관련 단체나 운동에 참여하기도 했다.

Franklin & Marshall의 수업은 교수들의 도움을 받아 학생들의 지적 능력을 최대로 발전시키는 데 중점을 두고 있다. 교수 대 학생 비율이 낮아 수업 당 보통 교수 한 명과 약 20명의 학생들로 구성된다. 교수들이 수업에서 학생 한 명 한 명을 체크하기 때문에 수업에서 모든 학생들은 적어도 한 번은 대답해야 하고, 교수들은 낮은 학생 비율 덕분에 대답을 하지 않은 학생을 쉽게 찾을 수 있다. 내가 수강한 수업에서 교수들은 학생들이 수업시간에 적어도 한 번은 답하는 것을 성적의 기준으로 삼았다.

1학년 1학기 수업은 설문조사를 통해 배정된다. 학교는 신입생들 대상으로 그들의 관심사와 대학에서 배우고자 하는 수업에 대해 설문조사를 진행한다. 이후 1학년 학생들은 '연결 과정'이라고 불리는 수업을 들어야 한다. 연결 수업은 신입생이 대학 교육에 적응하고 앞으로 들을 대학 수업을 준비할 수 있도록 해준다. 연결 수업은 신입생들이 선택할 수 있는 유일한 수업이다 1학기가 끝나면 학생들은 자신의 과목을 직접 선택할 수 있다. 어떤 과목은 경쟁률이 매우 높기도 하고, 학생들은 그들이 원하는 수업에 들어가기 위해 열심히 노력한다. 학생들은 한 학기당 4개의 과목을 들으면 졸업할 때까지 충분한 학점을 받을 수 있기 때문에 대부분 한 학기당 4개 과목 수업을 듣는다.

교수들은 항상 준비가 잘 되어 있다. 교수들은 수업이 어떻게 진행되는지 개요를 만들어 주고, 학생들이 요구하면 수업 개요와 자료를 기꺼이 제공한다. 역사학 교수님은 자신이 가르치고 있는 각 반에 깊이 있는 파워포인트를 만들어주었다. 그녀는 자신이 가르치는 내용뿐만 아니라 그날 우리가 배웠던 주제와 관련된 음악이나 만화를 넣기도 한다. 이는 수업을 더 흥미롭게 만들었고 지루하지 않고 집중할 수 있는 수업으로 만들었다.

과제는 처음에 매우 어려워 보일 수 있다. 하지만, 문제를 해결한 후 하나씩 하나씩 떼어내 보면 어렵지 않다. 교수들은 학생들이 과제에 도전하기를 원하고 배운 것을 여러 융통성 있는 방법으로 해결하기를 기대하며 많은 숙제를 내준다. 컴퓨터 과학 수업 과제는 모든 학생들에게 매우 어려운 숙제였다. 하지만, 우리는 서로 협력하고 문제를 해결함으로

써 무사히 과제를 마칠 수 있었다. 하지만, 정보를 다양한 방법으로 해결해야 했으므로 이를 끝내기까지 7~8시간이 걸렸다.

시험은 공정하게 치러진다. 교수들은 보통 시험 자료를 위한 학습 가이드를 제공한다. 이는 시험에 대한 정확한 답은 아니지만, 학생들이 시험을 잘 보는 데 도움이 된다. 교수들은 학생들이 수업시간에 배운 내용으로 시험을 보게 하고, 만약 수업에서 배운 것 이외의 것이 있다면 어떤 것인지 미리 알려준다. 몇몇 교수들은 학생들이 시험을 잘 볼 수 있도록 기꺼이 돕는다. 그들은 학생들의 질문에 대해 설명하고, 또 질문을 함으로써 무엇을 의미하는지 자세히 설명한다. 교수 중 한 명은 학생들이 퀴즈 중에서 어렵거나 배우지 않은 내용에 대한 질문을 했을 때 그 퀴즈에 대한 자유 점수를 주곤 했다.

Franklin & Marshall 수업들은 어렵지만, 못 따라가는 학생들은 도움을 받을 수 있다. 학교에는 모든 과목을 개인 교습해 주는 센터가 있다. 학생들은 개인 교습 시간을 예약할 수 있고, 상급생들에게 그 과목과 그들이 이해하지 못하는 주제에 대해 도움을 받을 수 있다. 과목과 주제에 대해 개인 교습을 할 뿐만 아니라 숙제를 할 때도 도움이 되기 때문에 나도 이 센터를 많이 이용하고 있다. 교습해 주는 이들은 대부분 그 과목에서 뛰어났거나 전공한 학생들로 구성되어 있다. 그들은 그 과목이 무엇을 가르치려고 하는지 알기 때문에 학생들은 그들의 과외를 더 신뢰한다. 또한 각 교수마다 학생들이 사무실을 방문해 수업 내용에 대한 어떤 것이든 도움을 구할 수 있는 오피스 아워가 있다. 학생들은 수업시간에 이해하지 못했던 내용이나 교수와 함께 검토해 보고 싶은 것에 대해 물어볼 수 있다. 역사학 교수님은 에세이의 대략적인 초안을 살펴보고 함께 검토 후 문제점을 파악하고 해결할 수 있도록 도와주었다. 그녀는 학생들이 에세이를 제출하기 일주일 전에 에세이에 대한 도움을 받을 수 있도록 오피스 아워를 제공했다.

집으로 학생을
초대하는 교수

교수들과 학교는 항상 학생들에게 개인 교습 센터, 글쓰기 센터, 혹은 교수로부터 도움을 구하도록 권장한다. 교수들은 긴급한 행사가 없는 한 오피스 아워에 사무실에 있으며, 정해진 시간이 아니더라도 학생들과의 일정을 최대한 지키기 위해 노력한다. 교수들은 학생들과 쉽게 연락이 되도록 이메일뿐만 아니라 전화번호를 제공한다. 또한 학생들이 학교에서 제공하는 서비스에 쉽게 접근할 수 있도록 웹사이트를 통해 글쓰기 센터와 개인 교습 센터 예약을 받고 있다.

Franklin & Marshall 대학은 학급 규모가 워낙 작고 교수와 학생 비율이 낮기 때문에 학생들과 교수들은 개인적인 유대관계를 형성할 수 있다. 규모가 큰 대학의 교수들과는 다르게 교수들은 그들이 가르친 학생들의 이름을 기억한다. 또 학생들과 개인적인 유대관계를 형성해, 그들의 삶과 취미를 학생들에게 개방한다. 학생들과 교수들은 유사점이 있는 경우 가족처럼 개인적인 이야기를 나눌 때도 있다. 내가 한국에서 왔다는 것을 알게 된 교수님 한 분은 한국에 있는 그의 형에 대해, 그리고 한국 방문, 한국에서 겪은 경험에 대해 나와 이야기를 나눴다. 또 다른 교수님과는 그녀의 개에 대해 얘기를 나눴다. 그녀가 학교 근처 공원에서 강아지와 함께 뛰어다니는 모습을 자주 봤고, 수업 때 개를 데리고 오곤 했으며, 중간고사와 기말고사 기간 동안 학생들을 공원으로 초대해서 개와 함께 놀기도 했다.

교수가 조깅하는 모습을 보면, 때때로 학생들이 교수와 함께 뛰면서 운동하기도 한다. 많은 교수들이 대학 근처에 살고 있기 때문에, 학생들을 가끔 집으로 초대해서 함께 식사를 하며 대학 생활에 대해 이야기할 때도 있다. 학생들은 캠퍼스에서 교수를 만날 가능성이 매우 높고, 일부 교수들은 학생들과 함께 연구 여행을 가거나 학교에서 연구를 도와달라고 부탁하기도 한다.

교수들은 항상 학생들이 그들을 보러 오는 것을 환영한다. 일부 교수들은 학생들에게 사무실에서 같이 식사하자고 초대하기도 하고, 사무실로 오는 학생들에게 음식을 제공하기도 한다. 교수들과 학생들은 그들의 삶에서 일어나고 있는 많은 것들에 대해 이야기 나눈다. 교수들은 학생들이 학업뿐만 아니라 그들이 겪고 있는 어떤 갈등이나 어려움에 대해 함께 해결책을 찾을 수 있도록 도와준다.

졸업 후 진로를 도와주는
학교와 졸업생

　　　　　　　　　　　Franklin & Marshall은 학생들을 특정 분야에서 일하는 회사나 대학 졸업생 및 대학원생과 연결하는 많은 프로그램들을 운영하고 있다. 학생들은 취업과 관련해 도움을 받을 수 있고 회사는 우수한 교육기관에서 능력있는 직원을 얻을 수 있다. 학교는 여러 회사들과 계약을 맺고 있으며, 학생들이 그 곳에서 일할 수 있도록 도와준다. 학교는 학생들이 졸업 후 취업하는 것을 도울 뿐만 아니라, 학생들이 여름 방학 동안 인턴십을 얻도록 도와준다. 학생들은 학교에서 배운 내용을 실제 회사에 적용해 경험을 쌓을 수 있게 된다.

　또한 대학은 학생들과 졸업생들 사이의 연결도 도와준다. 졸업생과 연결을 맺은 학생들은 인턴십이나 직장을 구할 때 도움을 받을 수 있다. 학생들은 졸업 후에 직장을 구하거나 졸업생이 근무하는 회사에서 인턴십을 얻는 등 엄청난 도움을 받을 수 있기 때문에, 곧 졸업할 학생이라면 졸업생과 연결 관계를 구축하는 것이 중요하다.

　대학에는 졸업 후 일자리를 찾는 학생들을 위한 OSPGD라는 센터가 있다. 이 곳은 학생들이 인턴십이나 회사에 취직할 기회를 더 많이 얻을 수 있도록 도와준다. OSPGD는 학생들의 이력서가 다른 이력서보다 더 뛰어날 수 있도록 구조 및 설계를 도와주고, 취업이나 인턴십을 위한 면접을 준비하는데 도움을 준다. OSPGD는 또한 학생들이 많은 활동과 봉사활동과 리더쉽 활동을 통해 좋은 이력서를 만들 수 있도록 도와준다.

학교에는 도서관이 두 개 있다. 한 도서관은 누구나 입장할 수 있지만 다른 도서관은 학생들만 들어갈 수 있다. 각 도서관은 Martin과 Shadek-Fackenthal 도서관이다. 도서관들은 학기 중, 휴교 기간, 중간고사 및 기말고사 기간에 따라 운영 시간이 다르다. 대학이 휴교하는 동안엔 학생들이 대부분 교내를 떠날 것이라 예측하여 도서관을 운영하는 시간이 매우 짧다. 학기 중에는 샤덱-팩켄탈 도서관이 자정까지, 마틴 도서관이 새벽 2시까지 연다. 중간고사와 기말고사 기간에는 24시간 연다.

두 도서관에는 그룹이 들어가서 프로젝트를 진행하거나 함께 공부할 수 있는 공간도 있다. 도서관에는 3D프린터와 eVR뷰어와 같은 기술 도구도 있다. 학생들은 두 가지 서비스를 모두 이용할 수 있지만, eVR뷰어를 이용하려면 예약을 해야 한다. 도서관에는 중간고사와 기말고사 기간 동안에 학생들이 공부 스트레스를 풀 수 있도록 애완동물을 데려와 함께 놀 수 있는 특별한 행사를 진행한다. 대학은 학생들이 열심히 공부를 할 수 있는 최고의 환경을 제공하는 동시에 휴식을 취하고 공부로부터 스트레스를 해소할 수 있는 옵션을 제공하기 위해 열심히 노력하고 있다.

다양한 선택권 제공하는
캠퍼스 생활

Franklin & Marshall은 다양한 주거 선택권을 준다. 신입생 또는 2학년 학생들은 캠퍼스에서 생활해야 하고 교내에 위치한 숙소 중 한 곳을 선택해야 한다. 신입생들은 새내기를 위한 5개의 숙소 중 1곳을 임의로 배정받는다. 이후 학생들은 그들이 첫 학기

때 어떤 연결 수업을 선택했는지에 따라 다음 숙소를 배정받고, 같은 연결수업을 들었던 학생들은 같은 숙소에 들어가게 된다.

2학년때부터 학생들은 6가지 숙소 중 한 곳을 정할 수 있다. 상급생이 되면서, 학생은 학교 밖 근처에 있는 아파트에서 살거나, 학교가 소유한 집에서 살 수 있다. 학생들이 캠퍼스 바깥에 살더라도 모두 학교 근처에 있고 학교에서 1~2분 정도 걸어가면 된다. 교내에 위치한 숙소에는 학생들을 관리하는 사감이 있다. 이들은 사교 행사를 열고, 만약 기숙사 내에 문제가 있다면 문제를 일으키는 학생과 대화하고 결과에 따라 벌을 결정한다. 또한, 그들은 기숙사에 사는 학생들의 학업적인 문제도 도와준다. 학업적으로 어려움을 겪고 있는 학생들은 사감에게 도움을 요청할 수 있고, 그는 학업에 도움이 될 수 있는 조언을 해주기도 한다.

신입생들에게 배정되는 기숙사는 Weis house, Warehouse, Bonchek house, New house, Brooks house이다. 일단 신입생들이 한 곳에 배정되면, 그들은 내내 그 숙소에 머무는 교우들과 관계를 이루게 된다. 나중엔 모두 다른 곳에 살지만, 학생들은 여전히 그 숙소에 사는 학생들만 참석할 수 있는 행사에 갈 수 있다. 모든 숙소들은 일년 내내 다양한 행사를 개최한다. 어떤 행사는 모든 사람에게 열려 있는 반면, 어떤 행사는 해당 숙소와 관련된 학생들만 참석할 수 있다.

각 숙소는 네 종류의 방이 있다. 싱글, 더블, 싱글 스위트, 더블 스위트이다. 스위트룸은 한 방에 4명이 살며, 전용 거실이 룸 안에 있다. 따라서, 복도에서 전용 거실로 들어가고, 거실에서 각 방으로 들어가는 구조다. 나는 스위트 싱글에 살았는데, 전용 거실을 갖는 것은 좋은 일이라고 생각했다. 왜냐하면 친구들을 초대해서 거실에서 있을 수도 있고 개인적인 시간을 원할 땐 혼자 방에 들어가 있으면 되기 때문이다

캠퍼스 안에는 서로 다른 옵션을 제공하는 4개의 카페테리아가 있으며, 각 식당 이름은 Dhall, Ben's broad, CC, Blue line이다. Dhall은 뷔페의 형태로 음식을 제공하고, 매일 다른 메뉴와 다양한 종류의 음식을 제공하는데, 때때로 그들은 다른 문화, 다른 지역, 다른 나라의 음식을 제공하기도 한다. 또한 Dhall은 모든 학생들이 자유롭게 먹을 수 있도록 유태인 학생에게는 그들의 규율에 맞는 음식을 제공한다. 가끔 Dhall에선 특별한 이벤트가 열리는데, 예를 들자면 특정 날짜에 학생들에게 스테이크와 바닷가재를 제공한다. 또한 핫 윙 먹기 대회에서 점점 더 매워지는 핫 윙 먹기 대회를 열기도 하는데, 우승자는 Dhall 벽에 그의 사진이 게시되

며 선물 카드를 받게 된다. CC는 테이크 아웃을 하기 위한 식당으로, 학생들에게 햄버거, 피자, 샐러드 등 그들의 방으로 다시 가져갈 수 있는 음식을 제공한다. 블루라인은 레스토랑이라기보다는 카페에 가깝다. 블루라인은 커피를 제공하고, 커피나 차와 같이 가볍게 먹을 수 있는 음식도 있으며, 카페와 같은 구조를 가지고 있다. Ben's broad에서는 늦은 밤까지 음식을 제공한다. 그들은 새벽 2시까지 문을 열어서 학생들이 밤늦게 공부할 때 배가 고프면 야식을 먹을 수 있도록 도와준다.

리버럴 아츠 대학 생활, 예상보다 더 즐겁다

나는 내가 예상했던 것보다 더 즐겁게 대학을 다니고 있다. 나는 현재 럭비 동아리 회원이다. 나는 동아리 축제에 가서 가입할 스포츠 클럽을 찾고 있었다. 주위를 둘러본 후 럭비를 하기로 결심했는데, 내가 한 최고의 선택 중 하나였다. 2학기 동안 럭비를 한 후, 나는 럭비에 점차 빠져들었고, 앞으로도 계속 럭비를 할 것이다.

나는 처음에 Franklin & Marshall 대학에 대해 확신이 없었다. 하지만, 국제 오리엔테이션을 거치고 동아리에 가입하고 스포츠를 하면서, 나는 전 세계에서 온 많은 친구들을 만날 수 있었고 다른 문화 배경을 이해하게 되었다. Franklin & Marshall에 들어오기 전과 비교하면 내 자신이 많이 변했다고 느낀다. 나는 조용했고 매우 내성적이었다. 하지만 대학 입학 후 나는 외향적이 되었고 먼저 낯선 사람들에게 다가가기 시작했다. 내가 Franklin & Marshall을 선택했을 때부터, 나는 리버럴 아츠 교육을 통해 새로운 도전과 경험에 내 자신을 개방했다. 만약 내가 이곳이 아닌 다른 큰 규모의 대학에 갔다면, 지금의 나는 있지 않았을 것이다. 큰 대학에 갈 지 아니면 리버럴 아츠 교육을 받을지를 고민하는 학생이 있다면, 결정을 내리기 전에 충분히 검토하고, 원하는 바를 정확히 이해하고, 결정 후에는 결정에 대해 확신을 가지라고 조언하고 싶다.

나는 Franklin & Marshall 대학에서 컴퓨터 과학을 전공하고, 인터넷 증권 분야에서 경력을 쌓을 계획이다. 나는 주요 인터넷 보안 회사에서 인턴십을 하길 희망하며, 대학을 졸업한 후엔 인터넷 보안 회사에서 일할 준비를 하고자 한다. 회사를 은퇴하면, 나는 다시 한국으로 돌아와 NSA 를 위해 정부 인터넷 보안 부서에서 일하기를 희망한다. 만약 내가 정부에서 일할 수 없다면, 나는 한국의 인터넷 보안 산업이 성장하고 주요 산업이 될 수 있도록 이 전공과 직업을 원하는 한국의 학생들에게 후원자가 되고 싶다.

그리넬 학생은
어려운 질문을 하고 쉽게 답한다

• 김혜선(Biology 2학년) •

Grinnell College	
위치	Grinnell, Iowa
학교 홈페이지	www.grinnell.edu
설립연도	1846
학부생 수	1712
교수 : 학생 비율	1:9
남:녀 비율	47 : 53
국제학생 비율	19.6%
등록금	52392$
기숙사&식비	12810
재정보조를 받는 학부생 비율	65%
한 학생당 받는 평균 재정보조 금액	47561$
졸업 후 취업률 (인턴십, 프리랜서 제외)	51%
졸업 후 대학원 진학률	25.6%
유명 전공	1. Social Sciences 2. Biological and Biomedical Sciences 3. Physical Sciences 4. Computer and Information Sciences 5. Foreign Languages, Literatures, and Linguistics

그리넬 대학 홈페이지에 가면 가장 먼저 눈에 띄는 글이 하나 있다. "Grinnellians ask hard questions and question easy answers.(그리넬 학생들은 가장 어려운 질문을 하고 가장 쉽게 답을 한다)" 나는 어려운 질문에 쉽게 답하기 위해 안락함보다는 도전적인 삶을 선택했다. 새로운 문화를 배우고 새로운 생각을 가지는 방법을 배웠다. 더불어 새로운 목표를 가지게 되었다.

나는 조기 유학을 하지 않았다. 어릴 때부터 미국에서 공부를 하고 싶다는 꿈이 있어 국제반이 있는 일반고에 진학했지만 국내 대학에 진학하는 친구들과 똑같이 공부하며 유학을 준비하는 것이 쉽지는 않았다. 나는 처음에 일반적으로 많이 들어봤던 미국 주립 대학을 가려고 했지만 학부 중심대학(liberal arts college)을 알게 됐다. 이 대학들은 내가 원하는 교육 환경을 가지고 있고, 재정보조(financial aid)를 받을 수 있는 가능성이 많다는 것을 알게 됐다. 리버럴 아츠 칼리지 여러 대학 가운데 내가 그리넬을 고른 것은 더운 걸 싫어하고, 내가 커리큘럼을 직접 짤 수 있고, 자율적인 분위기 속에 국제학생이 많은 재정보조를 받을 수 있다는 조건 때문이다. 나는 그리넬을 Early decision으로 지원하였고 재정보조/장학금 $42,101를 받고 합격했다. 대학을 준비하던 몇 년 전. 지원할 대학을 찾으며 여러 합격생들의 후기를 읽었던 기억이 난다. 나의 그리넬 대학 이야기가 예전 나와 비슷한 시기를 보내고 있을 학생들과 부모들에게 다소나마 도움이 되길 기대한다.

작지만
활기찬 캠퍼스

그리넬 칼리지는 아이오와 주 그리넬이라는 작은 도시에 위치해 있다. 그리넬과 가장 가까운 디모인 공항에서 자동차로 1시간 정도 가야 한다. 여름에는 따뜻하고 습한 반면 겨울에는 춥고 건조하고, 보통 기온은 섭씨 -9도에서 29.4도 사이이다. 그리넬 칼리지에는 총 63개의 건물이 있다. 가장 멀리 떨어져 있는 Burling library과 Bears recreation and athletic center는 거리가 약 1km로 걸어서 가면 15분이 걸린다. 캠퍼스가 그렇게 크지 않아 수업을 옮겨 다니는 게 힘들진 않다.

그리넬 칼리지에는 Kistle science library와 Burling library라는 두 개의 도서관이 있다. 각 도서관은 학생들을 위한 다양한 모양의 책상들과 스터디 룸, 그룹 미팅 룸 등 공부하기에 좋은 환경을 갖추고 있어 매일 많은 학생들이 도서관에서 과제나 미팅을 하는 모습을 볼 수 있다. Kistle science library는 Noyce science building에 위치해 있으며 주로 과학 원서들과 논문들을 소장하고 있다. 과학을 전공하는 학생들이 주로 컴퓨

터 프로그램을 사용하려고 오는 경우가 많으며 과학 전공이 아니더라도 Kistle 안에 있는 미팅 룸을 사용하러 많은 학생들이 오고 있다. Burling library는 캠퍼스 내 가장 큰 도서관인데 수많은 여러가지 장르의 책들을 소장하고 있다. 지하에는 예술 작품을 보관하는 방이 있어 안내자를 따라 구경을 할 수 있다. 1층에는 주로 미팅을 할 수 있는 룸들이 있고, 2층부터는 조용히 독서나 공부를 하는 방으로 이루어져 있다. 도서관에 없는 논문이나 책들은 도서관 사서에게 이메일을 보내면 정말 신속하게 찾아서 보내주거나 대여 신청을 해줘서 논문이나 자료를 찾는 데는 어려움이 없다.

아카데믹 빌딩으로는 크게 Noyce science building, Bucksbaum art center, 그리고 새로 확장된 Humanities and Social studies center가 있다.

거의 모든 교실은 수업 후 학생들이 이용할 수 있게 열어 놓아 스터디 그룹이나 멘토 세션, 그리고 개인 공부할 때도 사용할 수 있다.

그리넬 칼리지는 위에 언급했던 것처럼 도시에서 차로 1시간 정도 떨어져 있기 때문에 차를 갖고 있지 않으면 쉽게 도시로 갈 수 없다. 가까운 작은 시내에는 할 게 많지 않다. 하지만 학교 안, 그리고 학교 밖에서 적지 않은 이벤트들이 열리며 칼리지 안에서 활동할 수 있는 시설이 잘 준비되어 있어 심심하거나 무료하지 않다. 나와 같이 미술에 관심이 있는 학생들은 Bucksbaum art center 안에 위치해 있는 Faulconer Gallery에서 다양한 나라에서 온 아티스트들의 작품들을 접할 수 있고 아티스트와 소통할 수 있는 기회도 있다. 또한 학생들이 직접 제작한 연극을 보기도 하고 밤에는 학교에서 제공하는 무료 영화를 보기도 한다.

스포츠를 좋아하는 학생들은 주로 북쪽에 위치한 Bears recreation and athletic center에 많이 간다. 학생들이 언제나 이용할 수 있도록 헬스, 수영, 암벽, 농구, 스쿼시 등등 여러가지 스포츠 시설이 완비되어 있다. 캠퍼스에서 조금 걸어가면 학교 소유의 골프 코스가 있어 학생들에게 저렴한 가격으로 이용할 수 있다. Bears center 옆에는 Harris center가 위치해 있는데 매주 토요일에 다양한 주제의 파티가 열리며 이 외에도 여러가지 이벤트들이 자주 열린다. 또한 Joe Rosenfield center에는 Dhall과 간단히 음식을 사 먹을 수 있는 그릴이 있으며 지하에는 펍이 하나 있고 가라오케와 게임을 즐길 수 있다.

또한 자연을 즐기고 싶은 학생들은 학교에서 차로 20분 떨어져 있는 곳에 위치한 Conard Environmental Research Area(CERA)로 가면 된다.

광활한 평야와 나무가 빽빽이 우거진 숲이 있다. 주로 생물학, 환경학을 공부하는 학생이 체험학습, 연구를 할 수 있으며 일반 학생들도 등산, 야외 스케치 등 여러 활동을 할 수 있다. 또한 캠퍼스 안에는 천문대가 있으며 이 천문대가 열린 날에는 별들을 자세히 보러 갈 수 있다. 내가 가장 좋아하는 장소는 Bears recreation and athletic center 뒤에 있는 잔디밭이다. 밤에 과제를 하며 지칠 때 친구들과 함께 잔디밭에 가서 별을 보며 별자리를 찾는다. 이런 시간을 보내면 과제로 받은 스트레스가 풀린다. 과연 국내 대학 가운데 이런 학교 환경을 가진 대학이 있을까?

배 고플 때는 캠퍼스 안에서 해결하기도 하지만 캠퍼스 밖 걸어서 7분 거리에 있는 McNally라는 식료품 매장과 14분 거리에 있는 fairway를 주로 이용한다. 또한 차로 7분쯤 걸리는 거리에 월마트가 있는데 이곳으로 갈 때 학교에서 월마트 행 셔틀을 신청할 수 있다. 차가 없는 학생들은 일주일에 한번씩 학교에서 드모인이나 아이오와 시티로 가는 셔틀을 이용한다. 만일 옷 쇼핑을 하고 싶거나 아시안 마켓을 가고 싶다면 이 셔틀버스를 이용하면 된다.

조용하고 한적한 그리넬 칼리지에서는 할 게 없다고 생각하면 정말 할 것이 없다. 그러나 생각을 바꾸면 우리가 도시에서 얻을 수 없는 경험들을 할 수 있다. 이 곳 학생들은 정말 활동적이다. 학생들이 계획하거나 학교가 주최하는 많은 활동들이 캠퍼스에서 열리기 때문에 잘 찾아보면 도시 못지 않게 활기찬 곳이다.

전교생 4년간
기숙사 거주

그리넬 칼리지 기숙사는 크게 North campus, South campus, East campus로 나뉘어지고 모든 신입생들은 기숙사에서 의무적으로 살아야 한다. 100% 맞는 건 아니지만 신입생들 사이에서 회자되는 기숙사 고르는 기준이 있다. North campus는 체육관에 가까이 위치해 있어 운동 선수들이 많이 신청하고, South campus에서는 파티가 많이 열려 활기가 넘치는 편이라 활기를 원하는 학생들이 신청한다. East campus는 조용한 분위기를 원하는 학생들이 많이 신청한다고 알려져 있다. 2년 간 East campus에 살면서 다른 기숙사도 방문해 보니 위에 이야기한 기준이 맞는 것 같다. 여기에 내 느낌을 보태면 North campus는 신입생들만 들어가는 Norris라는 동이 있어 신입생 때 친구들과 친해지기에 좋은 곳이다. 하지만 Norris나 Cowles같은 건물에 살 경우 강의실과 다른 기숙사들과 떨어져 있어(걸어서 8분) 아침 잠을 덜 자야 한다. South campus는 겨울에 제일 따뜻한 건물이지만 여름에는 제일 더운 건물이며 오래된 건물이다. South campus에는 주로 활달한 학생들이 많이 살아 그만큼 파티가 많이 열린다. East campus 기숙사는 2003년에 지어져 모든 건물에 에어컨과 엘리베이터가 설치되어 있다. 나같이 더위를 많이 타고 옮겨야 할 짐이 많은 경우 적합한 기숙사다. 하지만 부엌이 조그맣고 학생들이 조용한 편이라 타 기숙사에 비해 학생들간에 교류가 많은 편은 아니다.

국제 학생들은 1학년 때 별도로 룸메이트를 지정하지 않는 한 미국 학생들과 한 방을 쓰게 된다. 보통 기숙사는 방학 때 문을 닫지만 겨울방학 때 집에 쉽게 갈 수 없는 국제 학생들에게 무료로 기숙사를 사용할 수 있도록 문을 열어놓는다. 각 캠퍼스에는 substance-free라고 술을 마시는게 금지된 기숙사가 있으며, 거의 모든 기숙사는 남녀가 같은 층에 살지만 신청하면 남녀가 나뉘어져 있는 기숙사에 살 수 있다. 몇몇 기숙사에는 방 안에 부엌이랑 화장실이 함께 있고 여러 명이 같이 사는 곳들이 있는데 이런 방들은 따로 지원해야 한다. 기숙사 지정은 랜덤으로 번호를 받아 진행이 되며 학년이 높을수록 우선권을 받는다. 기숙사 외에 language house나 theme house로 불리는 학교 소유 집이 있다. 별도로 음식 쿠폰을 신청하지 않아도 되지만 기숙사 비용은 같다. 다른 대학도 그렇겠지만 그리넬 대학은 안전하다. 학교 경찰(Campus security)이 매시간 순찰을 돌아 새벽에도 안전하다.

국제학생 섬세하게 배려하는 그리넬

그리넬 칼리지는 약 1600명의 학생들이 재학 중이다. 그리넬 칼리지 재학생 중 약 18%가 국제학생이고 각 학년별로는 70여명의 국제학생이 있다. 그리넬 칼리지는 다양한 문화적 배경을 가진 여러 나라에서 온 사람들로 구성돼 있다. 그만큼 국제 학생들을 위한 시스템이 잘 돼 있고 국제학생에 대한 배려가 많다.

학교는 전체적인 신입생 환영회(NSO)가 열리기 일주일 전에 국제 학생 신입생 환영회(IPOP)을 미리 개최하여 멘토와 멘티가 서로 알아가는 기회를 제공한다. 이 모임에서는 미국에서 살아가려면 필요한 서류 작성, 은행 계좌 개설, 그리고 필요한 지식들을 알려주는 등 국제 학생들이 잘 적응하도록 학교 측이 많은 배려를 한다. 또한 국제 학생들에게 호스트 패밀리를 신청할 수 있는 프로그램이 있어서 1학년 동안 미국의 호스트 패밀리들과 함께 명절도 보내고 도움도 받으며 서로의 문화를 체험할 수 있다. 또한 학교는 일반 신입생 환영회 때 교육을 통해 인종적, 성적 소수자들을 포용하려는 노력을 한다. 학생들이 서로의 문화를 공유하는 이벤트나 동아리를 만들어서 국제 학생들 뿐만 아니라 미국 학생들과도 함께 서로의 문화를 공유한다.

그리넬은 다른 대학들보다 국제학생 비율이 높다. 국제 학생들의 비율이 높은 만큼 국제 학생들의 비자나 필요한 서류, 행정적인 절차를 도와주고, 국제 학생들을 위한 행사를 맡아 진행하는 OISA라는 부서가 따로 있다. 이 부서는 현재 급격히 바뀌고 있는 미국의 이민 정책에 대해 먼저 알려주고 조언을 해주었다. 나처럼 미국 유학이 처음이고 미국의 행정 절차에 대해 잘 모르는 학생들에게 미래를 준비하는 데에 큰 도움이 된다. 그리넬 칼리지는 국제 학생에 대한 배려를 많이 해주고 동시에 국제 학생들에게 재정보조를 많이 준다. 해외에서 유학 온 국제 학생이라 학교 안에서 느낀 불편함은 이때까지 없었다.

도넛 사주며
긴장 풀어주는 교수님

그리넬 칼리지는 대형 주립대학과 달리 전공별로 소수의 학생들이 교수의 지도를 받는다. 대형강의라고 하더라도 한 수업 당 인원이 30명을 넘어가지 않고 심지어 10명 미만의 과목도

있다. 이런 수업 분위기로 인해 교수들과 학생들 간에 소통할 기회와 시간이 많으며 상호 유대감도 끈끈하다. 수업 규모가 작다 보니 모든 수업은 교수가 직접 진행한다. 몇몇 수업은 학부생 중에 멘토로 지원한 학생들이 나서 수업이 끝난 후 멘토 세션을 열어서 학생들이 모르는 부분을 알려주거나 연습 문제들을 풀기도 한다. 하지만 모든 교수들이 수업 시간을 제외하고도 오피스 아워(office hour)을 따로 만들어 교수를 찾아가서 물어볼수 있다. 만약 학생이 오피스 아워 때 시간을 내지 못하고 따로 미팅을 하고자 연락하면 흔쾌히 시간을 만들어 준다. 내가 만났던 교수들은 가르치는데 정말 열정적이었다. 한 교수는 학생들이 프레젠테이션 때 너무 긴장한다고 도넛을 두 박스 사 오셔서 먹으면서 긴장 풀라고 했다. 이처럼 그리넬 교수들은 열정적이고 학생들을 진심으로 생각한다. 학문적인 부분은물론이고 사적인 일로 교수와 이야기를 하는 학생들도 많다. 어떤 교수들은 명절이나 쉬는 날에 학생들을 자신의 집으로 초대하여 음식도 나누고 같이 이야기를 한다. 그래서 이 대학의 교수와 학생은 위계적인 관계가 아닌 멘토와 멘티처럼 친밀한 관계를 형성할 수 있다.

고등학교 시절 선생님께 질문을 하는 것에 많은 어려움을 겪었던 나는 그리넬 칼리지 진학 직후에 교수에게 질문하는 것이 두려웠다. 그러나 교수의 열정과 수업 분위기에 젖어 들면서 질문하는 것에 대한 두려움이 줄었다. 굳이 단점을 이야기하라면 수업 준비를 못 했을 때 교수와 눈 맞추기를 할 확률이 높아져 혼자 많이 양심의 가책을 느낀다는 것이다.

창의적 사고를
중시하는 참여 수업

그리넬 칼리지에서는 매년 500개 이상의 수업(클래스)을 제공하며 거의 모든 수업은 학생들의 참여를 중요하게 여긴다. 학생들이 수동적으로 강의를 듣고 외우는 수업이 아니라 토론을 통해 참여하는 수업이며 창의적 사고를 중요시하는 수업이다. 과학 수업도 단지 개념만 외우고 시험 보는 것이 아니고 한 학기에 여러 개의 에세이를 작성해야 하고 프레젠테이션 및 포스터 세션을 진행한다. 또 일주일에 한번씩 각 전공마다 세미나를 열어 자신의 연구를 학생들과 교수 앞에서 발표한다. 나는 사람들 앞에서 말하는 걸 무서워해서 초반에는 프레젠테이션이 정말 부담스러웠다. 그러나 교수들이 딱딱한 분위기를 많이 풀어주고 모든 수업에서 프레젠테이션을 하다 보니 익숙해져 리서치 인턴을 하면서 매주 있는 미팅에서도 주저 없이 내 의견을 표출할 수 있

게 되었다. 과학 수업에서 소논문을 작성할 때는 담당 교수가 논문 작성 방법을 알려주고 또한 writing lab이라는 곳에서 피드백을 받을 수 있어 어려움을 줄일 수 있었다. 나는 매 수업마다 창의적 글쓰기를 집중적으로 했기에 리서치 인턴 때 제1 저자로 논문을 수월하게 쓸 수 있었다.

그리넬 칼리지에서는 1학년 때부터 전공을 정해야 하는 한국 대학들과 달리 2학년 말에 전공을 정한다. 따라서 그 전까지는 필수 과목(tutorial)을 제외한 다양한 분야의 수업을 들을 수 있다. 필수 수업은 모든 학생들이 반드시 들어야 하는 수업으로 여러가지 주제가 있다. 입학하기 전에 관심 있는 필수 이수 수업을 골라 1학년 1학기 때 듣게 된다. 거의 모든 필수 수업은 창의적 사고와 글쓰기(critical thinking& writing)에 포커스를 맞추고 있다. 필수 수업 담당 교수는 학생들이 2년 때 전공을 결정하기 전까지 지도교수가 된다. 또한 그리넬 대학교에서는 광범위한 주제를 배우는 것에 큰 의의를 두기 때문에 인문학, 사회과학, 자연과학 수업 중 하나에 치우쳐서 듣는 것을 허용하지 않는다. 나는 한국에서 개념을 외우고 시험을 준비하는데 바빴으나 그리넬 칼리지에서는 사회 운동이나 정치적인 변화에 대해 관심을 가지게 되었고 그에 관련된 수업을 듣게 되면서 좀 더 폭 넓은 지식과 사고 방식을 가지게 되었다. 여러 방면에 관심이 있거나 진로를 정하지 못한 학생들에게는 그리넬 칼리지 방식이 진로를 결정하거나 보다 넓은 지식을 쌓는데 도움이 된다고 생각한다. 하지만 자기가 하고 싶은 것을 확실하게 정한 경우에 한 과목에만 집중을 하지 못해서 불만을 표하기도 한다.

폭넓은
지원 프로그램

그리넬 칼리지에는 MAP(Mentored Advanced Project)라는 프로그램이 있다. 2학년을 마친 학생들을 대상으로 교수들의 지도 아래 학생들이 연구를 진행하는 프로그램이다. 전체 학생의 약 40%가 MAP을 한다. MAP은 학기 중 MAP과 여름 방학 MAP이 있다. 학기 중 MAP은 자신의 관심분야를 연구하는 교수가 있다면 그 교수와 상담을 통해 MAP에 들어갈 수 있는지 알아보고 원할 경우 신청하여 학점이나 펀딩을 받을 수 있다. 여름 방학 MAP는 교수가 자신의 연구 주제에 대해 프레젠테이션을 하고 몇 명의 학생을 뽑을 지 알려준다. 학생들은 자신에게 맞는 주제라고 생각되면 지원을 하며 합격할 경우 여름 방학 기간동안 교수와 팀원들과 함께 공동연구를 진행하게 된다. 모든 여름 MAP 학

생들은 학교에서 펀딩을 받으며 4 학점을 받게 된다. 만약 학교 안에서 자신이 원하는 연구 주제가 없거나 학교 밖에서 인턴 활동을 하고 싶은 경우 학교에 펀딩 신청을 하면 학교에서 일부분 지원을 해주기도 한다.

일주일의 가을 방학, 그리고 이주일 정도 되는 봄 방학 때는 인턴십 프로그램을 진행한다. 이때 학생들은 졸업생들과 연계가 되어 졸업생들의 직장생활을 경험하고 졸업생들의 집에 초대가 되어 진로에 대한 조언을 들을 수 있다. 이 기회는 그리넬 칼리지 학생들에게 정말 소중한 시간이다. 진로 선택에 조언을 듣고 인맥도 넓힐 수 있는 기회다. 미국 뿐 아니라 해외에서 직장 생활을 하고 있는 졸업생들도 있어 해외로 인턴십을 가는 학생들도 있다. 비용 조달이 필요하면 학교에 신청해 지원을 받을 수도 있다. 인턴십 프로그램은 1학년과 2학년 학생들에게 우선권이 주어지며 커버 레터와 레쥬메를 내야 한다.

나는 위스콘신 공중보건부에서 근무하는 졸업생 선배를 소개받았고 이 선배가 하는 일을 배우고 마취제 중독을 담당하는 전염병 전공학자와 이야기를 나누면서 역학 공부를 더 깊게 하고 싶다는 생각을 하게 됐다. 또한 공중보건(public health) 분야에서 일하는 여러 전문가들을 만나면서 앞으로 내가 해야 할 일들에 대해서 생각해 보았다. 이 만남은 나의 진로를 정하는데 많은 도움이 되었다. 내가 경험한 인턴십은 관심 분야에서 실제로 일하는 분들과 소통하고, 그 분야의 일을 직접 경험하며, 새로운 멘토들을 만날 수 있는 기회를 제공해 주는 유익한 프로그램이었다.

그리넬 칼리지는 사회적 책임을 중요시하는 학교로 80개가 넘는 지역 파트너들과 연계가 되어 있어 개인적으로 혹은 단체에 참여를 해서 여러가지 봉사 활동을 할 수 있다. 또한 비영리 단체나 정부 단체에서 봉사활동을 하면서 재정지원도 받을 수 있는 Service Learning Work Study(SLWS) 프로그램이 있어 봉사활동을 하고 싶지만 일을 해야 하는 학생들에게 좋은 기회를 준다. 또한 Global Learning 수업이나 교환 학생 프로그램을 통해 해외 봉사활동도 할 수 있다. "AltBreak"이라는 프로그램이 있는데 봄이나 가을 방학 기간동안 학생들끼리 프로그램을 계획해서 다른 지역으로 봉사활동을 가는 프로그램으로 학교에서 모든 경비를 지원해 준다. 이처럼 학교에서 학생들의 봉사활동을 적극적으로 지원해 주고 다양한 기회를 제공해 주는 만큼 학생들도 봉사활동에 큰 관심을 가지고 참여하고 있다.

그리넬 칼리지에는 재학생들이 다른 나라로 가서 공부하는 교환학생 프로그램도 있다. 전체 학생의 약 50%가 한 학기 동안 교환학생을 다녀온다. 이 프로그램 가운데 몇 개 과정은 학점도 인정받는다. 교환학생을 다녀온 친구들의 이야기를 들어보면 새로운 인맥을 맺고 새롭게 생각하는 방식과 다른 문화를 가진 사람들과 소통하는 방법을 배워 소중한 경험이 되었다고 한다. 학교에서도 교환학생 프로그램을 많이 홍보하며 주변 친구들도 추천한다.

그리넬 칼리지에 오기 전 나는 캠퍼스가 작고 시골에 위치해 있다 보니 수업 외에 봉사활동이나 인턴십을 할 기회가 있을까 많이 걱정했다. 그러나 학교를 다니면서 내 걱정이 기우였음을 알게 됐다. 그리넬 칼리지는 많은 단체들과 연계가 되어 있고 활동할 수 있는 분야가 적지 않으며, 학생 수가 적다 보니 학교에서 많은 학생들에게 다양한 활동에 대한 지원을 해주고 있다. 또한 국제 학생들이 많다 보니 다른 문화에 접할 수 있는 기회가 많으며 그로 인해 교환 학생 프로그램도 많은 학생들이 참여하고 있다. 넓게 펼쳐져 있는 평야 한 가운데에 있는 작은 대학이지만 학생들에게 경험과 기회를 최대한 제공해 주려고 노력하는 학교다.

심리학에서
전염병학으로 바꾸다

앞서 언급을 했듯이 나는 한국 일반고 문과반이었고, 그 안에 들어있는 국제반에서 미국 대학 진학을 준비하던 학생이었다. 수학을 싫어한 반면 사회, 문학, 미술에 관심이 있었으며 듣는 걸 좋아하고 말하는 걸 별로 좋아하지 않아 전화로 상품 주문하는 것도 싫어하던 학생이었다. 자연스럽게 들어주는 직업이라고 생각한 상담심리학에 관심이 있어 심리학을 전공해야겠다는 생각을 가지고 있었다.

그리넬 칼리지 1학년 1학기 때 나는 심리학 전공의 필수 과목인 미적분학, 자폐증에 관련된 필수과목과 이에 관련이 되어 있는 생물학, 그리고 평소에 관심이 있었던 여성학을 듣게 되었다. 하지만 생물학 수업이 한국처럼 개념만을 외우고 시험을 보는 것이 아니었다. 내가 직접 연구를 계획하고 진행하며 그 성과를 눈으로 직접 보고 그것에 대해 기록하고 논문을 쓰는 데에 매력을 느끼게 되었다. 나는 1년 동안 생물학을 꾸준히 들으며 전공을 바꿔 생물학을 공부해야겠다는 생각을 했다. 그러는 가운데 그리넬 칼리지 주변에 있는 아이오와 대학(University of Iowa)의 공공보건 전공 부서에서 우리 학교로 강연을 왔고, 이 분야에 관심을 갖게 되어 공공보건학 온라인 코스를 듣게 되었다. 온라인 강좌를 들으면서 나는 병이 발병하기 전 예방 방법을 연구하여 인류의 건강 증진을 돕는 게 목표인 전염병학(Epidemiology)에 관심을 가지게 되었다.

나는 그리넬 대학교의 인턴십 프로그램을 통해 전염병 전문가들을 만나며 이 분야 공부를 더 하고 싶다는 생각을 했다. 석사 과정 이수가 필수라는 전염병 학자로의 삶이 나에게 과연 맞는지 경험하고 싶었고 나의 대학 생활을 중간 점검하고 미래를 계획하는 시간을 가지기 위해 2학년을 마치고 휴학을 하였다. 휴학을 하는 동안 국립 암 센터 암 역학 연구과에서 nutritional epidemiology 연구를 경험하며 두 개의 논문을 제1 저자로 냈다. 이후 나는 한국과 미국 뿐만 아니라 다른 나라의 근무 환경과 문화를 경험하고 싶어 독일 베를린으로 가 Charite 대학 병원의 뇌졸중 연구센터에서 Clinical Eepidemiology 연구를 진행했다. Epidemiology가 생물학에 대한 지식과 통계학, 그리고 통계 프로그램을 위한 코딩에 대한 지식, 논문 작성을 위한 글쓰는 능력, 그리고 연구 결과를 발표할 수 있는 프레젠테이션 능력을 필요로 하는 만큼 인턴 생활을 하면서 많은 어려움을 느꼈다. 하지만 그리넬 대학교에서 프레젠테이션과 토론 경험을 통해 다른 사람들 앞에서 내 생각을 이야기하는 것에 대한 두려움을 이겨냈다. 또한 1학년 때부터 생물학 논문을 쓰는 방식에 대해 익혔고, 수업 당 적어도 3개의 논문을 쓰면서 논문 작성에 두려움이 없었기에 어려움을 극복할 수 있었다. 하지만 코딩과 통계학에 대한 지식이 아직 부족한 만큼 그리넬에서 더 배울 예정이다. 대학 졸업 이후에는 대학원에 진학하여 Clinical Epidemiology와 Pharmaceutical Epidemiology에 대해 공부할 계획이다.

모든 힘든 날들이
나를 단단하게 만들었다

그리넬 대학교에서의 모든 나날이 행복하다고 말하고 싶지는 않다. 시골에 위치해 있다 보니 1학년 초반에는 주말에 뭘 해야 할 지 몰랐다. 한국에서 부모님께 의지하다가 미국에 와서 생활부터 학업까지 모든 걸 혼자 하다 보니 지치기도 했다. 또한 말하는 것을 좋아하지 않는 성격임에도 매일 토론을 해야 했고, 토론을 위해 많은 양의 책을 읽고 분석하며, 프레젠테이션이 있는 날에는 다 때려치우고 도망치고 싶다는 생각도 했다. 캠퍼스 밖에서 일어난 일이지만 처음 인종 차별을 겪고 억울해서 펑펑 울다 잠들었던 날도 있었다. 하지만 이 모든 힘든 날들이 단순히 나쁜 기억만은 아니었다고 생각한다. 도시에서만 살던 나에게 시골에 위치한 그리넬은 친구들과 밤하늘에 있는 수많은 별들을 보는 여유를 주었고, 겁먹거나 귀찮아서 스스로 하지 않았던 것들을 스스로 할 수 있게 되었으며, 말하는 것에 대해 두려워하지 않게 되었으며, 인종 차별을 당했을 때 단지 화를 내기보다 그것에 대해 더 공부하며 사회적으로 인종 차별을 줄이기 위해 어떤 노력들이 필요하고 내가 어떤 자세를 가져야 할지 고민하게 해 주었다. 또한 고등학교 이후로는 절대 관심 갖지 않을 것이라 생각했던 수학과 과학이지만 그리넬 칼리지를 다니면서 수학과 과학 지식이 제일 필요한 Epidemiology를 공부하게 되었으며, 친절한 교수님들과 함께 어려운 수업들과 과제들을 함께 헤쳐 나가는 친구들 덕분에 두려워 했던 과목들에 대해 겁먹지 않게 되었다. 많은 두려움과 걱정을 안고 입학을 했고 생각했던 것보다 큰 어려움들이 왔지만, 응원해 준 가족들, 많은 시간을 함께 보낸 친구들, 그리고 학업 뿐만 아니라 어려움이 있을 때 도와준 교수님, self-governance를 강조하는 그리넬 칼리지 덕분에 나는 스스로 선택하고 해결하는 방법을 배웠다. 이로써 예전보다 더 단단한 사람이 되었다.

"나는 재미있게 놀 줄 알고 그만큼 공부도 열심히 할 수 있다. 친절하고 열정적인 교수님들과 주민분들, 자율적이고 자유로운 분위기를 가진 대학교를 찾고 있으며 번쩍번쩍한 도시에 나가지 않고 친구들과 파티 하거나 자연을 보며 사색을 즐기는 게 더 좋고 인터넷 쇼핑을 할 줄 안다!"

나는 이런 학생에게 그리넬 칼리지를 자신 있게 추천한다.

Lawrence University

나만을 위해 수업을
개설해 준 대학

◆ 권영훈(경제학과 졸업, 구글 근무) ◆

Lawrence University	
위치	Appleton, Wisconsin
학교 홈페이지	www.lawrence.edu
설립연도	1847
학부생 수	1473
교수 : 학생 비율	1:8
남 : 녀 비율	47 : 53
국제학생 비율	11.7%
등록금	47475$
기숙사&식비	10341$
재정보조를 받는 학부생 비율	62%
한 학생 당 재정보조를 받는 평균 금액	39869$
졸업 후 취업률 (인턴십, 프리랜서 제외)	67.3%
졸업 후 대학원 진학률	20.4%
유명 전공	1. Visual and Performing Arts 2. Biological and Biomedical Sciences 3. Social Sciences 4. Psychology 5. Foreign Languages, Literatures, and Linguistics

학교 이야기에 앞서…

　　　　　　　　　스물 중반 즈음 작은 봉사활동 기관에서 아이들을 가르쳤던 적이 있다. 최근엔 우연히 누군가의 멘토가 될 기회가 있었다. 그런데 결과적으로는 두 번 다 실패가 아니었나 하고 자책했다. 그러던 중 미래교육연구소에서 좋은 롤 모델 및 멘토로서 학생들에게 미국 대학에 관한 소개 글을 써달라는 부탁을 받았다. 조금 난감했다. 얼마 전 내가 가르쳤던 몇몇 아이들을 다시 만날 기회가 있었다. 잘 자란 친구들을 보니 다행이라는 생각이 들었지만 내가 가르친 아이들 모두가 그런 것은 아니었다. 좋은 롤모델이 되어 주었다는 뿌듯함보다 부족한 인격으로 교사, 멘토 직책을 맡았다는 생각이 들어 부끄러움이 앞섰다.

　　그렇다면 같은 것을 가르쳐도 왜 누군가는 발전하고 누군가는 그러지 못할까? 내 인격적 부족함과 더불어 여러가지 요소가 있겠다. 내 인격은 차치하고 학생의 측면에서 생각하면 두가지 정도로 정리되었다. 첫번째는 각 사람마다 기질과 성격이 달라 멘토와 기질이 맞는 학생은 멘토의 말을 잘 받아들였을 것이다. 두번째로는 삶에 대한 의지 및 가치관이 큰 영향을 미쳤을 것이다. 좋은 말을 해도 누군가에게는 나쁘게 들리고, 나쁜 의도를 가지고 말해도 누군가는 긍정적으로 받아들인다.

미래의 대학생들에게 왜 갑자기 이런 얘기를 하나 싶을텐데, '대학'이라는 큰 멘토 기관도 이와 같은 메커니즘이 적용된다는 생각이 들었다. 결국 각 학교마다 장단점이 있고 학생의 기질과 성격과 잘 맞을 수도 있고, 그렇지 못할 수도 있다. 그리고 학생의 의지에 따라 학교 생활을 성공적으로 할 수도, 못할 수도 있다. 즉, 특정 학교가 절대적으로 좋기 때문에 무조건 추천할 만하다고 할 수는 없다는 얘기다. 한국은 성적 위주로 학교가 결정되는 편이지만 해외 대학은 각 수준별로 다양하게 있기 때문에 나에게 잘 맞는 학교를 신중하게 선택하거나 혹은 학교에 들어간 후 예상치 못한 어려움이 있더라도 의지를 가지고 학교와 잘 맞춰서 최대한의 배움을 이끌어내는 것이 중요하다.

지금부터 내가 쓰는 학교 이야기도 내 개인 경험에서 비롯된 지극히 주관적인 이야기일 뿐이라는 점을 인지해주기를 바란다. 리버럴 아츠 칼리지에서의 경험을 위주로 경험은 경험대로, 객관적인 사실은 사실대로 독자에게 정보가 잘 전달되어 궁극적으로 독자들이 본인에게 맞는 학교에서 성공적인 생활을 하기 바란다. 특히 나는 연구중심 대학과 리버럴 아츠 대학 교육을 둘 다 경험할 기회가 있었는데, 나의 주관이 형성된 배경도 공유할 겸 유학 생활이 어떠하였는지, 각 학군의 장단점은 어떠하였는지를 연대순으로 서술하고자 한다.

어려웠던 유학 첫걸음:
친밀감 부재, 연구중심대학

　　　　　　　　　　나는 중학교 과정을 한국에서 다
마치지 못하고 도미하였고, 미국에서 9학년부터 시작하여 고등학교 과
정을 이수했으며 리버사이드 소재의 캘리포니아 주립대학교에 입학했
다가 최종적으로는 로렌스 대학에서 졸업했다. 어릴 적 강원도 춘천에서
학교를 다녔는데, 당시에는 유학이 그렇게 흔하지도 않았을 뿐만 아니라
특히 강원도에서는 희귀하여 다소 준비없이 유학길에 올랐다. 그러다 보
니 처음에는 적응하는데 매우 애를 먹었다. 그러나 다행히 운동에 재능
이 있어 미국 친구들과 수월하게 어울리다 보니 조금씩 미국생활에 적응
해 나갔고, 마침내 학교 선생님들과 미국 현지 친구들의 도움 덕분에 차
석(Salutatorian)으로 졸업하게 되었다. 내가 졸업할 시점에 당시 LA 카운
티에서 같이 지내던 가디언이 리버사이드로 소재지를 변경하면서 나도
리버사이드에 있는 UC계열 학교를 선택하게 되었다. 가디언의 소재지에
맞춰 대학을 선정한 것은 요즘 유학생 친구들이 세밀하게 따져 대학을
선택하는 모습과는 다소 차이가 있을 것이다. 물론 나도 단순히 가디언과
함께 생활하기 위한 목적으로 해당 대학에 입학한 것은 아니다. 좋아하
던 축구, 생물학, 그리고 비즈니스 전공을 동시에 할 만한 적합한 학교가
UCR이었고, 이에 따라 나쁘지 않은 선택이라고 생각했다.

　아무튼 그렇게 UCR에 입학한 뒤 나는 바라던 미국 대학 생활을 시작
하게 되었고, 생각지도 못했던 화려하고 웅장한 미국의 대학 스케일에 놀
랐다. 각종 리서치 랩들과 수많은 다양한 학생들, 곳곳에서 일어나는 이
벤트, 스포츠 경기, 그리고 도시적인 생활 환경… 이 모든 것들은 내가 큰

꿈과 미래를 그리기에 충분했다. 나는 NCAA 서부지구 1군에서 축구선수로 경기를 뛰는 꿈을 꾸게 되었고, 큰 학교의 자원을 활용해 당시 코기(Kogi) 라는 유명한 코리안 타코 푸드트럭을 본따서 학교와 푸드트럭을 계약하여 운영하고자 하였으며, 종종 학교 근방의 캘리포니아 해변에 친구들과 어울려 가곤 했다. 학업도 계획했던 바대로 교양 과목을 넘어 생물학과 비즈니스를 넘나들며 수강했고, 주립대학이라는 큰 규모답게 다양한 수업들을 접할 수 있었다.

그러나 이러한 화려한 장점들 뒤에 나를 불안하게 하는 요소들이 존재했다. 그 중에서도 가장 큰 불안요소는 바로 친밀감의 부재였다. 고등학교는 주니어(중학교)까지 합쳐서 약 500명이 채 안 되는 아주 작은 학교여서 모르는 학생들이 없을 정도로 친밀감이 높았다. 나는 그러한 고등학교 분위기가 너무 좋았고, 대학에서는 더 높은 친밀감으로 다양한 학생 및 교수진들과 어울릴 수 있기를 기대했다. 그러나 UCR에서는 어떤 수업의 경우 한 수업에서만 500명이 넘는 학생들이 수강할 정도로 규모 자체가 남달랐고, 이 안에서 친밀감을 찾기는 힘들었다. 어떤 이는 친밀감의 부재를 별거 아니라고 느낄 수 있겠지만 나는 그렇지가 않았다.

NCAA 리그에서 선수 생활을 해보고자 훈련하던 도중 발이 부러지는 사고가 있었는데 그러다 보니 많은 계획들이 무너지기 시작했다. 운동선수 생활은 물론 푸드트럭 사업 또한 진행이 불가능해졌다. 불시에 일어난 사고라 계획했던 선수생활이나 사업을 접는 것은 불가피했고 이를 받아들였으나, 규모가 큰 학교에서 당장 수업을 들으러 갈 수가 없는데 이를 딱히 학교 측에서 배려해주기를 바라기 어려웠다. 규모가 크다 보니 학교 측에서 학생 개인에 대한 관심도나 이해도가 낮아 이러한 불상사를 알아

UCR 전경

서 교수에게 통보를 해 주는 시스템이 갖춰져 있지 않았다. 혹은 갖춰져 있었을지라도 학생 개인이 그러한 시스템을 쉽게 파악할 수 있을 정도로 접근성이 좋지도 않았다. 결국 부러진 다리를 붙잡고 교수 한 분 한 분 찾아다녀야 했고, 그때 미국 현지 친구들과 당시 푸드트럭 사업같이 하려 했던 한인 셰프가 나를 도와주었다.

친밀감의 부재가 비단 이러한 생활면이나 위급한 상황에 영향을 미치는 것만은 아니었다. 오히려 더 영향을 미칠 수 있는 부분은 교육 및 진로에 관한 부분이다. 아무래도 큰 기관이라 내 개인의 성향 및 특징, 그리고 학구적인 관심사 등을 세세히 알기 어렵기 때문에 그에 따라 개인에게 꼭 맞는 적절한 교육 및 진로 컨설팅을 받기가 쉽지 않았다. 가령 내가 당시 수학에 흥미와 재능을 보였는데, 관심있던 분야에 수학적 기법이 활용될 수 있는 여지가 많았기에 수학적 재능을 발전시켜 이룰 수 있는 진로

나 학업적 성취가 있었을 것이다. 하지만 입학 초기에 관심사로 등록했던 Business전공과 해당 전공 커리큘럼의 requirement로 짜여진 수업 리스트만 보고 피상적으로 수강 과목을 추천해 주었다. 이에 따라 수학을 1, 2학년 때 더 하지 못한 것이 무척 후회된다. 물론 더 뛰어난 학생이었다면 스스로 알고 그에 따라 과목 선택을 했겠지만 갓 대학에 들어간 나는 그 정도의 선구안이 없었다. 이에 따라 과목 선택이 다소 비효율적이었다는 생각이 있다 보니 학교가 조금 더 친밀도 높은 멘토 역할을 해 주었더라면 좋았을 텐데 하는 아쉬움이 많이 남는다.

새로운 환경 변화:
UCR대학에서 로렌스대학으로

UCR에서 2학년을 마칠 즈음 다리를 다친 뒤 내 목표에 제약이 생김과 동시에 집안의 경제적 여건도 어려워져서 일단 군대 문제를 해결하기로 하였다. 무사히 군복무 문제를 해결한 뒤 경제적인 요건, 내 성향에 맞는 환경, 학교 내 친밀감 등을 고려하여 고심 끝에 로렌스 대학으로 편입하기로 결정했다.

로렌스는 위스콘신 주 Appleton 이란 지역에 있는 학생 수 약 1,400여 명의 작은 리버럴 아츠 칼리지다. 로렌스는 꽤나 수준 높은 음대 (Conservatory) 가 있어 학교 명칭이 University라고 되어 있는데 여느 리버럴 아츠 칼리지와 마찬가지로 학부 중심 대학이다. Fox River를 따라 우뚝 서있는 메인 식당 건물 외관은 현대적이지만 대다수 미국 학교들이 그렇듯 오래된 역사 탓에 고딕양식 건물들이 다수 있다. Fox River를 가로지르는 몇몇 폐허가 된 다리가 고풍스럽게 자연과 어우러져 앤티크한 느낌을 주고, 학교를 중심으로 반대편에는 작은 다운타운이 형성되어 있다. 극심하게 시골 환경을 가진 다른 리버럴 아츠에 비하면 다운타운에 나가서 물품들을 구입할 수 있는 정도가 되는 도시이다. 리버럴 아츠 중에서는 상대적으로 조화가 잘 이루어진 환경을 갖춘 학교가 아닌가 싶은 생각이 든다. 나는 도시보다는 한산한 시골 환경을 좋아했고 특히 물을 좋아해서 로렌스의 환경이 마음에 들었다.

나만을 위해서 개설된 맞춤형 수업, 교수 2명이 학생 1명을 지도

UCR에서 친밀감의 부재라는 아쉬움을 가지고 있던 터라 로렌스는 학교 특성상 자연스레 친밀감이 형성되는 부분도 있었지만 스스로 더 학교와 친밀감을 높이려고 노력했다. 로렌스는 리버럴 아츠 칼리지 특성상 수업 당 학생 대 교수 비율이 매우 낮다. 심화 전공 과목으로 가면 갈수록 더욱 더 낮아져 수업 당 평균 학생 수가 10명 미만이었다. 이렇다 보니 교수들은 한번 수업을 같이 한 학생 개개인을 잘 파악하였고 학생들 또한 교수와 만날 수 있는 기회가 충분히 제공 되었다. 나 또한 Office Hour에는 빠짐없이 교수들을 찾아가 만나려고 노력했고, 그럴수록 교수가 내 생각과 성향을 잘 알고 있기 때문에 내가 믿고 의지하여 조언 구하기가 편했다.

이러한 친밀감이 주는 장점은 여러가지가 있었다. 특히 이 친밀감 덕분에 자율적으로 학업을 성취할 수 있는 기회가 주어졌다. 일례로, 로렌스

로렌스 대학 전경

에 가서도 여전히 나는 환경, 비지니스, IT 분야 등에 대한 관심도가 높 았는데, 대다수의 리버럴 아츠 칼리지 특성상 학교 커리큘럼에 비지니스 수업이 없었다. 그런데 어느 날 내가 직접 경제학 교수를 찾아가서 비지 니스를 자체적으로 공부해보고 싶다고 했다. 교수님은 흔쾌히 오직 나만 을 위한 "Innovation & Entrepreneurship"이란 수업을 개설하는 것을 도 와줬다. 뿐만 아니라 친하게 지내던 Finance 담당 교수가 그 소식을 듣고 본인도 그 수업에 참여하고 싶다고 먼저 말씀을 해 주셔서 학생 대 교수 비율이 1:2, 즉 교수가 2명이고 학생 혼자 그 앞에서 매번 세미나식 발표 를 하는 수업을 진행했다. 지금 돌이켜봐도 전세계 어디를 가더라도 이 렇게 학생 한 사람만을 위해 2명의 교수가 참석하는 수업은 흔치 않을 것이다. 교수진들과 친밀감을 기반으로 한 자율성이 높은 커리큘럼은 학 생 개인의 능력치를 한껏 높일 수 있는 좋은 기회가 될 수 있다는 확신이 든다.

학교의 친밀감이 주는
유익함

　　　　　　　　　이러한 친밀감과 그로 인한 긍정적인 효과는 비단 교수와 학생 사이에서만 존재하는 것은 아니다. 전체 학생 수가 적다 보니 학교 내 스태프들과도 좋은 관계로 지낼 수가 있었는데, 덕분에 몇 가지 득이 되는 일들이 있었다.

　첫째로, 좋은 호스트 패밀리들과 맺어졌다. 학교측에서 원하는 학생들에게 Appleton지역 가정들과 호스트 패밀리 관계로 지낼 수 있도록 주선해 주는데, 사전에 학생 개개인의 선호도를 조사해서 되도록 성향이 잘 맞는 매칭이 되도록 세심하게 배려해 준다. 이 프로그램으로 나는 백인 가족들과 맺어져 서로 알고 지냈는데 방학때는 잘 곳과 음식을 무료로 제공해 줄 정도로 친절하게 대해 주셨고 인간적으로도 좋은 사람들을 통해 인생에 값진 경험을 했다고 느끼고 있다.

　둘째로, 교내 아르바이트를 수월하게 할 수 있었다. 보통 유학생들의 경우에 F-1 비자를 발급받아 생활하기 때문에 학교를 벗어나 일하는 것은 불법이다. 그러나 학생 때 개인적으로 용돈도 필요하고 또 남는 시간에 일을 하면 좋은 경험이라고 생각했기 때문에 나는 교내에서 허락된 일들을 찾아서 하려고 부단히 노력했다. 물론 이 부분은 내가 개인적으로 많이 노력하기도 했지만 아무래도 규모가 작은 학교다 보니 어디에 아르바이트 기회가 있는지 알기 수월했고 몇 번이라도 찾아가서 기회를 얻고자 한다면 해당 학생을 금방 잘 알게 되어 기본적인 노력만으로도 좋은 아르바이트 기회를 얻는 게 가능했다. 나는 도서관과 학교 어드미션 오피스에서 일을 하였다. 특별히 어드미션 오피스에서는 로렌스에 관심있는 학생들과 화상 채팅으로 사전 인터뷰를 진행해서 해당 학생들에 대한 정보를 학교측에 전달해줌과 동시에 학교에 관해 궁금증이 있을 경우에 답변해 주는 역할을 했다. 단순히 학교 내에서 하는 아르바이트 치고는 꽤나 유익하고 발전적인 일이었다. 지금 생각해보면 이 또한 작은 학교이었기에 가능했던 것 같다.

로렌스대학의
교내 활동들

이렇게 친밀감의 유익함을 잘 알고 있었기에 나는 더 적극적으로 학교 측과 가까이 지내고자 했고 또 교내에서 친구들과도 여러가지 활동들을 통해 어울리고자 노력했다. 나는 자연환경에 관심이 많아 당시 'Sustainable Lawrence University Gardens(SLUG)'라고 하는 학교 농장에서 일하며 환경학 관련 친구들과 자연스럽게 어울렸다. 그러다 보니 해당 학생들과 의기투합해서 Community Initiatives in Sustainable Agriculture(CISA) 라는 컨퍼런스 프로젝트를 진행하게 되었다. CISA 컨퍼런스는 미국 전역에 걸쳐서, 특히 중미 지역에 농업 관련 종사자, 학생, 학자 및 사업가들과 함께 다양한 패널들을 구축하여 해당 분야의 사업 및 학문에 관심있는 사람들을 위해 여러 세션을 개최하는 프로젝트였다. 프로젝트를 진행한 멤버는 나와 백인 여자, 히스패닉 계열의 여자, 유대인 남자, 그리고 히스패닉/백인 혼혈의 남자 이렇게 모두 로렌스 학생들 및 동문으로 다양한 배경을 가진 멤버로 이루어졌다. 프로젝트를 진행하는 과정 중에 학교 측에서 비용, 방문자 숙소, 편의시설 등을 지원받는 등의 적극적인 지원도 많이 받았고, 덕분에 주로 학생들 위주로 구성된 팀이 진행한 프로젝트로서는 성공적으로 큰 규모의 컨퍼런스를 개최했다. 학생들과 스스럼없이 뭔가를 시작할 수 있는 환경과 학교측의 적극적인 지원이 잘 어우러져 의미 있는 활동으로 이어진 좋은 예시였고, 개인적으로는 잊지 못할 큰 경험이자 자산이 된 활동이었다. 나뿐만 아니라 다들 작은 기숙사에 모여서 같이 어울려 지내는 환경 탓인지 뜻이 맞는 학생들끼리 스스로 모여서 만들어가는 클럽 활동이나 프로젝트들이 종종 있고 그러한 활동 전반에 대한 학교측의 지원도 적극적이다.

교내 창업과
창업 관련 1:1 수업 개설

CISA 프로젝트를 마무리해 갈 즈음 프로젝트를 같이 진행한 멤버들과 모여서 이야기를 하다 내가 문득 사업에 관한 이야기를 꺼냈다. 학교 생활을 하면서 IT 창업에 관련된 꿈을 키워가고 있었는데, 특히 헬로네이처라는 회사의 농산물 전자상거래 사업 모델을 흥미롭게 봐서 친구들에게 미국에서 비슷한 걸 해보고 싶다고 얘기했다. 그런데 마침 몇몇 친구들도 비슷한 사업을 해보고 싶은 생각이 있었다고 했고, 우리는 뜻을 모아 생각보다 빠르게 창업을 하게 되었다. 사업이란 게 늘 그렇듯 초기 진행이 수월하지 않고, 많은 어려움과 역경이 있기에 초기부터 괄목할 만한 성과를 이루지는 못했다. 더군다나 학생 신분으로 어려운 수준의 학업을 진행하면서 이러한 활동을 한다는 것은 쉽지 않았다.

초기 창업에서는 역할 구분 없이 되는대로 뭐든지 다 해야 되는 식이기는 하지만 특별히 내가 맡은 주 업무는 거래할 농장들을 설득해서 우리 플랫폼을 이용할 수 있도록 계약하는 역할과 온라인 광고 영상 촬영 및 게재를 하는 것이었다. 광고 영상 촬영은 누가 시킨 것도 아니고 내가 사업이 잘 되려면 필요하다는 생각이 들어 하겠다고 한 것이었는데 영상 촬영 및 편집 기술에 대해서 문외한이었기에 막막했다. 그래서 학교 내 영상부(Film Department) 교수를 직접 찾아갔다.

놀랍게도 교수님이 해당 프로젝트 자체를 수업으로 등록시켜 주면 영상촬영 및 편집술을 배워서 사업 프로젝트를 수월하게 진행할 수 있다고 했다. 뿐만 아니라 학교 크레딧도 받을 수 있고, 무엇보다 교내에 구비된 값비싼 영상도구들을 무료로 마음껏 사용 할 수 있다며 프로젝트성 1:1 수업을 열어 주었다. 덕분에 온갖 촬영 장비를 다 활용해 편집기술을 배우고 지원을 받아 효과적인 광고 영상도 촬영하였고, 이를 교과목 수업으로 인정해 줘서 수업 등록 수를 한 개 줄일 수 있었기에 무리없이 학업도 병행할 수가 있었다. 이렇게 즉흥적으로 내가 필요한 수업을 들을 수 있는 것이 학교의 큰 장점이라고 생각하는데, 학교 전반에 이러한 유연함이 존재한다.

학생의 미래를 지원하는
커리어 지원 센터

학업과 사업, 프로젝트 등을 병행하다 보니 어느덧 졸업 시점이 다가와, 커리어 센터의 지원을 많이 받았다. 학교에서 주관하여 유명 기업들을 직접 방문해서 해당 기업내에 재직하고 있는 동문 임직원분들로부터 다양한 조언을 듣는 프로그램을 운영해 주었다. 또 학교는 레쥬메 작성 지원, 모의 인터뷰 제공은 물론, 기업에 몸담고 있는 현직 졸업생들을 초청하여 네트워킹 할 수 있는 기회를 만들어 주거나 혹은 미국 내 유명 대기업에서 인턴십을 할 수 있는 프로그램을 개최해 주는 등 여러가지 기회들을 제공해 주었다. 이러한 프로그램 외에도 로렌스 졸업생 데이터베이스를 검색하면 특정 기업에 누가 재직중인지 파악하여 연결할 수 있게 플랫폼이 잘 만들어져 있는데, 그 플랫폼을 활용하여 각 기업에 몸담고 있는 졸업생들에게 직접적인 추천서를 많이 받게 되었다. 어느정도 취업에 관심을 두고 취업 과정에 대해 조사를 해본 학생들이면 이 추천을 해 준다는 게 얼마나 큰 것인지 잘 알 것이다. 작은 학교라서 그런지 일면식도 없는 나에게 동문이라는 이유만으로 미국인들이 직접적으로 끌어준다는 생각이 들었다.

보통 리버럴 아츠 칼리지의 경우 동문 수가 적어 네트워크가 부족하다는 말들을 많이 하곤 하는데, 어느정도 틀린 말은 아니지만 취업할 때 내가 원하는 기관에 동문이 있기만 하다면 더 관심을 가지고 적극적으로 지원해 주기 때문에 오히려 이점이 될 수 있다고 생각한다.

객관적 시각으로 바라본
아쉬운 부분들

이제까지 많은 긍정적인 경험들은 작은 학교에서 나오는 친밀감에서 비롯된 것이라고 강조했지만 이는 나의 주관적인 관점일 수도 있다. 나는 UCR에서 큰 학교 특성상 접근성의 결핍이 가장 아쉬웠기 때문에 반대로 로렌스대학의 작고 효율적인 환경이 친밀감이라는 긍정적인 인식으로 다가왔고 상대적으로 만족감이 높을 수밖에 없었다. 그러나 최대한 객관성을 더하기 위해 지금부터 나에게는 너무나 좋은 학교이었음에도 나와 다른 성향을 가진 어떤 이들에게는 맞지 않을 수도 있는 몇 가지를 공유하고자 한다.

첫째, 한국 출신 동문이 많지 않다. 재학중인 한국 학생이 많다고 해도 총 4~5명 정도다. 한국 출신 동문이 많지 않기 때문에 만일 졸업 후 국내로 돌아오기를 바라는 학생들에게는 본인이 원하는 분야에 재직중인 한국 출신 졸업생에게 직접적인 조언을 듣는데 제약이 있을 수 있다. 또한 벤치마크의 부재로 학교 생활을 전략적으로 준비하기 까다로울 수 있다. 학교 생활도 똑같이 일률적으로 생활하기보다는 본인의 관심사, 목표 등에 따라 여러가지 전략적인 방식으로 이루어진다. 이때, 다양한 한국 출신 동문들이 여러가지 방법으로 학교 생활을 마친 뒤 특정한 결과물을 만들어 놓은 예시들이 많다면 그 데이터를 기반으로 어떤 학교 생활을 통해서 어떠한 목표를 이룰지 대략적으로 알 수 있다. 그렇지 못한 경우에는 기준점이 없어 내가 원하는 목표를 이루기 위해 현재 학교생활을 잘 하고 있는지 불안할 수가 있다. 나도 다양한 1:1 수업들을 하며 교내 창업 등의 경험을 바탕으로 구글이라는 좋은 회사에 들어가 일할 기회를 얻었다고는 하지만, 이는 딱히 일반적이지 않은 특이한 케이스이기도 하고 한국인이 졸업 후 구글 한국 지사로 오게 된 단 하나의 희귀한 케이스다. 이 하나의 케이스만을 전적으로 의지해서 모두가 다 같은 방식으로 같은 결과물을 얻을 것이라 기대하기는 어려울 수 있지 않겠는가.

둘째, 로렌스 대학은 타 리버럴 아츠 칼리지에 비해 다운타운이 근처에 있다고는 하지만 역시 도시에 있는 연구중심대학들에 비해서는 딱히 할 수 있는 게 많지 않다. 그러다 보니 단조롭게 평일에는 극심한 학업량을 좇아가다가 금요일에는 교내 곳곳에서 술파티가 열리는 식이다. 나는 학생들이 학업 분량은 많고 주변에 할 게 없다 보니 의미없는 술파티만 여는 것 같아 친구들과 자연에 나가 놀아야겠다는 생각에 Fishing Club을 개설해서 주변 강가에서 낚시도 하고 색다른 활동을 많이 하려고 노력했다. 본인이 이렇게 따로 노력하지 않으면 학교 주변에서 자연스레 스트레스를 풀 만한 것이 많지 않다.

셋째로, 작은 기관인 만큼 상대적으로 여러 자원이 부족하거나 스케일이 작을 수 있다. 가령 이공계열, 특히 Lab 경험을 필수로 하는 Science 계열의 경우에는 연구중심 대학들과는 다르게 학교 내에 Lab 혹은 Research 기회가 많지 않아 방학동안에 타 연구중심대학으로 이동하여 해당 기관에서 Lab을 수행하는 경우를 종종 보았다. Science 전공자가 아니기에 이 부분을 자세히 다루기는 어려울 듯 하나 비단 Science가 아니더라도 위에 짧게 비지니스 수업을 일례로 언급했듯이 일반 연구중심 대학에 있을 법한 수업이 없다든지, 전체 수업 개수가 연구중심 대학만큼 다양하고 방대한 수준은 아닐 수 있다. 이 부분은 대부분의 리버럴 아츠 칼리지가 마찬가지 상황일 것 같다. 학업적인 것 외 스포츠는 대부분 NCAA 3부리그에 속하는데, 그러다 보니 교내에서 열리는 스포츠 경기 스케일이 크지 않고 본인이 스포츠에 뛰어난 능력이 있어도 NCAA 3부리그에서 Professional한 레벨로 가기는 무리가 있다.

글을 마치며

글을 어느 정도 써 놓고 보니 어렵게 기억을 더듬어 학교에 대한 정보 전달을 하려고 했으나 벌써 졸업한 지 10년도 더 되어 세부사항들, 즉 어떠한 프로그램들이 있고 각 전공별 분야별 장단점은 무엇인지 등 객관적인 데이터에 기반하여 전달하기에 다소 무리가 있었다. 처음에는 학교 프로그램들을 다시 조사해서 기술해야 하나 싶은 생각도 들었지만 이러한 부분들은 학생 개개인이 학교 홈페이지를 통해 조사할 수 있다는 생각이 들어 그보다는 최대한 멘토의 마인드로 실생활에서 겪고 느꼈던 생각들을 공유하려고 노력했다. 덕분에 기억들을 떠올리며 당시에 나는 무엇을 위해 그토록 고된 시간들을 지나왔는지 회상했고 당시 바랐던 꿈이 조금은 이뤄진 듯하여 허황된 꿈을 꾸며 의미 없이 노력한 건 아니었다는 안도를 하게 되었다. 우리는 모두 미래에 더 나은 삶을 바라기 때문에 현재의 어려움을 견디며 노력한다. 더 나은 미래에 대한 믿음이 없다면 환경 등 현실 탓을 하고 불평불만을 늘어 놓다가 결국 포기하고 스스로를 망치게 된다. 이는 다름아닌 내 이야기인데 여러 번 현실의 어려움에 무너질 뻔 했지만 현실이 괴로울수록 미래에 행복하고자 하는 간절한 바람과 믿음이 있었기에 궁극에는 꿈에 근접할 수 있었다고 생각한다. 물론 여전히 나는 엉망진창에 부족한 점 투성이인 것 같다는 생각이 들곤한다. 특히 글머리에 언급했던 멘토링을 실패했던 순간에는 나자신의 부족함이 낱낱이 드러난 것 같아 자괴감이 많이 들었다. 그러나 나는 더 나은 미래를 바라며 부족했던 스스로를 철저히 고침과 동시에 포기하기보다는 성장하는 스스로를 존중하고자 한다. 매번 이러한 방향성이 결국 더 나은 나 자신과 미래를 끌어내 주었다고 생각한다.

비록 누군가는, 나를 돈키호테라 말하며 허황된 꿈을 좇는다고 비웃을지라도 나는 바라고 믿는다. 그대가, 그리고 우리가, 반드시 어려움을 극복하고 더 행복해지고 말 것이란 걸. 부디 각 학교의 장단점을 잘 따져보며 본인에게 더 잘 맞는 곳에 들어가고, 일단 들어갔으면 비록 몇몇 맞지 않는 부분이 있더라도 가급적 긍정적으로 바라봐서 그 안에서 행복하고 유익한 생활을 하기 바란다.

경계를 넘어 도전할 때
비로소 배울 수 있다

• 정혜림(Chemistry 2학년)

Macalester College	
위치	St. Paul, Minnesota
학교 홈페이지	www.macalester.edu
설립연도	1874
학부생 수	2136
교수 : 학생 비율	1:10
남 : 녀 비율	40 : 60
국제학생 비율	15.1%
등록금	54348$
기숙사&식비	12156$
재정보조를 받는 학부생 비율	70%
한 학생 당 재정보조를 받는 평균 금액	45680$
졸업 후 취업률 (인턴십, 프리랜서 제외)	70.9%
졸업 후 대학원 진학률	10.6%
유명 전공	1. Social Sciences 2. Biological and Biomedical Sciences 3. Multi/Interdisciplinary Studies 4. Foreign Languages, Literatures, and Linguistics 5. Mathematics and Statistics

맥켈레스터에서 느낀
소확행

　　　　　　나의 유학생활은 외국에서 영어로 유창하
게 대화하는 오빠의 모습에 대한 부러움에서 시작되었다. 어렸을 땐 단지
영어를 할 줄 아는 친구들을 사귀고 싶었고 영어를 하는 사람들이 멋있
다는 생각에 인도로 유학을 갔다. 그렇게 인도라는 외딴나라에서 8년이
라는 긴 여정 끝에 나는 미국 대학을 가기로 했다. 미국 하면 연상되는 환
상들 때문에 나는 망설임없이 대학은 당연히 미국으로 가야 한다고 생각
했다. 영화에서 봐왔던 뉴욕의 바쁜 도시 생활 또는 로스앤젤레스의 화창
한 날씨, 그리고 누구나 알 법한 명문 대학 캠퍼스! 내 머릿속에는 이러
한 그림들로 꽉 차 있었다. 하지만 현실은 너무나도 달랐다.

　고등학교 내내 공부를 꽤나 열심히 해왔다고 생각한 나는 무조건 큰

대학에서 가서 바쁘지만 여유가 있는 대학생의 삶을 살고 싶었다. 한 손에는 노트북을 들고 다른 한 손에는 커피를 들고 친구들과 웃고 즐기며, 강의실에서는 교수님의 말씀을 하나도 놓치지 않겠다는 집념으로 자판을 두드리는 삶. 하지만 막상 대학 지원 시기가 되니 만 명이 넘는 대학교 캠퍼스에서 매 강의 때마다 100명이 넘는 학생들과 함께 칠판이 보일락 말락 하는 공간에서 공부하고 싶지 않다는 생각이 문득 들었다. 그다지 크지 않은 고등학교를 다닌 나는 소규모 학교의 매력을 이미 알고 있었다. 고등학교 때 이과 쪽 전공으로 방향을 정했지만 더욱 다양한 과목들을 들어보고 싶다는 생각도 들었다. 그렇게 해서 알게 된 것이 리버럴 아츠 대학이다. 결국 나는 합격률과 장학금 지원금을 높이기 위해 early decision 2로 리버럴 아츠 칼리지인 맥칼레스터 대학교에 지원하게 되었고 몇 달 뒤 합격 통보를 받았다.

한국을 떠나 반나절의 여행 후 들뜬 마음으로 미국 땅을 밟게 되었다. 하지만 내가 어렸을 때부터 가지고 있던 환상 때문인지 미네소타와 맥칼레스터 대학을 처음 접했을 때 들뜬 마음은 풍선이 터지듯 톡 터져버렸다. 미네소타라는 곳에 처음 발을 딛자 마자 끈적거리는 여름 공기가 나를 감싸 안았고 대학교 캠퍼스는 너무나도 작았다. 북적거리고 활기찬 캠퍼스 타운을 기대했지만 거리에는 사람들조차 찾기 힘들었다. 미네소타는 온통 회사 건물뿐이었고 이미 대자연의 아름다움 속에서 자란 나는 미네소타의 자연이 대수롭지 않았다. 오랫동안 잊고 지냈던 공허함과 허전함이 파도처럼 밀려왔다. 나는 이렇게 실망감과 무기력함을 짊어지고 대학 1학년을 시작했다.

누구나 그렇듯 처음에는 적응하고 익숙해지는데 시간이 많이 걸렸다. 하나부터 열까지 모든 것이 낯설고 막막했다. 학교 빌딩들의 이름을 외우고 미국 문화와 사람들의 유머 감각에 익숙해지는 것부터 내가 지금껏 살아왔던 삶을 사람들에게 얘기해 주고 관계를 만들어 가는 것이 나에게는 오랜만에 해보
는 것이었다. 나는 5학년때 인도에 간 후, 인도에서 8년간 사는 동안 새롭게 적응을 할 필요가 없었고 기숙사에서 같이 살았던 친구들은 가족과 다름없었다. 활달하지 않고 내성적이었던 나는 시작부터 난관에 봉착하였다. 하지만 갓 1학년을 마친 지금의 나에게 맥칼레스터에 대해 다시 물어본다면 나는 진심으로 자부심을 가지고 답변할 수 있다. 아름다운 자연과 공존하고, 30분 내외로 캠퍼스 전체를 다 돌 수 있고, 교수와 친밀한 관계를 가질 수 있고, 다국적 학생들과 차별 당할 걱정 없이 지낼 수 있는 나의 대학교에 아주 만족하고 있다고.

아담한 캠퍼스는 처음에는 실망감을 안겨줬지만 시간이 흐를수록 안정감을 주었다. 아침에 눈을 뜨면 제일 멀리 있는 교실까지 걸어서 10분이기에 여유롭게 잠을 더 잘 수 있다는 점, 늦은 밤 도서관에서 집에 돌

아오는 길이 멀지 않다는 점, 예쁜 석양을 보며 쌀쌀하지만 개운한 바람을 맞으며 미시시피 강을 산책할 수 있다는 점, 이런 소소한 것들이 내가 대학생활에서 느낀 행복함이다. 대학교의 캠퍼스는 두 공간으로 나뉜다. Grand Avenue라는 큰 도로를 중심으로 한쪽은 기숙사들로 이루어져 있고 다른 한쪽은 수업 건물들이 위치해 있다. 건물들 사이 넓은 잔디밭에서는 학생들이 프리스비를 하며 놀거나 강아지들과 뛰어 노는 모습을 포착할 수 있다. 학생들은 나무와 나무 사이에 해먹을 설치해 놓고 책을 읽으며 좋은 날씨를 즐긴다. 작지만 학교 곳곳에 자연을 즐길 수 있는 곳들이 많다. 내가 캠퍼스에서 가장 좋아하는 곳은 잔디밭 옆에 그네를 탈 수 있는 곳인데 한국의 놀이터를 연상시키는 정감 가는 곳이다.

먹고, 즐기고, 함께 나누는
맥칼레스터 생활

우리 학교는 전 학생이 2,000명이 조금 넘는다. 마음만 먹으면 모든 학생들을 알 수 있다. 수업을 가다 보면 이름은 모르지만 익숙한 얼굴들이 보인다. 적은 수의 사람들과 생활하기 때문에 수업을 같이 듣는 학생들과 같이 공부와 과제를 하면서 친해지는 것은 시간 문제이다. 2학년까지는 무조건으로 기숙사에서 생활해야 하기 때문에 더 많은 사람들과 접촉을 할 수 있고 우연히 친해질 가능성도 높다. 모든 신입생들은 입학하면 신입생들만 의무적으로 들어야 하는 First year course가 있다. 많은 분야의 수업 중에 자신이 듣고 싶은 수업 Top 3를 적어내 학교에서 결정해 준 수업은 꼭 들어야 한다. 이 수업이 무엇인가에 따라 오리엔테이션 그룹도 나뉘어지기 때문에 많은 신입생들이 이 수업을 통해 친구들을 만든다. 학생 수도 적고 학교의 크기도 작지만 작기 때문에 누릴 수 있는 행복이 있고 작아야 보이는 리버럴 아츠의 매력이 많다.

캠퍼스를 돌아다니다 보면 많은 식사 공간들을 발견할 수 있다. campus center 에는 뷔페 식으로 음식을 먹을 수 있는 제일 큰 교내식당이 있다. 샐러드 바부터 피자, 파스타, 버거와 같은 미국 음식은 물론이고 중국 음식과 인도 음식도 맛볼 수 있게 되어 있다. 교내 식당 바로 앞에는 Grill이라고 하는 버거와 샌드위치 등을 Take-out 할 수 있는 식당이 있다. Campus center에서 한 층 내려가면 Loch이라고 중동 식당이 있는데 개인적으로 점심 때 제일 많이 찾는 식당이다. Loch에는 팝콘 기계와 포켓볼 테이블이 있고 더 안으로 들어가면 비디오 게임을 할 수 있는 포근하고 안락한 방이 있다. Campus Center에서 나와 걸어가면 Scotty's 라는 멕시코 식당이 있다. 작은 학교이지만 꽤 많은 옵션의 음식을 만날 수 있고 기숙사에 살면서 Meal plan만 있다면 모든 곳에서 식사가 가능하다. 만약 Off-campus에서 산다면 Commuter plan이라고 저렴한 가격으로 한정적인 식사를 할 수 있다.

맥칼레스터에는 기숙사 종류도 다양하다. 신입생들만 사는 기숙사들도 있고 고학년생들이 사는 기숙사들도 있다. 자기가 원하는 대로 여자 기숙사, 남자 기숙사, 혹은 공동 기숙사를 선택할 수 있다. 일반적인 기숙사 외에도 채식주의자들이 사는 기숙사, 일본어/아랍어 등등 특정 언어를 위한 기숙사, Cultural house 라는 다국적 학생들이 사는 기숙사 등 선택 옵션이 많다.

극과 극의 체험,
미네소타의 겨울과 여름

내가 처음 미네소타에 있는 대학교를 간다고 말했을 때 열 명 중 열 명은 추위에 대해 물어볼 정도로 미네소타는 겨울이 무서운 곳이다. 정말 미네소타와 날씨는 떼려고 해도 뗄 수 없는 관계다. 그래서인지 오리엔테이션 때부터 날씨 얘기를 많이 하고 겨울 부츠에 대한 정보까지 세심하게 알려줬다. 나는 미네소타의 겨울을 한번 겪어봤다. 한 번뿐이기는 하지만 정말 많은 것을 느끼고 배웠다. 미네소타의 겨울은 10월부터 시작이고 나는 10월에 첫 눈을 경험했다. 이번 겨울은 미네소타에 북극의 회오리 바람이 덮쳤고 이틀 동안 학교 문을 닫는 경우도 있었다. 밖에 나가지 말라는 명령이 내려졌고 밖에서 따뜻한 물을 공중에 뿌리면 눈처럼 바로 얼어버리는 말도 안되는 추위를 겪었다. 이렇게 나는 1년의 반을 눈과 함께 살았다. 수업을 갈 때마다 무릎까지 쌓인 눈을 보면서 불평을 했고 매일 날씨 얘기를 빼놓을 수 없었다. 한 겨울에는 영하 40도까지 내려가며 코 안까지 얼어붙는 강추위가 있지만 여름은 언제 추웠냐는 듯 마음까지 녹여 버리는 마성의 장소가 미네소타이다

미네소타의 겨울은 끔찍할 정도로 싫지만 미네소타의 여름을 경험한 나는 왜 사람들이 미네소타를 못 떠나는 지 알게 되었다. 칙칙하고 회색이던 나무들과 자연이 여름이 되면 눈 깜짝 할 사이에 초록빛을 띄운다. 그러면 나도 모르게 웃음이 절로 나고 학교 가는 길이 설레고 행복해진다. 햇빛이 주는 에너지와 좋은 기운은 무시하지 못하는 것 같다. 눈이나 비가 오다가도 한줄기의 햇빛이 우리를 반겨주면 모든 학생들이 기회를 놓치지 않고 바깥 공기를 한 번이라도 더 마시기 위해 밖으로 나간다. 날씨가 좋은 날은 학교 전학생들을 밖에서 볼 수 있다. 등과 다리가 다 뺄개지고 탈 때까지 햇빛 아래 누워 선선한 여름 바람을 맞으면서 친구들과 게임을 하거나 소소하게 잡담을 나눈다. 이런 곳에서 살면 날씨같이 별거 아닌 듯한 것들이 감사해지고 작은 것들에 고마워할 줄 아는 사람이 되어간다.

처음 미네소타에 왔을 적에 학교 근처에 사람도 없고 할 것도 없다고 툴툴대던 나는 이 곳에 살면서 새로운 곳도 많이 가보고 다른 곳에서는 접해보지 못할 풍경도 목격하면서 미네소타의 장점들을 발견했다. 맥칼레스터가 위치한 곳은 미네소타의 Twin cities 중 한 곳인 세인트 폴이라는 도시이다. 많은 호수의 아름다움을 즐길 수 있는 곳이며 말 그대로 자연과 도시의 삶이 완벽한 조화를 이룬 곳이다. Twin cities중 다른 도시인 미네아폴리스에 가면 예술 문화를 많이 경험할 수 있다. 시간과 경제적 투자를 할 수 있다면 미술 박물관, 발레 공연, 재즈 식당 등등 특별한 경험을 할 수 있다. 날씨가 허락하는 날에는 호수 산책로를 걷거나 전동 킥보드를 타고 Stone Arch Bridge를 갈 수도 있고 맛있는 식당에서 기분전환도 할 수 있다. 나도 첫 학기 때에는 몰라서 못했던 것들을 시간이 흐르며 자연스럽게 알게 되었고 친구들과 돈독한 관계를 쌓기 위해 할 수 있는 것들이 생각보다 많다는 것을 알게 되었다.

매주 책 100쪽을 읽고
토론과 글쓰기

하지만, 맥칼레스터 대학에서의 삶은 여유롭지만은 않다. 리버럴 아츠 대학교인만큼 우리가 흔히 알고 있는 대학과는 다른 교육 시스템을 지니고 있다. 여기에서는 2학년 2학기 이후 전공을 정해야 하므로 그 전에는 자신이 새로운 경험을 해보고 싶은 분야에 모두 도전해 보는 것을 추구한다. 만약 전공을 일찍 정한다 해도 general requirements 라는 자신의 전공 수업 이외에 internationalism, humanities, fine art, natural science 등등의 수업을 들어야만 졸업이 가능하다. 이런 점에서 리버럴 아츠 대학의 공부가 힘겹고 버겁다고 느껴질 수도 있다. 나는 화학을 전공하기에 수업을 제외한 시간에 따로 실험을 해야 하고, 그 이외에 인문학 또는 사회과학 수업을 듣고 토론에 참여하기 위해 매주 50쪽에서 100쪽의 책을 읽어야만 했다. 하지만, 이런 시스템이 있었기 때문에 비판적 사고 능력을 향상시킬 수 있었고 중요한 요소중의 하나인 글쓰기 능력도 탄탄하게 다질 수 있었다.

나같이 화학을 전공하고 싶다는 마음을 확고하게 가지고 대학교에 진학한 사람도 막상 대학교 수업을 들어보면 마음이 바뀌거나 불확실한 미래에 대한 걱정을 하게 된다. 그래서 리버럴 아츠 대학교에 와서 다른 분야도 접해보고 자신이 생각지도 못했던 수업을 들어보면 새로운 흥미를 찾을 수도 있고 관심이 없던 영역도 확실히 알 수 있다. 비록 모든 것을 경험하기에는 시간적인 제약이 있지만 나는 기회가 없어서 접해보지 못했던 공부를 누구의 강요없이 자발적으로 도전할 수 있었다. 교수들도 진로 결정을 위해 대화를 할 때면 좁은 틀에 갇히지 않고 해보고 싶은 것을 다 해보길 권장한다. 나도 화학 전공으로 결정해 놓은 상태이지만 아직 시도하고 싶은 분야가 많다. 나는 컴퓨터 공학, 일본어, 생물학 등등을 수강하고 싶고 내가 하고 싶은 분야를 찾기 위해 아직도 도전하고 있다.

리버럴 아츠 대학은 연구중심대학에 비해서 제공되는 전공과 과목이 적다. 그래서 자유롭게 다양한 수업을 듣는 것을 권한다. 한편 자신이 하고 싶은 것을 뚜렷하게 모를 때에 이런 시스템이 장점이 될 수도 있다. 하지만, 대부분의 학부 중심 대학들이 순수 과학 또는 사회과학을 제공하기 때문에 바로 회사에 취업을 하고 싶은 사람들에게는 리버럴 아츠 학부 수업의 다양성이 좋지만은 않을 수도 있다. 그러나 대학원에 진학하고자 한다거나 자신의 시간을 연구에 투자하고자 하는 사람, 교수의 관심과 주목을 받으면서 공부를 할 수 있는 공간과 자원을 원하는 사람에게는 리버럴 아츠 대학을 추천하고 싶다.

내가 일년 동안 우리 대학교에 대해서 경험한 것 중 제일 만족하는 부분은 단연코 교수와의 관계이다. 대부분의 수업은 적으면 다섯 명, 많아도 50명을 초과하지 않는 사이즈로 교수가 학생들의 이름을 외우는 것은 당연하고 대부분 교수들은 학생과 일대일 면담을 가진다. 교수들의 오피스를 방문할 때에는 수업에 관한 질문과 대화만 할 수 있는 것이 아니라 자신의 삶과 고민들을 털어놓을 수 있고 교수들의 진심 어린 걱정과 조언을 받을 수 있다. 일자리 혹은 인턴십을 구하기 위해 또는 사람들과의 네트워크를 만들어 가는 과정에서 교수들은 정말 중요한 지지자이다. 어떤 분야의 전문가에게 모르는 것을 물어볼 수 있다는 것은 자신의 지식을 향상시킬 수 있는 고속도로를 타는 것과 같다. 그리고, 교수들을 통해 배운 관계 맺는 법은 사회 생활을 할 때 유용하게 쓰일 거라고 믿고 있다.

내가 여태까지 들어본 수업 중 가장 의미 있고 값진 경험을 한 수업은 1학년 2학기 때 들은 Identity/Race/Ethnicity in Japan이라는 수업이다. 이 수업은 우리 학교에서는 한국에 관련된 수업이 없기 때문에 이 수업을 통해 한국을 잘 알 수 있지 않을까 라는 생각과 general requirement 중 humanities를 완료하기 위해 접수하게 되었다. 수업 첫 날, 교수가 이 수업은 다른 수업과는 많이 다를 거라고 말했고 이 수업을 들어본 결과 그 말에 동의한다. 이 수업은 토론을 중요시 여긴 수업이었고 더 특별한 점은 자기 자신에 관점을 둔 수업이라는 점이다. 나와는 연관성이 없는 일본이라는 나라를 통해 Identity/Race/Ethinicity를 배우면서 사람들을 대하는 법과 자신이 어떻게 변해가고 있는지 생각해 보고 자신에 대한 평가를 논문에 적어야 했다. 한번도 접해보지 못한 스타일의 에세이여서 적으면서 어려웠지만 다른 수업들보다 나의 관점이 넓어지는 것을 직접 느낀 수업이었다.

이 수업은 내용 자체로도 특별했지만 가르친 교수 덕분에 더욱 특별했다. 수업을 위해 읽어야 하는 과제들이 이해가 되지 않을 때 수업 전이나 후에 교수를 찾아가 물어보면 하나부터 열까지 모두 다 설명해 주었다. 정말 시간 가는 줄 모르고 교수와 한 시간이 넘는 시간 동안 얘기를 했고 그런 식으로 수 없이 교수의 office hour에 찾아갔다. 수업에 대한 질문이 없더라도 이렇게 편하게 교수를 찾아갈 수 있고 단지 소통을 하기 위해 교수를 방문할 수 있다는 점이 정말 마음에 들었다. 대화할 때는 교수와 학생 사이가 아니고 사람 대 사람으로 얘기를 했다. 수업 중에도 교수가 학생들을 아끼는 마음은 다 드러났다. 매 수업, 토론을 시작하기 전에는 각자의 일상과 기분과 감정에 대해 얘기하는 시간을 가졌고 교수도 빠지지 않고 참석하면서 학생들과의 관계를 향상시켰고 서로 조금이나마 알아갈 수 있는 기회를 주었다.

교수들뿐만 아니라 나의 재정보조/장학금 중 한 부분이었던 교내아르바이트에서 만난 스태프들과도 나는 친밀한 관계를 만들어가고 있다. 나는 현재 국제학생 프로그램(ISP)에서 학생 보조로 일을 하고 있고 다음 학기가 시작되면 신입생들의 멘토 역할을 하려고 한다. ISP에서는 국내 학생들의 세금 문제나 미국에서 일을 할 때 필요한 OPT 카드 관련 일을 하고 있다. 스태프들과 비록 공적인 관계이지만 밥도 같이 먹고 개인적인 대화도 할 수 있는 관계다. 오피스에서 일하는 다른 학생 보조들도 부담 없이 스태프들한테 도움을 요청하고 스태프들도 학생들에게 도움을 주려고 노력을 한다. 나도 이번 여름 방학 때 한달 동안 미국에 남아 있었는데 스테프들은 나를 위해 점심을 만들어 와 주기도 했고 농담도 하면서 편안한 공간을 만들어 주었다.

나를 맥켈레스터로 이끈
장학금

나를 맥칼레스터로 끌어들인 가장 중요한 요소 중 하나는 장학금이다. 나는 현실적인 벽 즉, 경제적 문제에 부딛혀 장학금 때문에 맥칼레스터를 골랐다. 장학금은 맥칼레스터가 학생들에게 주는 큰 혜택이다. 맥칼레스터는 맥칼레스터가 중시하는 네 개의 기둥 중 Multiculturalism 과 Internationalism을 실천하기 위해 다양한 나라에서 온 학생들을 지지한다. ISP는 국제 학생들이 미국에서 빨리 적응할 수 있도록 도와주는 곳이다. 학기가 시작하기 전에 오직 국제 학생들을 위한 오리엔테이션을 하는데 모든 학생에게 멘토를 붙여주고 첫 학기 가을방학까지는 정해진 멘토가 일주일에 한번씩 학생들과 미팅을 한다. ISP에서는 이런 멘토 프로그램뿐만 아니라 국제학생들이 혼자 해결하기 어려운 세금 또는 비자 문제를 세세하게 도와 주고 매주 금요일마다 '대화와 차(Talk and Tea)'라는 시간을 만들어 다국적 학생들이 교류할 수 있게 도와준다.

나는 개인적으로 이 멘토 프로그램 덕분에 더 빨리 적응할 수 있었다. 그래서 나도 다른 국제 학생들을 돕고 싶은 마음에 멘토를 하기 위해 지원을 했고 운이 좋게도 다음 학기부터 멘토를 할 수 있게 되었다. 멘토들은 오리엔테이션 전부터 와서 트레이닝도 받고 학교에 대한 정보뿐만 아니라 미국에서 생활하기 위해 알아야 하는 지식들도 전부 배워 신입생들에게 가르쳐 주는 역할을 한다. 지식적인 방면에서 신입생들을 지원해 주기도 하지만 정신적으로 또는 심리적으로 안정감을 주기 위한 노력도 기울인다. 개인적으로 투자해야 하는 시간이 많고 학기가 시작하면 학업과 병행해야 하기에 버겁고 부담이 될 수도 있지만 나는 이 프로그램을 통해서 얻는 것이 더 많다고 생각했다. 나를 통해서 신입생들이 대학교에 더 빨리 안착하고 적응할 수 있고, 트레이닝을 하면서 다른 멘토들과도

친밀한 관계를 만들어 학교 활동에 활발히 참여할 수 있는 좋은 기회라고 생각했기 때문이다.

　나는 1학년 1학기 때에는 배구 동아리 외에는 다른 동아리 참여를 못했다. 학교가 어떤 식으로 활성화되는지 좀 떨어져 관찰하고 싶었고 처음부터 공부 외에 많은 짐을 안고 가고 싶지 않았다. 하지만 2학기 때부터는 맥칼레스터 대학교가 아닌 미니에폴리스에 위치한 University of Minnesota의 한국밴드 동아리 활동을 시작하게 되었다. 새로운 사람들도 많이 만나고, 하고 싶은 음악도 자유롭게 할 수 있는 기회를 잡기 위해서다. 이렇게 꼭 맥칼레스터 대학교가 아니더라도 근처에 있는 대학교들에서 수업 또는 동아리 활동을 하고 싶다면 얼마든지 할 수 있다. 어떤 학생은 매주 몇 번씩 Univeristy of Minnesota에서 한국어 수업을 듣는다.

맥칼레스터는 근방에 있는 대학교들과 연합하여 학생들에게 더 많은 기회와 혜택을 주고 있다. 맥칼레스터는 여름학기 동안 물리 이외의 과목 수업은 제공하지 않아 많은 학생들은 학점을 채우기 위해 St.Thomas 또는 University of Minneosta에서 수업을 듣는다. 이 외에도 해외에 있는 대학교들과도 연결이 되어 있어 많은 학생들이 맥칼레스터 대학교를 다니는 도중 Study Abroad Program으로 교환학생을 간다. 전체 학생들 중 60%가 교환학생 프로그램을 실행했거나 하고 있다. 많은 학생들이 새로운 언어를 배우거나 독립적인 학부를 선택해서 교환학생으로 간다. 학교도 교환학생 프로그램을 많이 지지하고 있고 이미 다녀온 학생들이 생생한 경험담을 통해 정보를 공유한다.

자신의 미래를 위해서 풍부한 경험을 하고 싶다면 여름방학에 할 수 있는 연구나 인턴십만큼 뿌듯한 경험은 없을 것이다. 학생들은 여름방학을 알차게 보내고자 가을학기부터 연구 기회를 찾아다닌다. 자신이 관심이 있는 분야의 교수들에게 연구 기회에 대해서 물어보고 교수들이 출판한 논문을 읽으면서 관심을 표현하는 것도 좋은 방법이다. 인턴십 같은 경우에는 Handshake라는 웹사이트를 사용할 수도 있고 좀 더 구체적인 도움이 필요하다면 인턴십 찾는 것을 도와주는 오피스를 찾아가면 된다. 인턴십에 필요로 하는 커버 레터를 쓰기 위해서 도와주는 센터도 찾아갈 수 있다.

맥칼레스터를 다니면서 느꼈던 점은 이 학교는 학생들이 성장할 수 있게 도와주는 시설이 잘 갖춰져 있다는 점이다. 캠퍼스 내에 있는 Kagin이라는 건물에 들어가면 많은 시설들을 발견할 수 있다. Career Development Center 이라는 곳은 일을 구하거나 졸업생들과 연결이 필요할 때 찾아갈 수 있는 곳이다. 그 옆 Mac Center라는 곳은 에세이를 쓰거나 어떠한 과목에서 도움이 필요할 때, 혹은 튜터가 필요할 때 찾아갈 수 있는 곳이다. 온라인으로 스케줄을 잡는 방식으로 운영되고 있다.

진보적이고 열린 사고로
타인 존중 가르치는 대학

맥칼레스터는 리버럴 아츠 대학교인 만큼 생활하다 보면 참 자유롭고 진보적인 생각을 가진 곳이라는 것을 느끼게 된다. 모든 사람들의 인종적, 성적, 계층적인 차이를 존중해 주고 사회적인 이슈들에 대해 적극적으로 행동을 취하고 있다. 환경 문제에 있어서도 맥칼레스터는 확실한 교육을 시키고 학생들도 재활용이나 분리수거를 엄격하게 지킨다. 환경을 파괴하지 않고 지속 가능한 행동을 중요시 여기기 때문에 2020년도까지 쓰레기를 만들지 않고 30%의 진짜 음식(로컬, 오가닉, 공정 거래 규정에 따라 파는 상품들)을 사용하기로 의무감을 가지고 실행 중이다 이런 문제들은 학생들이 중요시 여기지 않았다면 이루어 내지 못할 것들이지만 학생들도 의무감과 책임감을 가지고 행동하고 있다.

맥칼레스터는 사람을 존중하고 모든 방면에서 생각이 열려 있다. 이는 오리엔테이션만 참석해도 알 수 있다. 모든 사람들이 자신을 소개할 때 성적인 인칭(예: 그녀/그녀를/그녀의)을 말해야 하고 인칭이 확실치 않으면 모른다고 당당하게 말할 수 있다. 이런 상황이 익숙하지 않으면 나처럼 당황하고 불편하다고 느낄 수 있다. 하지만, 이 곳에서 지내게 되면 각 사람들의 취향과 의견을 존중하게 되고 자라온 환경과 존재 자체를 너그러이 받아들이면서 삶과 사람에 대한 시야가 넓어진다. 가끔 어떤 사람의 인칭을 실수로 잘못 말할 수 있는데, 다른 곳에서는 아무렇지 않게 넘어갈 수도 있지만 이 곳에서는 진심으로 사과하는 것이 매너이고 다른 사람을 배려한다는 증거이다. 오리엔테이션 때 성적인 취향의 종류도 배우고 배운 내용을 대학교 다니는 내내 인식하는 것이 중요하다. 자신에게는 별거 아닐 수 있지만 다른 사람들에게는 상처가 될 수 있고 정체성에 해를 끼칠 수 있기 때문이다.

한 번은 캠퍼스에서 소동이 일어난 적이 있다. 다른 학교에 다니는 학생들이 맥칼레스터 근처에 '동성연애자는 죄인이다' 라는 문구가 적혀진 포스터들을 들고 우르르 몰려왔다. 이에 맞서 맥칼레스터 학생들은 그 자리에서 저항하는 포스터들을 만들어 들었다. 이처럼 맥칼레스터는 자신의 의견이 확고한 학생들로 이루어진 공동체이고 자신의 정체성에 불의한 공격을 받았을 때에는 그에 맞서 싸울 수 있는 사람들이다.

솔직히 말해서 나는 다양한 성적인 인칭을 처음 접했을 때 다소 편견이 있었다. 경험해 보지 못했던 문화와 견해였기 때문에 겉으로 표현은 못했지만 속으로는 당황했다. 그래서 나는 고지식하게 가만히 있기보다 나의 가치관을 돌아보았다. 왜 이런 것들이 나한테는 불편한지, 어떻게 하면 좀 더 편견이 없어질 수 있는지 생각해 보았다. 대학교를 지원했을 때 자유로운 문화에 대해서 알고 있었기에 이를 계기로 내 자신을 돌아보았다. 다양한 사람들을 계속해서 만나서 대화해 보고 알아가다 보니 그들은 나와 다를 것이 하나도 없다는 것을 다시 한 번 깨닫게 되었다.

맥칼레스터에서는 정체성에 대해서 많은 얘기를 나눈다. 대학은 다국적인 배경에서 자란 사람들이 자신이 겪어본 많은 문화 중 자신의 것이 무엇인지 생각을 해보고 현재의 자신이 어떻게 만들어진 것인지도 고민을 해볼 수 있는 기회를 마련해 준다. 내가 마음에 들었던 수업, Identity/Race/Ethnicity in Japan 수업도 정체성에 대해서 고민을 하게 해주는 수업이었다. 비록 수업의 이름은 일본의 정체성이지만 이를 알아가는 동시에 나 자신에 대해서 알아갈 수 있었다. 나는 내 정체성에 대해서 단 한번도 호기심을 가져본 적이 없다. 하지만 내가 인도에서 오래 살아왔고 인도 문화에 오랜 시간 물들여져 있었기에 알게 모르게 한국적인 성향과 인도에서 배워서 몸에 밴 행동과 생각들이 있다는 걸 깨달았다. 이처럼 맥칼레스터에서는 자신에 대해서 배우고 깨우칠 기회를 많이 준다.

나는 자신에 대해서 알고 싶다면 경험을 많이 하고 세상에 발을 딛고 더 많은 사람들을 만나야 한다고 생각한다. 사람들을 만나는 경험을 토대로 자신의 가치관이 더 뚜렷해지고 자신의 취향도 알아갈 수 있다고 생각한다. 나는 자신이 편하다고 느끼는 경계선을 넘어서 무엇인가에 도전을 했을 때에 비로소 더 많은 것을 배운다고 생각한다. 나는 사람들을 만나기 위해 다른 대학교의 동아리도 들어갔고 새로운 사람들을 만나 이야기를 나누면서 미처 알지 못했던 점들도 발견하고 나의 가치관에 대해서도 알아가고 있다.

누구나 자신한테 맞는 대학교의 종류가 있다. 미국만 해도 대학교의 수는 무척 많고 대학교에 대한 조사를 시작하면 머리에 쥐가 날 것이다. 명성도 높고 많이 알려진 대학교도 많지만, 다시 한번 대학교를 지원하는 날이 온다면 나는 또 리버럴 아츠 대학을 택할 것이다. 리버럴 아츠 칼리지의 장점들은 경험하지 않고서는 느낄 수 없고, 리버럴 아츠 칼리지는 자신의 한계를 뛰어넘을 수 있게 해 준다. 리버럴 아츠 칼리지는 연구 중심 대학교보다 명성이 높거나 많은 사람들이 아는 곳은 아니다. 하지만 모든 경험은 자신의 노력에 달려있다. 자신의 능력과 경험을 자기만의 스토리로 꿰어 나가는 데에 있어 리버럴 아츠 대학인 맥칼레스터 대학교가 훌륭한 디딤돌이 되어 줄 거라 믿어 의심치 않는다.

미국 최초 여자 대학,
내 삶을 바꾸다

• 이예희(Economics & Data Science, 2학년) •

Mount Holyoke College (여학교)	
위치	South Hadley, Massachusetts
학교 홈페이지	www.mtholyoke.edu
설립연도	1837
학부생 수	2210
교수 : 학생 비율	1:9
남 : 녀 비율	0 : 100
국제학생 비율	27.3%
등록금	49998$
기숙사&식비	14660$
재정보조를 받는 학부생 비율	65%
한 학생 당 재정보조를 받는 평균 금액	40769$
졸업 후 취업률 (인턴십, 프리랜서 제외)	N/A
졸업 후 대학원 진학률	N/A
유명 전공	1. Biology/Biological Sciences 2. Psychology 3. Economics 4. English Language and Literature 5. International Relations and Affairs

대학 명성에 집착한
나를 변화시킨 대학

어렸을 적 미국에 잠깐 살았던 나는 미국 대학에 진학하고 싶다는 막연한 꿈을 갖고 있었다. 미국 대학을 준비할 수 있는 국제 학교에 진학하면서 나의 꿈은 조금씩 구체화되었다. 영어로 수업하는 국제학교에서 꾸준히 노력하고 공부한 결과 나는 4.0 만점의 GPA와 상위 1%에 속하는 SAT 점수를 받을 수 있었다. 나는 유에스 뉴스 월드 리포트가 내놓은 미국 대학 랭킹 30위 이내의 연구중심대학 이름을 살펴보면서 이 학교들 중 하나에 반드시 진학할 수 있기를 소망했다. 그러나 막상 대학 지원 시기가 다가와 가고 싶은 대학들의 학비를 살펴보니 경제적인 문제가 나의 발목을 잡았다. 언니가 이미 미국 주립대학에 유학 중이었고, 연달아 나까지 유학을 간다면 당시 우리 집 경제 상황에 너무나 무리가 된다는 것을 잘 알고 있었기에 나는 심각한 고민에 빠졌다. 이대로 미국 유학을 포기해야 하는 건지, 대출을 받아서라도 유학을 가야 하는 것인지, 아니면 장학금을 받기 위해서 낮은 순위의 대학을 지원해야할 것인지 참 많이 고민했다.

대학 입시 준비를 본격 시작하기 전까지 나는 리버럴 아츠 칼리지에 대하여 매우 단편적인 지식만 갖고 있었다. 상위권 LAC들은 최상위 연구중심대학에 견줄 만한 수준이라는 것을 알고 있었지만 한국인들에게 비교적 생소했기에 입시 초반에는 아예 고려조차 하지 않았다. 그 당시 나에게 있어서 대학은 사회에 나가기 위해 전문성을 갖출 교육의 장이기도 했지만, 열심히 노력한 지난 시간에 대한 보상이라고 생각했기 때문에, 나는 많은 이들에게 알려진 대학에 진학함으로써 제대로 보상 받고 싶었다.

알려진 명문 대학교에 진학하고 싶었지만 재정적으로 여유롭지 못한 현실 상황으로 고민하던 중 높은 수준의 교육을 받을 수 있으면서도 장학금으로 부모님에게 부담을 드리지 않고 공부할 수 있는 LAC를 추천 받았다. 나는 몇 개의 LAC와 평소 지원해보고 싶었던 규모가 큰 몇몇 연구중심대학에 지원했고 결과적으로 여러 대학에서 합격 통지를 받았다. 그 중 리버럴 아츠 대학으로 여자 대학인 마운트 홀리요크 대학(Mount Holyoke College: MHC)으로부터는 매년 $48,000씩 4년 동안의 재정보조/장학금을 받고 합격하게 되었다. 진학할 학교를 결정해야 하는 시점에 또 다시 많은 고민을 했다. 하지만 마운트 홀리요크 대학 졸업생, 재학생의 경험과 미래교육연구소가 준 정보, 그리고 인터넷에 올라온 이야기들을 종합해 볼수록 높은 교육 수준을 가지고 전폭적으로 학생을 지원하는

마운트 홀리요크 대학이 마음에 와 닿았고 마침내 이 대학에 진학하기로
결심했다.

도전, 변화
그리고 성장

그렇게 마운트 홀리요크 대학에 진학한 나는 많은
것에 도전하며 성장할 수 있었다. 먼저, 나의 영어 실력은 이전과는 비교
할 수 없을 만큼 향상되었다. 미국에서 공부했으니 당연한 결과라고 생각
할 수도 있겠지만 사실 유학생으로서 대학 첫 학기는 감당하기 쉽지 않
다. 첫 학기 수업 중에는 한 학기 내내 토론으로 진행되는 과목도 있었고,
매주 에세이를 한 개씩 제출해야 하는 과목도 있었으며, 어떤 과목은 매

수업마다 40페이지 이상의 글을 읽어가야 했다. 고등학교 때까지 항상 영어를 잘 하는 학생이었지만, 대학 강의를 들으면서 나의 영어 실력이 미국에서 자란 학생들에 비해 턱없이 부족하다는 생각이 들어 스스로 위축되었다. 학기 초에는 효과적인 에세이 작성과 리딩에 서툴러 다른 학생들보다 두 배 이상의 시간을 들여야 했기에 앞으로의 공부가 참으로 막막하고 걱정스럽기도 했다. 그렇지만 솔직하게 도움을 요청했을 때 항상 친절히 조언해 주시는 교수들과 선배들 덕분에 나는 주저하지 않고 발전해 갈 수 있었다. 마운트 홀리요크 대학은 교수와 학생 비율이 1:9 정도라서 교수들이 학생 하나하나에 세심히 신경 써 주시는 것을 몸으로 느낄 수 있다. 또 규모가 큰 연구중심대학에 비해 학생 수가 적어 선배들의 후배에 대한 애정은 참으로 각별해서 질문할 때마다 호의적으로 도와주었다. 유학생으로서 대학 초기에는 많은 한계를 지니고 있었지만 나는 교수들과 선배들의 도움을 받아 용기를 갖고 열심히 노력한 결과 전 과목을 A로 1학년을 마무리했다.

대학에 진학하고 겪은 또 하나의 변화는 다양한 나라의 친구들을 사귀었다는 점이다. 2,500여 명의 학부 학생들 중 국제학생 비율이 약 30퍼센트로 다양한 나라에서 온 학생들이 공부하고 있다. 그 중 한국인 학생은 한 학년에 5명 이내이기 때문에 자연스럽게 다른 나라 학생들과 친해질 수 있는 좋은 환경이 조성되어 있다. 그렇기에 나도 수업과 동아리 활동을 통해 다양한 나라에서 온 학생들과 공부하고 대화하면서 많은 친구들을 사귈 수 있었다. 친구들을 통해 세계의 다양한 문화들에 대해 알 수 있었고, 또 그 친구들은 어떤 목표를 갖고 대학에 왔으며 앞으로 어떤 사람

이 되고 싶은지에 대해 대화하면서 생각의 폭을 넓힐 수 있었다. 이런 경험은 다양성을 인정하고 다른 사람을 포용할 수 있게 해 주었고 나 자신을 더 객관적으로 바라볼 뿐 아니라 세상을 편견 없이 바라볼 수 있도록 도와주었다. 이렇게 넓어진 시야는 나로 하여금 더 많은 사람들과 더불어 살면서 큰 영향력을 끼치는 사람이 되고 싶다는 꿈을 갖게 했다.

국제관계학에서 경제학으로
새 전공을 찾다

마운트 홀리요크 대학은 나에게 다양한 경험을 해볼 수 있는 기회도 주었다. 대학에 와서 새로운 활동들을 해보고 싶었던 나는 모의 유엔(Model United Nations)과 아이티 희망(Hope of Haiti)이라는 동아리에 가입했다. 평소에 토론을 좋아하면서도 다른 사람들 앞에서 영어로 이야기하는 것을 두려워했던 나는 모의 유엔 동아리에서 연설에 능통한 학생들과 인권, 환경, 안전, 정치 등 세계의 많은 이슈들에 대해서 토론하고 해결 방안을 찾아가면서 부족한 말하기 실

력을 조금씩 향상시키며 두려움을 이겨 나갈 수 있었다. 나는 대학 첫 학기에는 모임 때마다 3번씩 발표하기로 목표를 세워 실천하였다. 두 번째 학기 때는 최대한 자주 발표하려고 노력했다.

이렇게 열심히 참여한 끝에 나는 뉴욕대(New York University)에서 열린 전 미국 대학생 모의 유엔 컨퍼런스에 마운트 홀리요크 대학 대표로 참여할 수 있게 되었다. 이 컨퍼런스에는 8명의 마운트 홀리요크 대학 대표가 참가하였는데, 모두가 영어에 능통한 미국인이었고 그 중 유학생은 나뿐이었다. 학교 대표들이 2박 3일 동안 대회에 참여할 모든 비용은 대학이 후원해 주었다. 또한 아이티 희망 동아리에서는 매 학기 다양한 활동을 통해 모금한 돈을 가난하여 학교에 갈 수 없는 아이티 아이들을 돕는데 기부했다. 동아리를 통해 개인적인 역량을 발전시키고, 학교 밖까지 영향을 끼치는 활동들을 할 수 있었던 이유는 학생 개개인의 발전을 위해 지원을 아끼지 않는 마운트 홀리요크 대학의 도움이 있었기에 가능했다고 생각한다.

마지막으로 이 대학을 다니면서 내가 전공하고 싶은 분야를 정확히 찾게 되었다. 고등학교를 졸업할 당시에는 막연하게 사람들과 세상의 흐름에 대해 알고 싶었기 때문에 국제 관계학을 전공하고 법학대학원에 진학할 생각을 했다. 그렇지만 여전히 전공하고 싶은 학과와 하고 싶은 일에 대해 확신이 없는 상태였다. 대학에 진학하니 마운트 홀리요크 대학은 전공 이외에도 다양한 수업을 들을 수 있는 시스템을 갖추고 있었다. 나는 이 시스템을 활용하여 조금이라도 관심이 있는 수업들을 모두 들어 보려고 노력했다. 다양한 수업들을 들으면서 내가 흥미를 느끼고 가슴이 뛰는 것이 어떤 것인지 직접 경험해 보았다.

그렇게 관심이 가는 과목들이 어느 분야와 관련되어 있는지에 대해 대학의 진로 지도 선생님과 여러 시간 이야기를 나누면서 경제학이 나와 맞을 수도 있다는 생각을 하게 되었다. 그래서 두 번째 학기에는 경제학 개론 수업을 들었고 내가 공부하고 싶은 학문이라는 확신을 갖게 되었다. 강의 내용, 수업에 관련하여 읽은 책들, 그리고 경제학 학과장 교수와 매주 30분씩 개인적으로 나눴던 대화는 경제학에 대한 이해를 향상시켜 주었고, 세계 경제에 관한 여러 문제들을 영어로 이야기할 수 있는 능력을 키워주었다. 전공은 내가 전문성을 갖추고 일하게 될 분야와 직결된 문제이기 때문에 항상 신중하게 선택해야겠다고 생각해 왔다. 나는 마운트 홀리요크 대학이 제공하는 시스템 안에서 충분히 경험해 보고 나와 맞는 전공을 결정할 수 있어서 매우 만족하고 있다.

마운트 홀리요크 대학의 가장 큰 장점은 학생 한 명 한 명에게 개인적인 역량을 발전시킬 수 있는 환경을 제공한다는 것이다. 10명에서 30명 사이의 소수로 진행되는 수업을 통해 심도 깊은 토론의 기회를 가질 수 있고, 교수님으로부터 과제에 관한 자세한 피드백을 받을 수 있어 강의 내용을 내 것으로 만들 수 있다. 원한다면 얼마든지 교수님들과 만나서 교과에 대한 질문과 개인적인 상담을 할 수 있으며, 다수의 교수님들이 강의시간을 제외하고는 오피스에 상주하시기 때문에 자유롭게 방문하여 대화할 수 있다. 또 학교의 진로발달 센터(Career Development Center)는 적성검사부터 진로 상담까지 많은 서비스를 제공하고, 학생이 관심을 갖고 있는 분야에서 일하는 졸업생들을 소개해 주어 실제적인 조언을 구할 수 있도록 도와준다. 이곳은 수업하는 건물들과 가까운 곳에 있어서 많은 학생들이 활발히 이용할 수 있다.

마운트 홀리요크 대학은 학생들의 동아리 활동도 적극 지원하며(앞에서 설명했듯이 학교가 경비를 지원해주어 모의 유엔 컨퍼런스에 참가할 수 있었다), 2학년 혹은 3학년 때 인턴이나 해외에서 경험을 쌓고 싶어하는 학생들 모두에게 경제적인 지원을 해준다. 마지막으로 마운트 홀리요크 대학은 더 많은 여성들이 미국 사회에서 활발한 사회 생활을 할 수 있도록 지원하는 단체들과 결연을 맺고 있어서 학생들이 자신이 원하는 길을 잘 준비하고 나아갈 수 있도록 정보와 방법들을 지원해 준다.

미국 최초 여자대학,
마운트 홀리요크

마운트 홀리요크 대학은 1837년도 메리 라이온(Mary Lyon)에 의해 세워진 미국 최초 여자 대학이다. 대학 교육이 남성에게만 허용되던 시절, 아이비리그에 맞서 7개의 명문 여자대학이 세워지고 "세븐 시스터즈(Seven Sisters)"로 불리게 되는데, 이 대학은 그 7개의 여대 중 가장 오랜 역사를 지니고 있다. 긴 시간 동안 여성 교육의 선도 기관이었던 마운트 홀리요크 대학은 많은 여자 대학들의 모델이 되었고 '여성 최초'라는 수식어를 가지고 활발히 활동한 많은 졸업생들을 배출했다. 주요 동문에는 미국 최초의 여성 주지사 엘라 그래슨, 미국 첫 여성 장관 프랜시스 퍼킨스, 유명 시인 에밀리 디킨슨 등이 있다.

마운트 홀리요크 대학은 매사추세츠(Massachusetts) 주의 사우스 해들리(South Hadley) 라는 작은 도시에 위치해 있다. 다양한 국가의 학생들이 재학 중인만큼 학교에서는 다양성을 중요시하며 실제로 학생들 사이에는 서로 포용하고 돕는 분위기가 조성되어 있다. 또 학교에는 정직하게 행동하는 문화가 널리 퍼져 있다. 마운트 홀리요크 대학 학생들 사이의 문화에 대해서 타 대학의 재학생들이 가장 놀랍게 여기는 것은, 학생들이 기숙사 화장실 선반에 세면도구를 놓고 다니고 학교 식당에서 음식을 받기 전에 자리에 핸드폰, 지갑, 컴퓨터 등의 소지품을 서슴없이 놓고 다니는 행동이라고 한다. 또한 365일 24시간 학교 경찰들이 캠퍼스를 지키고 있어 절대적으로 안전하다. 학생들은 작게는 잠긴 기숙사 문을 여는 일부터 어떠한 곤란한 상황에 처하든 즉각적으로 도움을 요청할 수 있다.

마운트 홀리요크는 한국과 비슷한 위도에 위치해 있어 사계절이 뚜렷하다. 자연과 어우러진 아름다운 캠퍼스로 인해 학생들은 계절마다 다른 분위기의 캠퍼스를 경험할 수 있다. 특히 나뭇잎이 알록달록한 색깔로 변하는 가을에 마운트 홀리요크는 아름답기로 유명하여 매해 미국 대학 가운데 아름다운 캠퍼스에 뽑힐 정도다. 또한 한적한 곳에 위치해 있어서 학생들은 고개를 들면 높고 파란 하늘을 볼 수 있고, 구름이 덮이지 않은 밤에는 수많은 별과 가끔씩 별똥별까지도 볼 수 있는 사랑스러운 캠퍼스를 가지고 있다.

마운트 홀리요크의 컬리큘럼과 다양한 프로그램

1. 선택 폭은 넓고, 수업당 학생 수는 적은 수업들

마운트 홀리요크 대학은 48개의 전공을 제공하고 있으며 이 외에도 학생들이 따로 연구하고 싶은 분야가 있다면 전공을 만들 수도 있다. 학생들은 전공을 확정하지 않은 상태로 입학하게 되며 자신이 관심 있는 여러 분야의 수업들을 들어 본 후, 2학년 2학기가 끝나기 전까지 전공을 확정한다. 입학 후에는 지원 당시 관심을 표한 학과에 속한 교수 한 분을 아카데믹 어드바이저(Academic Advisor: 학업 조력자)로 지정 받는다. 학생들은 한 학기에 한 번 이상 아카데믹 어드바이저와 만나 수업 선택과 진로에 관한 이야기를 해야 하고 1학년 때 30여 가지의 세미나 수업(First Year Seminar) 중 한 가지를 들어야 한다. 이 수업은 철저한 읽기와 쓰기 숙제

들을 통하여 학생들이 대학 수업에 적응할 수 있게 해 준다. 또 토론 형식으로 진행되는 수업들이 많아 발표 능력을 충분히 발전시킬 수 있으며, 함께 수업을 듣는 학생들과 교수님과 자연스럽게 가까워진다.

마운트 홀리요크는 4년 동안 128학점을 취득해야 졸업할 수 있는데, 그 중 68학점은 전공 외의 분야로 채워야 한다. 따라서 많은 학생들이 1학년 때 관심 분야의 수업들을 다양하게 들어본 후 2학년때 전공을 확정하는 경우가 많다. 만약 복수전공을 원한다면 전공 외의 68학점을 다 채우지 않아도 되기 때문에 복수전공자도 추가적으로 학점을 더 듣지 않고 4년 안에 졸업을 한다. 또한 학생들은 졸업 때까지 6주동안 진행되는 체육 수업을 4개 들어야 한다. 이 중에는 펜싱, 카누, 승마, 필라테스, 댄스 등의 운동도 포함되어 있으며 그 외에도 수많은 종목이 있다. 많은 학생들이 평소에 배우고 싶었던 체육 종목을 선택해서 신체 활동의 영역을 넓힌다. 마운트 홀리요크가 제공하는 수업의 89%가 30명 이하의 학생들로 이루어져 교육의 질이 높을 수밖에 없다. 수업의 난이도가 높아질수록 한 수업의 정원이 줄어 드는 경향이 있다. 어떤 경우에는 8명 이하의 수업도 있다.

2. 앰허스트, 스미스 칼리지 수업도 듣는다. – 5개 대학 컨소시엄

마운트 홀리요크 대학 12킬로미터 근방에 4개의 다른 대학들이 있다. 최고 명문 리버럴 아츠 칼리지인 앰허스트 칼리지(Amherst College), 여자 대학인 스미스 칼리지(Smith College), 종합대학인 매사추세츠 주립대학교 앰허스트 캠퍼스(University of Massachusetts – Amherst), 그리고 리버럴 아츠 칼리지인 햄프쉐어 칼리지(Hampshire College) 등이다. 마운트 홀리요크 대학은 이 학교들과 5개 대학 컨소시엄(5 College Consortium)을 맺고 있다. 5개 대학 컨소시엄에 재학중인 학생들은 연합체에 속한 다른 학교 수업을 수강할 수 있다. 또한 타 학교에서 열리는 다양한 행사에도 참여할 수 있다. 다섯 대학 사이에는 무료 셔틀이 운행되고 있어서 간편하게 이동할 수 있다. 이런 특수한 환경 덕분에 학생들은 다양한 수업을 선택하여 수강할 수 있고 다양한 교수님들과 유대관계를 쌓을 수 있는 기회가 갖게 된다. 마운트 홀리요크 대학의 많은 학생들이 실제로 이 프로그램을 활발히 활용하여 자신이 듣고 싶은 수업을 수강한다. 또한 타 학교에서 이루어지는 행사에 참여하면서 다른 대학의 친구들도 많이 사귀고 다른 학교의 문화도 체험하는 특별한 시간을 갖게 된다.

3. 졸업 후 진학, 진로를 적극 돕는 학교

마운트 홀리요크 대학은 전공, 부전공과 더불어 넥서스(Nexus)라는 프로그램을 지원한다. 넥서스는 9개의 직업 분야(데이터 사이언스, 개발학, 교육 정책 및 관행, 엔지니어링, 비영리 단체, 저널리즘 및 공개담론, 국제 비즈니스, 박물관 및 공적기록, 법/인권/공공정책)중 학생이 관심을 갖고 있는 분야와 관련된 수업을 일정 개수만큼 듣고, 그 분야에서 인턴을 하여 학점을 취득하게 된다. 졸업 후의 대학원이나 취업 준비를 학교에서 돕는 것이기 때문에 많은 학생들이 넥서스를 통해 자신의 커리어를 준비한다. 또한 학생들은 매 학기 LEAP Symposium에서 자신의 인턴십 혹은 연구 경험에 대해 발표해야 한다. 이 심포지엄은 관련 분야에 관심이 있는 후배들에게 그 분야에 대하여 듣고 준비할 수 있는 기회를 제공해 준다.

학생들의 관심 분야가 넥서스에 속하지 않을 경우 링크(Lynk)를 통해 졸업 후 진로를 준비한다. 마운트 홀리요크 칼리지의 링크를 통해 학생들은 자신의 관심 분야에 대하여 알아보고 인턴십을 찾을 수 있다. 링크는 진로상담, 졸업생 멘토링, 관련 수업 추천, 현장 학습 등을 통해 학생이 관심 분야에 대해서 체험할 수 있는 기회를 제공한다. 인턴십 지원 과정에 필요한 직접적인 피드백도 해준다. 링크에서 제공하는 혜택 중 가장 파격적인 것은 학생이 무보수 혹은 보수가 적은 인턴십이나 연구를 하게 될 경우 학교에서 최대 3,600$까지 지원을 해 준다는 것이다. 이 혜택은 모든 마운트 홀리요크 대학 재학생이면 누릴 수 있으며, 재정적인 지원이 필요한 학생들 대부분이 이 프로그램을 통해 자신의 커리어를 쌓는다. 인턴십이나 연구가 아니더라도 관심 분야의 컨퍼런스를 갈 때 필요한 경비와 참가비를 위해 링크 재정 지원을 사용하는 학생들도 있다.

4. 해외 교환 학생 프로그램

마운트 홀리요크는 재학생들에게 150개의 교환학생 프로그램을 제공한다. 이 중에는 특정 학과를 전공하는 학생들을 위한 프로그램도 있고, 모든 학생들에게 열려 있는 프로그램도 있다. 많은 프로그램들이 보통 한 학기 동안 이루어지며 최대 1년 동안 공부할 수도 있다. 학생들은 대체적으로 2학년 때 원하는 프로그램에 지원하며 3 학년 때 현지 수업을 경험한다. 대부분의 프로그램들은 마운트 홀리요크 대학 학비보다 저렴하지만 그렇지 않은 경우, 학생들이 학교에 내는 학비만큼만 지불하고 교환학생을 갔다 올 수 있게 학교에서 장학금을 지원한다. 마운트 홀리요크 대학에서 장학금을 받고 공부하는 학생들의 경우, 학교에 지불해야 할 금액만으로 교환학생을 다녀올 수 있도록 지원해 준다. 이 같은 엄청난 혜택 때문에 많은 학생들이 학교에서 제공하는 교환학생 프로그램을 통해 다른 나라의 문화를 경험하고 자신의 전문성을 높이는 시간을 가진다.

5. 학생들 수업에 도움주는 SAW Center

마운트 홀리요크 대학 건물 중 한 곳에는 SAW 센터가 있다. SAW는 Speak confidently, Argue persuasively, and Write with clarity의 약자로 학생들이 에세이, 발표, 실험기록 등 다양한 과제들을 잘 마칠 수 있도록 첨삭해주고 조언해 주는 역할을 한다. 이곳에서 일하는 학생들은 여러 차례 인터뷰를 통해 선정된 우수한 학생들이며, 반 학기 동안 집중적인 교육을 받은 후 정식으로 센터에서 멘토(SAW Mentor)로 일하게 된다. 학생들은 과제 완성의 어떤 단계에 있든 SAW 센터에서 피드백을 얻을 수 있다. 학생들은 자신이 듣고 있는 수업을 들어 봤거나 그 수업을 담당한 교

수에게 배워 본 적이 있는 SAW Mentor에게 맞춤형 조언을 얻을 수 있다. 특히 많은 도움을 필요로 하는 1학년 학생들을 위해 각 1학년 세미나 수업(First Year Seminar)마다 담당 SAW Mentor가 있다. 이들은 수업을 담당하는 교수와 가까운 관계를 유지하면서 어떤 학생이 수업 내용 중 어느 부분을 수행하는데 어려움이 있는지 파악한다. 이후 수업 과제를 위해 학생들이 찾아올 때 각 학생이 부족한 부분을 개선할 수 있도록 도와준다. 나 또한 이 같은 개인적인 도움을 통해 영어로 에세이를 쓰고 발표하는 능력을 많이 향상시킬 수 있었다. SAW Mentor들은 학생들의 과제를 도울 때 첨삭과 편집을 직접적으로 하지 않고 학생들이 스스로 할 수 있도록 코치해 주기 때문에 학생들은 자신의 역량을 많이 높일 수 있다.

서울대·연고대 보다 넓은
캠퍼스

마운트 홀리요크 대학 캠퍼스는 약 800에이커(약 97만 8000평)로 약 2,500명의 학생들이 생활하고 있다.(편집자주: 서울대 관악 캠퍼스는 57만평으로 28,100여명이 재학하고 있다. 연세대 서울 캠퍼스가 29만평으로 총 3만여명이, 고려대 안암캠퍼스는 20만평으로 29,800여명이 각각 재학 중이다.) 마운트 홀리요크 대학은 연구중심대학에 비해 적은 수의 학생이 생활하고 있음에도 불구하고 광활한 캠퍼스를 갖고 있다. 캠퍼스에는 수업 건물들, 학교 식당, 기숙사뿐 아니라 미술관, 정원, 학생 회관, 승마장, 두 개의 호수, 그리고 3D 프린터와 같은 첨단 기계들을 사용할 수 있는 Fimbel Maker & Innovation Lab 등 다양한 공간들이 있다.

1. 기숙사들(Residence Halls)

마운트 홀리요크 대학은 기숙형 대학으로 대부분 학생들이 기숙사 생활을 한다. 학교 내에는 18개 기숙사 동이 있으며 한 건물당 약 100명의 학생들이 살고 있다. 프린스턴 리뷰로부터 '궁전같다'라는 평을 받은 기숙사들은 독특한 건축물들로 이루어져 있다. 학교 중심 지역에 위치한 기숙사들은 신 고딕 양식과 로마네스크 양식으로 지어졌으며, 호수가 보이는 가장자리 주변에 위치한 기숙사들은 보다 현대적인 디자인 건물들이다. 기숙사들 위치는 다르지만 모든 건물이 걸어서 20분 안에 수업에 갈 수 있는 거리에 위치해 있어서 편리한 대학생활을 가능하게 해준다.

모든 기숙사 1층에는 피아노, 대형 괘종 시계, 그리고 컴퓨터실이 있고, 각 층마다 층장(Community Advisor)이 있다. 층장들은 한 달에 한번씩 각 층 이벤트를 기획하고, 룸메이트 간에 갈등을 중재하며 같은 층에 사는 학생들의 고민을 들어주는 역할을 한다. 대부분 기숙사에는 1학년부터 4학년이 골고루 기숙하며, 조용한 기숙사를 원할 경우에는 무소음 기숙사에 지원할 수 있다. 또 같은 학문적 혹은 사회적 관심을 가진 학생들끼리 함께 거주하며 해당 관심사를 함께 발전시킬 수 있도록 Living Learning Community라는 제도도 운영하고 있다. 예를 들어 예술에 관심이 있는 학생들은 Art Living Learning Community에 지원하여 같은 관심을 가진 학생들과 살 수 있다. 마운트 홀리요크 대학에는 총 14개의 Living Learning Community가 존재하며 각 커뮤니티마다 활동을 지원할 학부 관련 지도자가 있다.

2. 최고급 식당(Dining Common)–채식주의자, 알러지 학생까지 배려

대학 식당은 학생들에게 다양하고 신선한 음식을 제공한다. 2017년도까지는 식당들이 몇 개의 기숙사 건물에 위치해 있었는데, 2018년부터는 새로운 식당 건물 한 곳에서 모든 음식을 접할 수 있다. 이 식당은 학교의 중앙에 위치해 있고 9개의 스테이션으로 나누어져 있다. Breakfast All Day, Comfort, Global, Grill, Made to Order, Baraka, L'Chaim, Harvest, 그리고 Wok가 그에 속하는데 이는 국제 학생들, 채식주의자, 특정 종교의 학생들, 그리고 알러지가 있는 학생들을 고려하여 다양하게 만들어진 음식들로 구성되어 있다. 식사 이외에도 시리얼 바와 아이스크림 바가 있으며, Made to Order에서는 오믈렛, 샌드위치, 피자, 그리고 스시 롤 등 다양한 음식을 주문해 먹을 수 있다. 또한 밤 9시부터 12시까지 야식도 제공된다.

식당에 들어올 때 학생들은 학생증을 제시하면 9개의 스테이션 음식 모두를 즐길 수 있다. 기숙사 생활을 하는 학생들은 학교 식당을 무제한으로 이용하는 식권을 구매하는 것이 원칙이기 때문에 많은 학생들이 학교 식당에서 많은 시간을 보내며 공부한다. 음식을 만들 때 사용되는 식재료들은 주로 현지 가까운 곳에서 들여오기 때문에 신선하다. 게다가 환경을 생각한 효율적인 조리법을 사용하는 Green Restaurant Association 에서 보증한 식당이기도 하다.

학교에는 Dinning Commons 이외에도 음식을 제공하는 공간이 몇 곳더 있다. Grab and Go는 바쁜 스케줄로 인해 학교 식당에 앉아서 식사할 수 없는 학생들을 위해 간편하게 들고 다니며 먹을 수 있는 음식을 제공한다. Cochary Pub은 작은 식당으로 몇 가지 음식, 음료수, 그리고 주류가 판매된다. 도서관에는 Frances Perk cafe라는 곳이 있는데 이곳에서는 빵, 음료수, 과자와 같은 음식들을 구매할 수 있다.

마운트 홀리요크
다양한 전통들

1. Class Colors and Symbols

마운트 홀리요크 대학을 상징하는 색은 하얀색과 담청색이지만 학생들이 대학을 다니면서 실제적으로 더 사용하게 되는 색깔은 자신의 학번 색깔(Class Color)이다. 1800년대 후반부터 마운트 홀리요크 대학 재학생들은 학교에서 사용할 학번 색깔을 정했고 1902년, 1903년, 1904년도 졸업생들은 각각 진홍색, 황금색, 감청색을 각각의 학번 색으로 선택했다. 1909년도에는 학생들이 학번을 상징하는 마스코트(Class Symbol)도 정하게 되었는데 앞서 채택한 학번 색깔과 마스코트가 합쳐져서 청록색 그리핀(Green Griffin), 진홍색 페가수스(Red Pegasus), 황금색 스핑크스(Yellow Sphinx), 그리고 감청색 사자(Blue Lion)의 네가지 마스코트가 만들어지게 된다. 이것들은 4년에 한번씩 돌아가며 새로운 학번을 상징하는 마스코트가 된다. 훗날 25세 이상의 나이로 학교에 입학하는 Frances Perkins Students을 상징하는 자주색 피닉스(Purple Phoenix)가 더해지면서 학번 색깔 및 상징이 완성되었다. 각 학번을 나타내는 색깔은 학생들의 학생증 배경으로 사용되며 학교 행사에서 그 학번 학생들

의 정체성을 대변하는데 사용되기도 한다.

2. 신입생 환영식 및 학기 학생 총회 – Convocation

매해 가을 학기의 첫 날, 학교 모든 학생들은 Gettell Amphitheater에 모여 집회(Convocation)를 갖는다. 이 행사는 학생회장, 교수 몇 분, 총장 축하 연설로 시작된다. 이후 학생들은 대학 생활을 시작하는 신입생들과 새로운 학년을 맞이하는 재학생이 서로를 축하하는 시간을 갖는다. 이날 학생들은 자신의 학번을 상징하는 색깔의 옷을 입으며 4학년들은 졸업가운도 입고 참여한다. 새로운 시작을 기념하는 집회는 학생들의 포부와 열기로 가득 찬 행사이며 이것이 끝난 후에 학생들, 교수진들, 그리고 스태프들은 모두 학교 잔디에서 피크닉을 즐긴다.

3. 간식 쿠키가 제공되는 M&Cs 시간

여느 대학 학생들에겐 오후 9시 30분이 특별한 의미가 없는 시간일 수 있다. 하지만 마운트 홀리요크대학 학생들에게 오후 9시 30분은 M&Cs의 시작을 의미한다. M&Cs는 milk and cookies의 약자로 매주 월요일부터 목요일 밤 9시 30분부터 10시 30분까지 학교는 학생들에게 음료와 쿠키를 제공한다. 각 기숙사 1층 부엌에서 매일 다른 종류의 쿠키를 즐길 수 있다. 일요일 밤 9시에서 10시까지는 학교 캠퍼스 센터에서 전체 M&Cs가 제공되기도 한다. M&Cs는 그날의 쿠키와 음료 외에도 우유와 글루텐이 함유되지 않은 쿠키까지 준비되어 있어서 각 학생들이 기호에 맞게 원하는 쿠키를 가져 갈 수 있다. M&Cs는 공부로 출출해지는 밤시간에 무료로 제공되는 맛있는 간식이기 때문에 많은 학생들이 특히 좋아하는 학교 전통 중 하나다. 브라우니나 초코칩 쿠키 등 인기가 많은 메뉴가 제공될 때는 특별히 많은 학생들이 쿠키를 받으러 온다. 또한 일요일 밤에는 캠퍼스 센터에서 쿠키를 받을 수 있기 때문에 그곳에서 친구들과 담소를 나누며 여유를 즐기는 학생들을 많이 볼 수 있다.

4. 1학년 후배들을 위한 전통 – Elfing

대학에서의 첫 학기 절반 정도를 지날 때쯤, 1학년 학생들은 신문지 혹은 다른 벽지로 뒤덮인 자신의 기숙사 방을 마주하게 된다. 그리고 그 밑에서 간식과 작은 쪽지를 발견하게 된다. 이것은 2학년 선배들이 한 주 동안 자신이 맡은 1학년 후배를 위해 봉사하는 것인데 기숙사 문 밑에 작은 선물들을 놓고 가기도 한다. 한 주가 끝나면 2학년 선배가 후배에게 자신의 정체를 밝히는 것으로 Elfing은 끝나게 된다. 이 전통은 1966년도에 1학년 학생들에게 도움을 주고 싶었던 2학년 학생들이 시작했다고 한다. 긴 시간 동안 지속되면서 그 형태가 조금씩 바뀌기도 하였고, 새로워지기도 했다.

5. 학기 중 뜻 밖의 쉼 –Mountain Day

매해 가을학기 중 단풍이 들고 날씨가 선선해질 즈음에 마운트 홀리요크 대학생들은 '등산하는 날'(Mountain Day)를 갖는다. '등산하는 날'은 이 학교가 설립된 다음 해인 1838년도부터 시작되었는데 날짜는 매해 변하며 오로지 총장님만 알고 있다. 당일 아침에야 공지되는 이 날은 모든 수업, 과제, 그리고 시험이 취소된다. 선물 같은 '등산하는 날'을 학교에서 여유롭게 지내는 학생들도 있지만 학교 주변에 위치한 스키너 산(Skinner

Mountain)에 오르는 학생들도 있다. 이렇게 산행을 원하는 학생들을 위해 학교에서는 30분 간격으로 등산로까지 셔틀을 운행한다. 산 정상에 올라가면 아이스크림과 기념품들이 학생들을 기다리고 있다. 한 학기를 바쁘게 지내온 학생들과 교수들은 '등산하는 날'에 쉼을 얻고 함께 즐기는 힐링 타임을 갖게 된다.

6. 개교기념일(Founder's Day)

1837년 11월 8일, 주변의 회의적인 반응을 무릅쓰고 2년 넘게 끈질긴 모금 활동을 한 끝에 메리 라이온(Mary Lyon)은 여성들에게 대학교육을 제공하는 마운트 홀리요크 대학을 설립한다. 이날 80명 학생들에게 문법, 수학, 역사, 그리고 지리학 수업을 제공하면서 학교의 오랜 역사는 시작되었다. 자신의 꿈을 믿고 이룰 수 있도록 장을 마련해 준 여성 교육의 선구자, 메리 라이온을 기억하기 위해 마운트 홀리요크 대학은 매해 11월 8일을 설립자의 날(Founder's Day)로 정했다. 이날 아침, 대학 이사회 이사들은 캠퍼스에 자리한 메리 라이온의 묘 앞에서 학생들과 교수들에게 아이스크림을 제공한다. 이날 마운트 홀리요크 대학 공동체는 학교의 창시자를 다시 한번 생각하며 감사함을 표한다.

7. 학년의 끝을 알리는 4월 마지막 금요일

학년의 끝을 알리는 4월 마지막 주 금요일은 Pangy Day다. 이 날은 수업의 마무리를 알리며 자연과 관련된 많은 행사들이 열린다. 메이 폴, 페이스 페인팅, 게임, 춤 등의 활동들은 학생들이 수업을 마친 후 자유롭게 참여할 수 있도록 하루 종일 열려 있다. 또한 학생들에게 예쁜 꽃을 주기도 한다. 수업의 마무리와 기말고사 시작 사이에 있는 Pangy Day는 학생들에게 마무리 시험 전에 긴장을 풀 수 있는 시간이 되어주고 학년을 잘 마무리할 수 있도록 격려해 준다.

마운트 홀리요크여서
가능했던 것들

대학에 와서 '합격' 이후에 주어지는 4년의 시간이 얼마나 중요한 지를 더욱 깨닫게 되었다. 내 삶에 중요한 일부분으로 기억될 대학 시절을 이 대학에서 보낼 수 있다는 것에 너무나 감사하다. 나는 대학에서 학문적 지식 그리고 나 자신에 대한 이해를 넓힐 수 있는 시간을 가졌다. 나의 발전과 성장은 내가 마운트 홀리요크 대학에 있었기에 가능한 것임을 확신한다. 4년 동안 학비에 대한 걱정 없이, 마음껏 꿈을 준비하고 성장해 갈 수 있었던 최고의 대학, 마운트 홀리요크 대학을 강력히 추천해 주신 미래교육연구소와 이강렬 소장님께 마음 깊이 감사드린다.

ST. John's College

고전 100권 읽고
졸업하는 대학

◆ 임동재(2학년) ◆

St. John's College—Annapolis

위치	Annapolis, Maryland
학교 홈페이지	www.sjc.edu
설립연도	1696
학부생 수	458
교수 : 학생 비율	1:7
남 : 녀 비율	53 : 47
국제학생 비율	22.1%
등록금	53218$
기숙사&식비	12602$
재정보조를 받는 학부생 비율	78%
한 학생 당 재정보조를 받는 평균 금액	44590$
졸업 후 취업률 (인턴십, 프리랜서 제외)	43.2%
졸업 후 대학원 진학률	10%
유명 전공	1. Liberal Arts and Sciences/Liberal Studies

전통 방식을 고수하는
대학

         나는 세계 역사를 돌아볼 때, 대한민국처럼 빠르게 성장한 나라는 없다고 생각한다. 가난한 나라에서 불과 50년 만에 세계를 움직이는 힘있는 나라로 발전하기까지는 수 많은 이유가 있겠지만, 그중 하나는 교육을 향한 열망이라고 생각한다. 20세기 마지막 해에 태어난 내가 대한민국의 가파른 성장 원동력이 무엇인지 논하는 게 우스울 수도 있지만, 나는 그 힘의 한 축이 교육이라는 강한 믿음이 있기에 잠깐이나마 이야기를 하려고 한다.

  어릴 때부터 들었던 어른들 말씀 중에는 교육/대학과 관련된 이야기가 꼭 있었다. 소를 키워 자식들 대학 보낸 이야기, 서울/연세/고려/서강 대학교 중 하나를 가야 한다는 말씀, 그리고 그 대학을 졸업해 꼭 "사" 로 끝나는 직업을 가져 성공하라는 덕담(?)까지. 물론 주변 어른들에게 어

떤 이야기를 듣는지는 환경에 따라 다를 수 있지만, 나는 내가 들어온 이런 이야기들이 우리나라의 교육열이 세대를 불문하고 얼마나 높은가를 반증한다고 생각한다. 그리고 그 교육열은 갈수록 높아지고, 진화하고 있다.

여기서 '교육열의 진화'는 해외 대학을 향한 관심 증가다. 예전과 달리 글로벌화가 빨리 진행되고, 세계 대학들에 대한 정보들도 알기 쉬워졌고 넘쳐난다. 나는 이 글을 통해 유학에 관심있는 후배들에게 넘쳐나는 정보 속에서도 잘 알려지지 않았지만 신선한 충격을 줄 대학을 소개하고자 한다. 교육에도 신기술을 도입하고 디지털화를 진행하는 트렌드가 있으나 이를 따르지 않고 전통 방식을 고수하며 책읽기에 집중하는 ST. John's College 다.

ST. John's College는 미국에서 세번째로 오래된 대학교다. ST. John's College는 Harvard University 와 College of William and Mary 다음으로 Maryland, Annapolis에 King William's School이라는 이름으로 1696년에 세워졌다. 미국이 1776년 독립선언문을 발표한 사실과 비교해 보

면, 미국 건국보다 80년 앞서 세워진 것이다. 부연 설명을 하자면, 장희빈으로 유명한 숙종이 조선을 다스리던 시대에 세워진 대학이다. 이렇게 역사가 깊다 보니 자연스레 대학 자체도 미국의 초창기 역사와 관련이 많다. 이 대학을 처음 설립한 사람들 중 4명이 독립선언서에 서명한 인물들이고, 미국 국가의 가사를 쓴 Francis Scott Key 또한 우리 대학 졸업생이다. 내가 1학년 동안 대부분의 강의를 들은 McDowell Hall 과 도서관인 Greenfield Library는 정부 건물이었다. 그 후, 수 많은 졸업생들을 배출하였고, 1937년에는 우리 학교가 자랑하는 'the New Program'을 시작하게 되었다.

전 세계에서 유일한 원전 읽기 커리큘럼, 전공이 없는 'the New Program'

그렇다면 'the New Program'이란 무엇일까? 말 그대로 새로운 프로그램이다. 전 세계 대학들을 뒤져도 찾을 수 없는, 독특한 교육 방식이다. 미리 답을 드리자면, ST. John's College는 전공이 없다. 우리는 오로지 서양 문명의 위대한 책들(Great Books)을 읽고 생각들을 나누며 공부를 한다. 보통 대학들이 중, 고등학교와 차별되게 자신이 듣고 싶은 수업을 듣고, 전공을 정해 관련 수업을 듣는 것과 반대로, ST. John's College는 모든 학생들이 학교에서 정한 커리큘럼을 따라 공부한다. 대학에서 전공을 정해 공부하고 이를 바탕으로 취업한다는 개념이 특히 강한 우리나라에서는 이해하기가 매우 힘들 수 있다. 전공이 없다는 것은 현실적으로 보자면 취업에 필요한 특기가 없다는 것이고, 이 점이 ST. John's College 를 고를 때 고민될 수도 있다. 하지만, ST. John's College 가 자랑하는 커리큘럼에 대해 설명을 듣고, 나의 경험담을 들어 보면 걱정과 궁금증이 어느 정도 해소되지 않을까 생각한다. 설명에 앞서, 나는 이제 2학년 이기에, 이 글은 나의 1학년 때 경험을 토대로 작성되었다. 1학년 학생으로서 일년 동안 느낀 점이기에 학교측의 '공식적인' 설명이나 정보와는 다를 수 있다.

ST. John's College는 교수들을 Professor라고 부르지 않고, Tutor라는 호칭으로 대신한다. 교수(Professor) 라고 부르지 않는 이유는 학교의 교육 가치관과 밀접한 관계가 있다. 교수라는 호칭이 칠판 앞에 서서 학생들에게 정보를 주입하기만 한다는 이미지를 가지고 있기 때문이다. 그렇기에 우리는 교수(Professor) 라는 호칭을 버리고 더 친밀하지만 주입적, 강압적 느낌이 약한 Tutor 라는 호칭을 사용한다.

ST. John's College에서 추구하는 교육은 교수가 아는 내용을 학생들에게 가르치고, 학생들은 그것을 외우는, 그런 보편적인 교육이 아니다. 그와 정반대로, 튜터는 학생들이 생각하고 이야기하며 더 발전할 수 있게 질문을 하는 가이드 역할을 한다. 실제로 수업을 들어보면, 튜터가 말을 많이 할 수밖에 없는 언어 수업에서도 튜터와 학생의 말하는 횟수는 4:6의 비율이다. 이렇듯, 튜터가 말하는 비율이 낮다는 건, 학생들의 참여도가 높다는 이야기다. 수업은 언제나 튜터가 질문을 하거나 읽어온 내용에 대해 서로 토론하는 방식으로 시작하고, 학생들은 자유롭게 동료가 이야기하는 중에 치고 들어오며 이야기를 나눈다.

ST. John's College의 수업은 그날 읽어온 내용을 이해하고, 본인이 이해한 바를 나눈다. 물론 본인의 이해와 주장을 펼칠 때, 책에서 인용하는 경우가 많지만, 단순히 줄거리를 나누지는 않는다. 학생들의 나눔이 우선시되는 교육 철학과 더불어, 우리 대학이 중요시하는 한 가지가 더 있다. 바로 점수를 위한 공부를 하지 않는 것이다. ST. John's College는 학점을 위한 공부가 아니라, 개인의 성장에 더 중점을 둔다.

각 수업에 대해 구체적으로 알아보기 전에, 모든 수업들에 관해 유의할 점이 있다. 내가 지금까지 참여했던 수업들을 토대로 생각해보면, 자유롭고 이상적이며, 쉬워 보이는 수업 방식이지만 그 대화에 참여하기까지의 과정은 한국인뿐만 아니라 동양권에서 온 학생들에게 무척 적응하기 힘든 부분이다. 서양인 친구들은 그들이 자라온 환경에서 ST. John's College처럼 자유롭게 이야기하고 질문하는 수업은 아니지만, 그래도 토론과 토의가 병행되는 수업을 했다고 했다. 그렇기에 그 친구들은 이런 방식의 수업에 더 빠르고 쉽게 적응했다. 하지만 그런 수업 문화에 접하지 못했던 나를 포함한 동양권 학생들은 토론에 참여하는데 힘들어 했다. 그렇기에 개인이 여태까지의 경험과 노하우를 뒤엎고 새롭게 받아들이겠다는 의지가 없으면 졸업하기 힘든 학교다. 실제로 1학년에서 2학년으로 올라가지 못하고 탈락하는 학생들이 많다.

핵심 프로그램, 세미나: 고전읽고 토론

세미나는 우리 학교 프로그램의 핵심

Homer *Iliad, Odyssey*

Aeschylus *Agamemnon, Libation Bearers, Eumenides, Prometheus Bound*

Sophocles *Oedipus Rex, Oedipus at Colonus, Antigone, Philoctetes, Ajax*

Thucydides *Peloponnesian War*

Euripides *Hippolytus, Bacchae*

Herodotus *Histories*

Aristophanes *Clouds*

Plato *Meno, Gorgias, Republic, Apology, Crito, Phaedo, Symposium, Parmenides, Theaetetus, Sophist, Timaeus, Phaedrus*

Aristotle *Poetics, Physics, Metaphysics, Nicomachean Ethics, On Generation and Corruption, Politics, Parts of Animals, Generation of Animals*

Euclid *Elements*

Lucretius *On the Nature of Things*

Plutarch *"Lycurgus," "Solon"*

Ptolemy *Almagest*

Pascal *Treatise on the Equilibrium of Liquids*

Nicomachus *Arithmetic*

Lavoisier *Elements of Chemistry*

Harvey *Motion of the Heart and Blood*

Essays by Archimedes, Fahrenheit, Avogadro, Dalton, Cannizzaro, Virchow, Mariotte, Driesch, Gay-Lussac, Spemann, Stears, J.J. Thomson, Mendeleyev, Berthollet, J.L. Proust

1학년 도서 목록

과목이다. 다른 과목과 달리 2명의 튜터가 들어오고, 각 수업마다 번갈아 가며 Opening Question(OQ)을 던진다. 튜터들은 우리가 수업을 위해 읽은 내용을 같이 읽고, 수업을 시작하기 전 본인이 이해를 못했던 부분이나, 더 깊이 생각해 보고 싶은 부분을 골라 OQ를 준다. 많은 분들이 튜터가 이해를 하지 못하면 학생들은 어떻게 하냐고 반문할 수 있지만, 어떻게 보면 그것이 바로 이 학교의 교육 가치관이다. 튜터들은 가르치는 것이 아니라, 그 책을 조금 더 많이 읽어본 사람으로서 가이드를 할 뿐이다. 튜터와 학생이 같이 수업을 통해 성장하는 것이 ST. John's College 교육 가치관의 핵심이라고 할 수 있다.

그렇다면, ST. John's College의 튜터들은 단지 학생들보다 도서목록에 있는 책들을 고작 몇 번 더 읽은 사람들일까? 그것은 정말 큰 오해다. 이 글은 내가 튜터들의 학력을 자랑하기 위해 쓰는 것이 아니기에 깊게 언급하지 않겠지만, 장담하건데 튜터들은 일반인들이 꿈꾸기 힘들 정도의 학력과 각 분야에서의 경험이 있는 분들이다. 튜터의 조건이 학교의 모든 과목을 가르칠 정도의 실력이 되어야 하기에, 어느 정도 똑똑한 분들인지는 짐작하리라 생각한다. 내가 개인적으로 흥미를 느끼는 부분은, 이렇게 똑똑하고, 독서리스트에 있는 책들을 몇 십 번 읽은 튜터들조차 아직도 그 고전에서 배울 부분이 있고, 본인들도 더 공부하기를 희망한다는 점이다. 한 튜터는 매번 읽을 때마다 저번에는 보이지 않고 이해되지 않던 점이 새롭게 눈에 들어오기에 아직도 은퇴를 못하고 고령의 나이에도 책 속에서 재미를 느끼고 배운다고 했다. 그리고 세미나의 진정한 묘미는 배움을 친구들과 나눔을 통해 찾아가는데 있다.

세미나는 매주 월, 목요일 밤 8시부터 10시까지 진행되고, 다섯 개 수업 중에서는 유일하게 암묵적인 드레스 코드가 있는 수업이다. 어느 정도 차려 입고 가는 걸 추천하고, 그래서 학생들 모두 세미나에는 꾸미고 간다. 그만큼 세미나를 중요하게 받아들인다는 것을 알 수 있는 대목이다. 각 수업을 위해서 읽어야 하는 양은 정말 많고, 내용들도 바로 이해하기 어려운 부분들이 많기에, 나는 밑줄 치거나 책 여백에 필기를 해 두어 기억을 상기시킨다. 수업 중에도 개인의 생각이나 다른 사람의 의견 등을 필기하는 경우가 대부분이고, 그 노트들은 나중에 에세이를 쓸 때 큰 도움이 된다.

내가 학교에 처음 가서 적응을 할 때, 세미나에 대한 의문이 한 가지 있었다. '과연 이 방대한 양의 책들, 그리고 거기서 내가 가지는 생각들… 과연 이것들이 나에게 다 남아 있을까?' 라는 것이었다. 매주 읽는 양이 너무나 많고, 에세이들까지 생각하면 내 머릿속에 남는 것은 없어 보였다. 나는 진지하게 고민했고, 친구들과도 나누어 봤다. 그러던 중, 학교에서 주최하는 질의응답 세미나가 있었고, 그때 많은 학생들이 나와 같은 생각을 하고 있다는 것을 알았다. 하지만 더 충격적인 것은 학교측의 답변이었다. 학교 측은, "우리 학교는 세미나와 수업들을 통해 학생들이 생각하는 방법을 배워가기를 바라며 모든 내용들을 머릿속에 기억시키는 학교가 아니다. 그렇기에 세미나 시간을 줄이거나 읽는 내용을 줄일 일은 없다"고 간단 명료하게 정리해 버렸다. 그 말을 듣는 순간 내가 얼마나 주입식 교육에 물들어 있는지 깨달았다. 또 그 철학적인 내용들은 외우는 게 아니라, 나만의 것으로 만들고 나아가 생각하는 방식에 적용시키고자 하는 것이 학교 교육의 참된 가치라는 것을 알았다. 그리고 '그저 외워 상황에 따라 머릿속에서 꺼내 쓰기만 하면 플라톤의 책에서 소크라테스가 말하는 소피스트(Sophist)가 되어 버리는 것이 아닌가' 하는 나만의 고찰도 갖게 되었다.

세미나는 그 어떤 과목보다 더 다양한 책을 읽을 수 있는 기회다. 그 핵심은 그저 내가 느낀 점을 주장하는 것에 있지 않고, 사람들과 나누며 더 발전시켜 나의 것으로 만들고, 더 나아가 생각의 방식을 발전시키는 것에 있다. 그리고 원문을 읽다 보면 저자의 차갑도록 솔직한 주장과 논리에 흠을 찾기가 매우 어렵다는 것을 느끼며 감탄하는 것 또한 하나의 중요한 핵심이 아닌가 생각한다.

수학: 유클리드 기하학과
프톨레마이오스 천문학 원전 읽기

흔히 대학 수학은 미적분부터 시작하는 아주 복잡하고 난해한 공식들의 연장선이라고 생각한다. 하지만 ST. John's College의 수학은 다르다. 어려운 것은 맞지만, 공식을 대입해 반복적으로 문제를 푸는 수학이 아니다. 나는 1학년동안 현대 수학의 뿌리가 되는 유클리드 기하학(Euclid's Elements) 과 프톨레마이오스의 천문학(Ptolemy's Almagest)을 공부했다. 일반적인 수학을 하지 않는다는 사실은 알고 있었기에 마음의 준비는 충분히 했다고 여겼지만, 오산이었다. 내가 첫 수업을 위해 준비해야 했던 요소들의 정의들을 가지고 1달을 토론할 줄은 맹세코 몰랐다. 그리고 20개 남짓 되는 그 짧은 문장들이 1년 내내 나를 괴롭히고 또 도와줄 줄은 더욱더 몰랐다.

유크리드 기하학은 특별하다. 나에게 수학의 근본을 알려 주었고, 우리가 현재 당연하다고 여기는 '삼각형 세 각의 합', '평행사변형의 성질', 그리고 '피타고라스의 정리' 부터 '숫자와 단위란 무엇인가', '복잡한 3차원 도형들의 정리'까지 다 하나로 연결되어 있음을 증명해 주었다. 복잡성과 단순성의 아름다운 균형을 유지하며 수학은 발생했고, 발전했고, 지금까지도 이어지고 있음을 기하학을 공부하며 깨달았다. 그리고 주입식 교육으로 인해 수포자가 많아지는 요즘, 공식과 성질을 외우는 것이 아니라 그 근원부터 차근차근 깨달으며 공부했을 때 비로소 수학이 재미있어짐을 경험했다.

유크리드 기하학을 비로소 다 끝냈을 때가 생각난다. 다시 이 책의 첫 문장인 "A point is that which has no part." 를 읊는 백발의 튜터, 그리고 그 문장이 이제는 무슨 뜻인지 대강 알겠다는 눈빛으로 고개를 끄덕이는 학생들의 모습은 나에게 '교육이란 무엇인가'를 다시 생각하게 만들었다. 그리고 방으로 돌아와, 진정한 교육이란, "내가 책을 끝내고 처음으로 돌아와 세계 수학의 시발점이 되는 '그' 문장을 읽고 느꼈던 전율을 제 후배와 후대가 똑같이 느낄 수 있도록 도와주는 것"이 아닐까 생각하며 유크리드 기하학 책을 책장에 꽂았다.

유크리드 기하학을 끝내고 들어간 책은 프톨레마이오스의 천문학이다. 프톨레마이오스는 눈으로 하늘을 관찰하고, 자신의 관찰을 토대로 하늘이 움직이는 천동설을 주장한다. 지금 시대에 하늘이 움직인다고 믿는 사람은 없겠지만, 프톨레마이오스가 관찰하고 그것들을 수학적으로 계산하고 풀어내는 것을 보고 있으면 정말 그의 말이 맞을 지도 모르겠다는 생각이 든다. 천문학은 다음 학년에도 공부를 하기에 끝내지는 못했지만, 내가 이 책을 공부하며 가장 놀랐던 점이 있다. 프톨레마이오스는 천동설을 뒷받침하는 계산과 근거를 내세우고 마지막에 "지구가 돈다고 가정한다면, 그 속도는 너무 빨라 불가능하다"고 적었다. 고대 그리스와 이집트에서 살던 사람이 천동설을 완벽하게 뒷받침하며 주장하는 것에서 끝나지 않고 지동설에 대해서 생각하고 결론을 내렸다는 점이 나에게는 충격이었다. 그 당시에는 지금과 같은 첨단 기술도 없었고, 하늘을 관찰하는 유일한 방법이 두 눈 말고는 없었다. 그 두 눈으로 천동설과 지동설의 가능성을 보고 모든 것을 계산한 후 결론을 내렸다는 것이 참으로 놀라웠다. 그렇기에, 나는 프톨레마이오스의 Almagest 가 엄청난 가설과 계산들로 나를 더욱더 놀라게 할 것임을 의심치 않는다.

ST. John's College의 수업들은 대부분이 세미나와 기본적인 구조는 같다. 튜터가 질문을 던지면 학생들은 그것에 대해 이야기를 한다. 하지만 수학 수업에는 다른 수업에 없는 특별한 한 가지가 있다. 바로 "증명(demonstration)"이다. 수학 수업은 증명이 필수다. 책들에 있는 명제들을 한 사람씩 전담해서 칠판 앞으로 나가 설명하는 것이다. 예를 들어 유크리드가 어떻게 명제 1.34를 증명했는지를 발표하는 것이다. 주의할 점이 있다면, 그가 했던 방식을 그대로 외워 발표하는 것이 아니라 그 명제를 자신의 것으로 만들어 완벽에 가까운 이해도를 가지고 같은 반 학생들에게 설명해야 한다. 우리 수업에서 모든 학생들이 처음에 했던 실수는 명제를 달달 외워 발표한 것이었다. 그러자 튜터는 발표가 끝난 후, 허를 찌르는 질문을 했고, 나를 포함한 모든 학생들은 대답하지 못했다. 우리가 원문으로 읽는 유클리드 기하학의 명제들은 단순 암기로는 이해할 수 없는 내용들이다. 암기로 명제를 그대로 칠판에 옮겨 쓸 수는 있었지만, 자신의 것으로 만들지는 못했다. 한 명제를 자신의 것으로 만든다는 것은 엄청난 연습을 요하는 일이지만, 그 기술을 터득했을 때는 스스로 변화된 자신을 발견할 수 있다.

언어: 고대 그리스어 배워
플라톤의 미노 읽고 영어로 해석

언어(Language) 수업은 쉽게 말해 고대 그리스어를 배우는 시간이다. 새 언어를 배우는 수업이다 보니 어느 정도의 암기는 필수였다. 그리스어는 서양 언어의 어머니 같은 역할을 하고 있다. 라틴어를 비롯한 많은 언어들이 고대 그리스어에서 파생되었고, 그렇기에 문법도 매우 비슷하다. 처음 시작할 때 외워야 하는 문법의 형식들이 많지만, 머릿속에 자리를 잡은 후로는 수월해진다. 특히 제2의 언어로, 제3의 언어를 배운다는 것은 생각보다 많이 힘들었다. 나는 영어로 소통하는데 문제는 없지만, 그리스어를 배워 플라톤의 미노(Plato's Meno) 와 같은 책들을 영어로 해석하는 일이었기에 같은 문화권의 사람들이 공유하는 언어적 정서를 파악하는 것이 힘들었다. 고대 그리스어를 영어로 배워 그리스어를 영어로 해석하는 일이 수업의 대부분이었는데 영어로도 표현되지 않는 그리스어의 미세한 요소들을 알아가는 게 흥미로웠다.

노력을 요하고 힘든 수업이지만, 그리스어로만 표현할 수 있는 의미들을 찾아가며 고대 그리스 사람들이 무슨 말을 전하고자 했는지 알아보는 것으로 충분한 보상이 됐다고 생각한다. 만약 ST. John's College에 진학하고 싶어하는 학생이라면, 그리스어 기초 문법은 예습해 갈 것을 강력 추천한다.

과학: 공식, 법칙 찾아낸
과학자의 실험 재현

실험(Lab)은 가장 즐거운 수업이었다. 과학과 실험 활동이 겸비되어 있어 흥미롭다. 예상했겠지만, ST. John's College는 과학 또한 다른 대학들과 차별화된다. 수업의 절반 정도는 읽은 내용에 대해 토의를 하고, 절반은 실험 기구들을 이용해서 실험을 한다. 그렇다면 이 Lab 수업은 어떤 내용을 읽고 어떤 실험을 할까? 읽는 책들은 매우 다양하다. 1학기에는 자연, 영혼, 몸에 대해 읽었고, 2학기 때는 화학과 물리학에 대해 읽었다. 현대 과학과 밀접한 관계가 있어 보이는 주제들이지만, 우리가 읽은 책들은 대부분 이 분야 과학의 시초가 되는 책들이다. 화학과 물리학이라고 해서 일반 대학들처럼 화학 공식들이나 물리 기본 법칙을 외우는 게 아니라, 그 공식과 법칙들을 처음 찾아낸 사람들이 쓴 글들을 읽고, 그들이 한 실험들을 그대로 따라해 보며 같은 결과에 도달하는 것이 이 수업의 목적이다. 게이뤼삭(편집자 주: Gay-Lussac, 1778-1850, 프랑스의 물리 · 화학자)의 '가스 법칙', '수소의 무게', 그리고 파스칼이 16살에 쓴 '물과 공기의 성질' 등 수 많은 과학자들의 노트를 읽었고, 실험을 토대로 같은 결과들을 낼 때의 쾌감은 환상적이다. 또한, 두 눈으로만 관찰한 고대인들은 동물과 식물의 행동에 설명되지 않는 무언가 있고, 그것은 영혼이 있기에 가능하다는 결론을 내린다. 그 모습을 보며, 우리가 쉽게 무시하는 어린 아이 같은 순수한 호기심과 관찰들이 지금의 세계를 만들었고 과학을 발전시켰음에 감탄하게 된다.

이러한 이야기들이 끝나면 우리는 각자 실험 의자에 앉아 그날 읽은 내용과 관련된 실험을 한다. 물에서 수소를 분리하는 실험, 물의 신기한 성질들, 핸드폰으로 찍어서 보지 않으면 안 되는 '마그네슘과 특정 가스의 접촉', 그리고 '해삼 정자와 난자를 수정시키기' 등 수많은 실험들이 있었지만, 가장 인상깊게 남는 실험은 바로 '소의 심장과 폐 해부'였다. 소의 심장과 폐를 해부하고 그 내부를 실험 노트에 옮겨 그리는 시간이었는데, 어떤 친구가 소의 폐를 유심히 보더니 담배 연기에 소의 폐가 어떻게 반응하는지 보고 싶다고 하였다. 나는 튜터가 당연히 안 된다고 할 줄 알았지만, 튜터는 일초의 망설임도 없이 허락했다. 모두가 따라 나가 그 친구가 자기 담배에 불을 붙여 소 폐에 있는 관에 연기를 주입하는 것을 지켜보았다. 아쉽게도 깜짝 놀랄 만한 결과는 없었지만 그래도 즐거운 실험이 되었다. 실험은 자유롭게 본인의 호기심을 펼칠 수 있는 시·공간이기에 가능했다고 생각한다.

실험 수업은 어떨 때는 너무 기초적이어서 유치하다고 생각할 수도 있지만, 그 안에서 진지하게 옛 과학자나 철학자들의 생각을 따라가고 나아가 본인의 생각과 호기심을 마음껏 펼칠 수 있다. 과학자들이 찾아낸 결과들을 공부하고 대입하는 것이 아니라, 그들과 함께 찾아가고, 그들을 이해하는데 초점을 맞추어 즐기는 수업이라고 생각한다.

음악:
전 학년 함께 모여 합창

1학년 음악 시간은 합창만 한다. 소프라노, 알토, 테너, 베이스 이렇게 파트를 나눠 연습을 하고, 파트 연습 후 다같이 모여 합창을 한다. 곡들은 대부분 라틴어, 영어, 그리고 독일어로 구성되어 있고, 일년에 3~4번 정도 콘서트를 한다. 그리고 2학년 음악을 위해 간단한 음악 시험을 보는데, 기본적인 화성과 음계 정도이기에 악기를 다룰 줄 아는 사람은 큰 문제가 없다. 일주일에 한번 모이고, 유일하게 전 학년이 모여 듣는 수업이라는 점 말고는 크게 특별한 점은 없다.

이렇듯 ST. John's College는 학생들이 생각하는 방식을 배울 수 있게 특별한 커리큘럼을 가지고 교육한다. 학생들이 더 흥미를 가지고 배울 수 있게 수업 방식 또한 교수 위주가 아닌 학생 위주다. 지금까지의 경험담으로 ST. John's College의 교육 프로그램에 대한 설명을 마치고, 학교가 자랑하는 다른 부분들에 대해 이야기하도록 하겠다.

전체학생 4~5백 명, 수업당 16명 미만

ST. John's College의 장점 중 하나는 학생 수가 매우 적다는 것이다. 학생 수는 400~500 명 사이를 항상 유지하고 있고, 전체 학생 수가 적기에 한 수업에 학생 수도 평균 16명을 넘지 않는다. 그리고 학생 수가 적으니 튜터와 좋은 관계를 맺을 수 있다. 학교는 특히 학생과 튜터의 관계를 매우 중요하게 생각해서 학생들이 튜터와 학교 식당에서 밥을 먹을 경우 튜터의 식대를 지원해 주고 있다. '튜터와 점심먹기(Take Your Tutor to Lunch)'라는 제도인데, 학생들은 대부분 튜터와 점심을 먹으며 이야기를 나눈다. 수업에 관련해서 이야기하기도 하고, 개인적인 문제로 상담을 받을 수도 있다. 미래에 대해서 이야기를 하거나, 교수와 더 친해지기 위해서 식당에서 밥을 먹는다. 그리고 튜터들 또한 학생들과 밥 먹으며 시간 보내는 것을 매우 반기는 분위기라 이런 기회를 적극적으로 활용하는 게 좋다.

학생 수가 적어서 좋은 점이 하나 더 있다. 바로 에세이 첨삭의 질이다. 물론 다른 대학들도 에세이나 리포트를 쓰면 교수의 코멘트가 나오겠지

만, ST. John's College의 첨삭은 급이 다르다. 첨삭된 에세이를 받으면, 튜터들이 정말 신경 써서 읽었다는 것이 티가 난다. 작은 문법 실수까지도 고쳐주고, 거의 모든 포인트에 본인들의 생각과 개선할 점들을 적어주고, 끝에 가서는 최소한 한 문단으로 에세이에 대한 총평과 함께 개선된 점, 그리고 개선할 점 등 여러가지를 써준다. 나는 영어로 소통하는데 문제는 없다고는 하나, 영어로 글을 쓰는 것은 큰 어려움이었는데 튜터들의 코멘트를 통해 영어 글쓰기가 많이 성장되었다. 에세이는 점수의 큰 부분을 차지하고, 튜터에 따라 다르지만, 그래도 엄청난 양의 에세이를 각 과목별로 쓰기에 첨삭받은 내용을 읽고 생각하여 다음 에세이를 쓰는 것이 도움이 된다.

성적표를 안 주는 대학

ST. John's College 가 자부하는 특징은 바로 점수 제도다. 이 부분은 크게 '점수에 대한 마음가짐'과 '평가 제도'로 나눌 수 있는데, 핵심은 '점수에 대한 마음가짐'이다. ST. John's College 는 특이하게도 학생들에게 자신의 점수를 보지 않기를 권한다. 학기가 끝나면 메일함에 있어야 할 성적표가 우리 학교에는 없다. 자신의 성적을 보려면 오피스에 가서 서류를 작성해서 내야 한다. ST. John's College는 학생들이 점수를 위해 공부하기보다는 개인의 성장을 위해 공부하기를 바라며 이런 제도를 택해 시행하고 있다. 많은 분들이 오해하기도 하는데, 점수는 있다. 하지만 학교는 점수에 매달리며 공부하지 말라는 것이지, 공부를 하지 않아도 점수를 보장해 준다는 것이 아니다. 커리큘럼 특성상, 수업 참여도가 제일 큰 부분을 차지하고, 그 다음으로 에세이가 차지한다고 보면 된다. 그렇기에 항상 대화에 참여하고 첨삭된 내용들을 토대로 더 발전된 에세이를 쓰는 게 중요하다.

그렇다면, 학업에 대한 객관적인 평가는 본인이 내려야 하는 것일까? 물론 본인이 스스로 성장을 느낄 수도 있다. 하지만, 학교는 조금 더 냉철하고 객관적인 평가를 학생들에게 주기 위해 각 학기말에 '돈랙(Don Rag)'이라는 평가 시스템을 시행하고 있다. Don Rag이란, 한 학생을 지도하는 모든 튜터들이 학생과 함께 한방에 둘러 앉아 튜터들끼리 학생의 학업에 대해 이야기를 하는 것이다. 튜터들이 학생을 평가하는 중에 학생은 발언할 수 없고, 튜터들의 평가가 끝난 후에야 마지막으로 할 말을 하고 끝이 난다. 이 평가에서 튜터들은 학생이 다음 학기 수업을 듣기에 합당한지를 결정한다. 튜터들은 Don Rag에서 매우 직설적으로 평가하는데, 상처받기보다는 수긍하고 그 점들을 고치려는 자세가 중요하다.

이렇듯, ST. John's College는 점수면에서도 매우 독특한 제도를 가지고 있고, 추구하는 방향이 무엇인지를 확실하게 보여주고 있다. 물론 점수를 의식하지 않기는 매우 힘들지만, 점수보다는 개인의 성장에 집중하

는 것이 중요하다. 나 또한 점수보다는 튜터들의 평가를 통해 알 수 있는 나의 성장을 지켜보며 공부하고 있다.

스포츠로 친해지는 학생들

ST. John's College는 학생들 사이의 관계가 특별하다다. 학생 수가 워낙 적기에 학생들끼리도 잘 알고 지내고, 학내스포츠(intramural sports)가 있기 때문에 학년이 달라도 친해질 기회가 많다. 이는, 해리포터에 등장하는 호그와트의 기숙사들이 서로 퀴디치 경기를 하며 경쟁하는 것을 떠올리면 된다. 다만, 우리 학교는 기숙사별로 경쟁하는 것이 아니라 입학할 때부터 정해지는 팀끼리 경쟁한다. 경기하는 종목들은 축구, 프리스비, 농구, 핸드볼, 약식 미식축구 등이고, 학년말에 일등팀을 골라 시상을 한다. 나는 축구를 즐기기에 주말에 있는 축구 경기에 나가 선배들과도 친해졌고, 수업을 같이 듣지 않아 볼 기회가 없던 다른 동기들과도 많이 친해지는 계기가 되었다. 본인이 출전하지 않는 경기는 같이 응원도 하며 팀스피릿도 기르고, 여러모로 도움이 많이 된다. 학내스포츠는 상상 이상으로 학교 문화 전반에 자리잡고 있고, 경기에 뛰지 않더라도 응원하는 것만으로도 깊은 유대감과 친밀감을 쌓을 수 있다.

메릴랜드주, 주도 아나폴리스에 위치

마지막 특징은 장점이면서 동시에 단점이 될 수도 있는 학교 위치다. ST. John's College 가 위치해 있는 Annapolis는 미국에서 가장 오래된 도시 중 하나로, 지금은 관광도시로서 Maryland 주의 수도 역할까지 하고 있다. 우리 학교는 도시의 Main Street 바로 옆에 위치하고 있지만, 워낙 오래된 도시다 보니 Main Street 라고 해도 큰 번화가가 아닌, 그저 음식점과 기념품 가게가 몰려 있는 길이다. 그렇기에 큰 도시에 있는 대학들처럼 다양한 음식이나 놀거리들은 없고, 논다고 해봐야 근처 건물을 빌려 학생들끼리 가끔 가벼운 파티하는 것 말고는 없다. 학교 뒤를 지나가는 강 건너편에는 미국 해군 사관학교가 자리 잡고 있어, 공부에 집중하기에는 최적의 장소라고 생각된다. 한국 음식이 그리울 때가 가끔 있지만, 모든 유학생들이 힘들어하는 음식문제를 빼고는 동네도 조용하고 참 좋은 위치에 있다고 생각한다. 학교 뒤에 큰 강이 있기에 카누를 타고 돌아다니는 학생들도 쉽게 볼 수 있고, 해군 사관 학교 군인들과 여러 스포츠 교류도 하는 등, 지리 조건은 참 좋다.

마무리: 좋은 만큼 어려운 과정,
선택에 신중하기를

훌륭한 교육 시스템을 가지고 있는 만큼, 그 과정 또한 매우 어려운 것이 ST. John's College의 특징이다. 새로운 교육 시스템에 대한 호기심만 가지고 도전하기에는 무리가 있는 학교라고 생각한다. 양날의 검이 될 수 있는 만큼, 신중한 선택을 하기 바란다.

University of Richmond

내가 꿈꾼 대학은
버지니아였다

◆ 권윤민(Biology 2학년) ◆

University of Richmond	
위치	Univ. of Richmond, Virginia
학교 홈페이지	www.richmond.edu
설립연도	1830
학부생 수	3194
교수 : 학생 비율	1:8
남 : 녀 비율	47 : 53
국제학생 비율	8.8%
등록금	52610$
기숙사&식비	12250$
재정보조를 받는 학부생 비율	42%
한 학생 당 재정보조를 받는 평균 금액	47968$
졸업 후 취업률 (인턴십, 프리랜서 제외)	N/A
졸업 후 대학원 진학률	N/A
유명 전공	1. Business, Management, and Marketing 2. Social Sciences 3. Biological and Biomedical Sciences 4. Multi/Interdisciplinary Studies 5. Psychology

나는 대형 명문대학을
원했다

　　　　　　　　나는 지금 리버럴 아츠 칼리지인 리치
몬드 대학에 다니지만 본래 이 대학은 내가 꿈꾸던 첫번째 대학이 아니
었다. 내가 꿈꾸던 대학은 사우스 캘리포니아 대학(University of Southern
California :USC), 일리노이 대학(University of Illinois Urbana Champaign
:UIUC) 또는 버지니아 대학(University of Virginia :UVA) 과 같이 규모가
큰 대학교였다. 주변 또래 친구들과 멘토들은 모두 4만명 이상의 학생
들이 있는 큰 대학교에 진학을 했다. 나 역시 크고 잘 알려진 주립대학
에 진학하고 싶었다. 그 중 내가 가장 가고 싶었던 대학은 버지니아 대학
(University of Virginia)이었다. 내가 버지니아 대학에 진학을 하면 거주민(In
state) 학비 적용을 받아 저렴하게 다닐 수 있었다. 이 대학은 나의 프로파
일을 볼 때 합격 가능성이 높았다. 나는 버지니아 대학에 18학번으로 입

학해 멋진 새내기 생활을 하겠다는 꿈을 키웠다.

2017년 가을부터 입시 준비를 하며 총 15개 대학에 원서를 제출했다. 나는 평소 생각대로 한국인에게 익숙하고 규모도 큰 대학에 지원을 했다. 사우스 캘리포니아 대학(USC), 버지니아 대학(UVA), 시라큐스 대학(Syracuse), UC 버클리 대학(UC Berkeley) 등이다. 더불어 작은 규모의 대학인 바드 칼리지(Bard College), 웰즐리 칼리지(Wellesley College) 그리고 리치몬드 대학(University of Richmond)에도 지원을 했다. 작은 규모의 리버럴 아츠 칼리지(LAC)에 원서를 낸 것은 내 뜻이 아니었다.

작은 규모의 학부중심 대학(Liberal Arts of College)에 원서를 낸 것은 순전히 나의 부모님, 특히 아버지의 강력한 추천 때문이었다. 아버지는 동료들과 지인들로부터 학부중심대학, LAC에 대한 설명을 들은 후, 내게 이 대학들에 갔으면 좋겠다며 적극적으로 나를 설득했다. LAC가 아버지 마음에 든 것은 소규모 강의, 교수와 학생의 친밀한 관계 그리고 광범위하고 유연한 연구 등 리버럴 아츠 칼리지만이 갖고 있는 장점 때문이었다. 큰 대학교와 달리, LAC 들은 인문, 사회과학부터 자연과학, 때로는 공학까지 폭넓게 전공을 제공하면서 소수 학생들 대상으로 강의가 이루어진다. 더불어 학생들은 열린 사고를 가지고 자유로운 분위기에서 자기 전공 분야를 폭넓게 공부한다. 대형 대학들에 비해 학생 대 교수 비율이 낮다. 주립대학의 경우 수백 명이 듣는 강의실에서 학생들은 '이방인' 취급을 받지만 LAC 들은 소수 학생들이 교수들의 세밀한 보살핌 속에 공부를 한다.

나는 부모님, 특히 아버지의 바람대로 내가 거주하고 있던 버지니아주에 있는 리버럴 아츠 칼리지인 리치몬드 대학(University of Richmond)에 지원을 했고, 합격 통지를 받아 입학했다. 솔직히 이 대학을 선택하기까지 많은 고민이 있었고, 아버지와도 갈등이 있었다. LAC는 많은 장점을 갖고 있는데 이 가운데 하나는 재정보조(Financial Aid, 장학금)를 많이 준다는 것이다. 내가 다니는 리치몬드 대학 뿐 아니라 많은 LAC 들이 국제학생들에게도 많은 재정보조를 주는 것으로 알고 있다. 재정보조 신청 절차가 다소 복잡했지만 결과는 매우 만족스러웠다. 아버지도 경제적 부담을 덜게 되어 기뻐하셨다. 친구들이 다니는 규모가 큰 주립대학 또는 중간 규모의 사립대학들과 비교할 때 리치몬드 대학은 정말 많은 재정보조를 주었다. 나는 리치몬드에서 연간 5만 1000달러의 재정보조를 받고 있다. 4년간 20만달러, 2억원이 넘는 큰 돈이다. LAC는 일정소득 규모 이하의 경제적 지원이 필요한 가정에 학비 지원을 해 준다.

내 꿈을 바꿔놓은
리치몬드 대학

　　　　　리치몬드 대학에 입학하면서 나는 리버럴 아츠 컬리지가 다른 대학들과 어떻게 차별화되는지 금세 깨닫게 되었다. 난 평생 동안 수의사가 되겠다는 한가지 꿈에 초점을 맞춰왔고, 다른 분야에는 흥미가 없었다. 하지만 리치몬드 대학은 나의 이런 생각을 바꿔 놓았다. 이 대학은 물리학부터 수사학, 저널리즘에 이르기까지 다양한 수업을 제공한다. 포렌식 화학, 비즈니스 그리고 회계학 수업까지 전문 분야 수업들도 많이 있었다. 작은 학교지만, 거의 모든 분야에 대한 수업들이 제공되었다. 작은 대학이라 제공하는 수업도 제한돼 있을 것이라는 내 생각

이 완전히 깨졌다. 내가 관심 있던 분야 이외 다른 분야에 흥미를 느낀 나는, 인류학과 전염병에 관한 수업을 들었다. 이 수업을 통해 나는 인문학 분야에 큰 관심을 가지게 되었고 다양한 수업을 통해 다양한 전문 지식을 키울 수 있었다. 또, 신입생들은 1학년 세미나 수업(First-Year Seminars, FYS)을 의무적으로 들어야 하는데 이는 LAC에서만 제공되는 특별한 수업이다. 이 수업은 학생들에게 LAC의 특별함을 각인시켜 준다. 각각의 독특한 세미나 수업에는 주제가 있고 주제에 따른 에세이, 프로젝트, 프리젠테이션이 있다. FYS 수업에서는 연구와 글쓰기 중요성을 확실하게 가르친다. 이러한 수업에서 배운 공부 방법은 모든 수업, 심지어 과학 수업에도 적용이 되었다.

LAC의 학문적인 측면과는 별도로, 리버럴 아츠 칼리지에서의 생활은 매우 독특하다. 이 대학은 학부생 3200여명을 포함해 대학원생까지 모두 합쳐도 4300명 밖에 안 되는 소규모 대학이다. 1830년 버지니아주 침례교 신자들이 세운 이 대학은 버지니아 주 주도인 리치몬드에 위치하고 있다. 이 대학은 인문과학 대학, 로빈슨 경영 대학, 젭슨 리더십 대학, 리치몬드 법과 대학 그리고 평생교육원으로 이뤄져 있다. 회계학, 부동산학, 생명과학, 경영학, 경제학, 사회학, 심리학, 역사학 등 많은 전공을 개설하고 있다. 리치몬드 대학은 버지니아에 있는 다른 학교들과 비교를 했을 때 눈에 띄게 학생이 적다. 그렇지만 미국 50개 주에서 온 학생들은 물론, 이집트, 중국, 뉴욕, 캐나다 등에서 온 국제학생들도 많다. 학교의 자유주의적 사고방식이 국제학생들을 반긴다. 첫 오리엔테이션 때 교직원들과 학생들은 이 학교만의 이상과 가치를 강조하며 대학을 소개했다. 수용과 포용은 이 대학이 강조하는 가치다. 이 대학의 또 다른 특징 중 하나는 긴밀한 공동체다. 학생들간 서로 잘 알고 있고, 친구들이나 얼굴을 서로 아는 사람들과 수업을 같이 듣는 것이 매우 흔한 일이다.

리치몬드 대학에 입학한 지 몇 주 만에 나는 이 대학에 빠졌다. 대형 대학에 가겠다고 아버지와 갈등을 빚었던 내가 우스웠다. 리치몬드 대학교 생활을 하면서 나는 고교 시절보다 사회성을 더 높일 수 있었고 내가 어디에 속했는지를 깨닫게 됐다.

다양한 커리큘럼과 프로그램

1. 다양한 전공 수업 제공

리치몬드 대학은 많은 장점을 갖고 있다. 학생의 관심 영역과 수준에 따라 다양한 전공과 수업들이 제공된다. 새 학년이 시작되기 전 여름 방학 때 학생들은 교수 또는 어드바이저와 1대 1로 일정을 잡고 수강 과목에 대한 조언을 듣는다. 어드바이저를 통해 방학 스케줄 관리 그리고 이후 새 학기 수업에 대한 조언을 충분히 들을 수 있다. 또 내가 선택한 과목들에 대해 교수들의 의견을 들을 수 있고 교수들은 내가 어떤 과목을 들으려 하는지 자세히 알게 된다. 내 경우, 프리 헬스 전공 교수와 연락을 할 수 있는 기회가 주어졌고, 교수는 내가 전공하려는 생물학에 관련한 질문을 할 수 있도록 내게 자신의 이메일 주소를 알려주었다.

리치몬드 대학은 리버럴 아츠 칼리지이지만 경영학이 유명하다. 또한 법학도 유명하다. 이 대학에서는 기본적으로는 커뮤니케이션(Language), 1학년 세미나(First-Year Seminars :FYS), 역사(Historical Studies : FSHT), 문학(Literary Studies : FSLT), 자연과학(Natural Science : FSNB, FSNC, FSNP), 사회분석(FSSA), 상징(Symbolic Reasoning :FSR) 그리고 시각 및 공연 예술 수업(Visual and Performing Arts)을 제공한다. 리버럴 아츠 칼리지이기 때문에 위에 언급한 과목의 학점을 졸업 전에 모두 이수해야 한다. 리버럴 아츠 칼리지는 학생들이 전인격적인(well-rounded) 학생으로 모든 분야에 잘 적응하도록 도와주려고 한다. 이런 차원에서 다양한 과목의 수업을 듣게 한다. 또한 고등학교 때 들었던 AP 과목들을 인정해 주며, 학생들은 리치몬드 대학 생활 4년 동안 나머지 학점을 채워야 한다.

리치몬드 대학에서 제공하는 여러 전공 가운데 하나를 소개하면 젭슨 대학의 리더십학이다. 전 세계 몇몇 대학들은 글로벌 리더를 키우기 위해 이 전공을 제공하고 있다. 이 수업은 주로 역사적으로 유명한 지도자들의 리더십에 대해 배우는데 일반 과목보다 수강 시간이 길다. 인문과학 대학과 로빈슨 경영 대학에는 학생들이 전공과 함께 부전공으로 들을 수 있는 수업들이 많다. 모든 수업들은 수준별로 세분화되어 있고 학생들은 졸업 이전까지 들으면 된다.

리치몬드 대학의 또 다른 장점 중 하나는 복수 전공 또는 복수 부전공을 할 수 있다는 것이다. 이 학교의 학생들이 복수 전공 또는 복수 부전공을 하는 것은 매우 흔한 일이다. 학교에서 많은 분야의 수업들이 제공되기 때문에 많은 학생들이 복수 학위(Dual Degree) 따기를 희망한다. 예를 들어 경영학과 정치학을 같이 전공할 수 있는데 경영학과 학생들에게 매우 인기가 있다. 리치몬드 대학에 입학하기 전까지 나는 복수 전공을 할 생각이 전혀 없었다. 그러나 공부를 하면서 생각을 바꿔 생물학을 전공하면서 철학과 심리학 전공을 함께 하기로 했다. 리치몬드 대학에서는 많은 수업을 제공하고 있고, 도와주는 어드바이져가 있기 때문에 가능하다.

과목들은 난이도와 흥미면에서 매우 잘 구비되어 있다. 수업들은 굉장히 도전적이지만 교수들은 많은 학생들이 어려움을 극복하고 한계를 넘을 수 있도록 이끌어 주고 있다. 수업들이 어렵기는 하지만, 자신의 전공을 위해 필요한 것이 무엇인지 스스로 생각하게 한다. 누구라도 쉽게 얻을 수 있는 고깃덩어리는 아니지만 올바른 생각과 결단력으로 수업에 임

하면 어렵지 않게 얻을 수 있다. 많은 수업들의 공통점 중의 하나는 인문학을 전공하거나 과학을 전공하거나 글쓰기와 독서 과제가 엄청나게 많다는 것이다. 덕분에 학생들은 수업을 통해 효과적인 글쓰기를 할 수 있게 된다. 이것은 연구 능력을 향상시켜 직장에서 일을 할 때 매우 유용한 능력이 된다.

리치몬드 대학의 수업들은 내가 버지니아에서 다녔던 고등학교 수업과는 많이 달랐다. 가장 큰 차이점은, 기말고사와 중간 중간에 보는 퀴즈와 쪽지 시험으로 성적을 낸다는 것이다. 마지막 학기말 혹은 학년말 시험에서는 모든 것을 이해해야 시험을 치를 수 있다. 많은 수업들은 학생들이 서로의 생각을 공유할 수 있도록 진행되어, LAC 학교 학생들은 비판적 사고를 키울 수 있고, 생각을 친구들과 나눌 수 있다. 이를 가능하게 하기 위해서 교수들은 학생들이 적극적으로 수업에 참여할 수 있도록 이끌어 준다.

2. 교수, 교직원, 학생 간의 친밀함

교수들과 친밀한 관계를 가질 수 있는 기회도 많다. 학생 수가 적기 때문에 교수들과 약속을 잡고 얘기를 할 수 있는 기회가 많다. 나는 종종 약속 시간을 따로 잡지 않고 교수들을 만나고 얘기를 나눌 수 있었다. 나는 가능하면 교수들을 학기 초에 만날 것을 추천한다. 교수들은 어떠한 상황에서도 학생들을 환영하고 또 도움을 준다. 학생들은 수업 자료, 수업 분위기, 개인적 어려움에 대해 교수과 상의하고 조언을 들을 수 있다. 거기에는 항상 격려가 뒤따른다. 강의실 밖에서도 학생들과 교수들이 자주 어울린다. 나는 종종 학교 도서관, 카페, 식당에서 교수들과 대화를 나누기도 했다. 수업 외에 교수들과 강의실 밖에서 만나 대화를 나눌 수 있는 건 매우 특별하다. 이런 교수와 학생들 간의 인간적 만남은 주립대학 같은 대형 대학이 아닌 작은 대학, 리버럴 아츠 칼리지라서 가능하다.

미래를 위해서 교수와 교직원들과 관계를 형성하는 것은 매우 중요하다. 인턴십, 연구, 교환학생을 지원할 때 교수 추천서를 받아야 하기 때문이다. 교수들과 개인적으로, 인간적으로 친해지면 그만큼 추천서 내용이 좋을 수밖에 없다. 리치몬드 대학에 오기 전부터 선배들은 교수들과 좋은 관계를 형성할 것을 조언했다.

몇몇 교수들은 종종 상상을 뛰어넘는 방식으로 학생들과 교류한다. 수업을 두 서너 번 들으면 서로 서먹함이 없어지고 교수와 학생들은 인간적으로 친해진다. 교수들은 가끔 친해진 학생들을 집으로 식사 초대를 한다. 내가 1학년을 마칠 즈음에 교수들은 앞으로의 생활에 대해서 알려 주고 연락을 취하라고 했고 내게 개인적으로 메일을 주기도 했다.

3. 1학년 때부터 할 수 있는 연구활동과 인턴십

리치몬드 대학의 인턴십이나 연구 활동은 신입생들에게도 큰 인기가 있다. 나는 이 대학에 오기 전에 대학 생활에서 인턴은 보통 2, 3학년 때 한다는 생각을 갖고 있었다. 하지만 리치몬드에서는 훨씬 더 일찍부터 인턴을 시작할 수 있는 기회가 제공된다. Spiderconnect 라는 학교 자체 시스템이 있는데 이것을 통해 학생들이 연구 활동이나 인턴십을 직접 찾을 수 있다. 학교 교직원들도 Spiderconnect를 이용한다.

조사한 바에 따르면, 많은 학생들이 1학년 때 연구 활동을 시작하고, 여름 방학 동안에 교수의 연구를 돕는다. 과학분야 전공 학생들에게 리서치 프로그램은 매우 일반적이다. 그래서 이 학생들에게 매우 인기가 있다.

리서치 프로그램과 함께 티칭 프로그램도 잘 되어 있다. 대부분 대형 대학에서는 대학원생인 TA, RA조교들이 학생들을 가르치지만 리치몬드 대학에서는 교수들이 직접 학생들을 가르치며 연구 활동을 한다. 모든 리치몬드 대학 학생들은 여름 동안 교수와 함께 연구를 하며 보낼 수 있다. 나도 친구들과 1학년 때부터 리서치 활동을 시작했다. 학교에서는 연구 활동을 하는 학생들을 위해 방학 동안 기숙사에 머물게 해주고 식사를 제공한다. 학생들은 교수들이 제시하는 특별한 주제들에 대해 연구를 하고 그 결과를 직접 발표한다. 이것은 1학년 새내기들에게 대단히 특별한 일이고 동시에 보람 있는 일이다. 이는 대학 1학년부터 대학원 준비를 하는 셈이다.

인턴십도 마찬가지다. 대학이 학생을 인턴기관과 연결되도록 도와준다. Spiderconnect와 같이 Richmond Guarantee 도 학생들에게 엄청난 지원을 해 준다. Richmond Guarantee는 학생 1인당 최대 $4000를 인턴십, 연구, 교환학생프로그램을 위해 지원해 준다. 많은 학생들이 경제적 부담없이 자유롭게 활동할 수 있게 해주는 지원이다. 이 덕분에 리치몬드 학생들은 세계 곳곳을 돌아 다니며 공부한다. 결국 리치몬드는 이러한 프로그램으로 인해 뛰어난 학생들을 배출하게 된다. 이는 리치몬드 대학의 훌륭한 학생 지원 프로그램 중 하나이다.

학기 중에는 학생들이 참여하고 들을 수 있는 연설, 컨퍼런스, 방문 이벤트 등이 제공된다. 기업의 CEO들이 학교로 직접 찾아와 학생들과 대화를 나누고, 학교는 기업 CEO와 학생들이 서로 관계를 맺을 수 있는 기회를 제공한다. 인턴과 연구활동 외에도 직업에 대한 컨퍼런스나 이벤트들도 많다. 또한 리치몬드 대학에는 등록금을 위해 돈을 벌 수 있는 Study-aid 가 있어 대학 내에서 다양한 일을 할 수 있다. 카페테리아에서 차를 나르거나 프론트 데스크를 맡아 일을 한다. 한마디로 학교 내 아르바이트로 매우 다양한 일들이 있다. 잡 페어 이벤트 기간 동안에 학생들은 캠퍼스 안팎에서 일거리를 찾을 수 있다.

학교는 학생을 위해
존재한다

그런데 리치몬드 대학의 단점을 말하라면 학부생들이 이용할 수 있는 도서관이 하나 뿐이라는 점이다. 학교에 총 2개의 도서관이 있지만, 하나는 법학 전공 학생들을 위한 도서관이다. 리치몬드 대학 중심에 있는 Boatwright Memorial 도서관은 학생들에게 굉장히 인기가 많다. 도서관 안에는 미팅룸, 공부방, 미디어방, 컴퓨터실, 휴게소 등이 있다. 이 도서관은 4층 건물로, 층마다 조용히 해야 하는 곳과 대화를 나눌 수 있는 공간이 각각 나뉘어져 있다. 학생들은 회의, 공부, 그룹 프로젝트, 휴식 등을 위해 도서관에 간다. 시험 기간만 되면 도서관 자리 잡기가 힘들어 도서관 자리가 부족하다는 것을 종종 느끼곤 했다. 하지만 학기 중에는 24시간 이용할 수 있다. 심지어 배고프고 졸린 학생들을 달래 줄 카페테리아는 오전 1시까지 연다.

리치몬드 같은 작은 대학의 장점은 다수의 학교 건물과 강의실을 도보로 다닐 수 있다는 것이다. 캠퍼스 안에 학교 버스가 있지만, 학생들이 다음 수업을 들으러 갈 때는 보통 걸어 다닌다. 대형 학교와 달리, 작은 학교이기 때문에 가능한 일이다. 친구를 쉽게 만날 수 있는 것도 장점이다. 리치몬드 대학에는 많은 강의실이 있고 강의실은 강의가 끝난 이후에도 학생들이 공부할 수 있도록 열려 있다. 특히 도서관에 자리가 차면 학생들은 강의실에서 공부하기도 한다. 여기에도 휴식공간과 자판기가 있다. 나는 친구들과 공부할 공간을 강의실로 정해 들어가기도 한다. 넓고 편안하고 무엇보다 항상 열려 있어 공부하기에 정말 좋은 공간이다.

리치몬드 대학의 학생 식당도 아주 좋다. Heilmann Dining 식당은 캠퍼스에서 하나뿐이지만 무척 넓다. 이 곳에서는 건강하고 맛있으며 다양한 음식이 제공된다. 더불어 색다른 식단으로 지정된 구역도 있다. 예를 들어, 채식/ 비건식, 그릴 음식, 이탈리아식, 디저트 등 코너 별로 각 식단이 지정되어 있다. 메뉴는 매일 다르며, 학교 웹사이트에서 볼 수 있다. 특히 디저트 코너는 조금 특별하다. 여기에만 100만달러를 썼다는 소문이 날 정도로 다양하며, 모든 학생들에게 다양한 디저트를 제공한다. 이 학교의 디저트가 인기가 많고 맛있다는 점은 모든 리치몬드 대학 학생들이 동의할 것이다. 캠퍼스 안에는 메인 식당 외에도 여러 음식점이 있다. 그 중 일부는 Tyler's Grill, The Cellar, 8.15 그리고 Passport이다. 학생들이 다른 수업으로 이동하거나, 바쁠 때에 간편하게 이용할 수 있는 스낵 코너다. 매 학기마다 학생증에 돈을 충전을 해서 직불 카드처럼 캠퍼스 전역에서 편리하게 사용할 수 있다.

시험 기간 중 심리 치료 위해
개 붙여주는 대학

작은 규모의 학교이지만 학교 자체에서 진행하는 행사들이 많다. 예를 들어 매주 열리는 Spider Night는 학생들에게 금요일 밤에 즐길 수 있는 오락 거리와 스낵을 제공해 준다.

학기 중에는 학생들에게 인기가 많은 콘서트들이 개최된다. 시험 기간에는 스트레스 받는 학생들에게 심리치료를 위해 개(Dog)를 붙여 주고 예쁜 가방들을 나눠 준다. 이 덕분에 학생들은 스트레스를 덜 받고 즐거운 학교 생활을 할 수 있다.

내가 손꼽는 리치몬드 대학의 최고 장점은 학교와 학생들 간에 공동체가 잘 형성되어 있다는 것이다. 학교는 모든 학생들에게 즐거움과 기회를 준다. 이는 리버럴 아츠 방식의 교육 때문이라고 생각한다. 그러나 낡은 기숙사는 신입생들에게 불편함을 주는 곳이다. 학교 역사가 길기 때문에 그렇다. 그래서 신입생들은 기숙사를 그렇게 선호하는 편이 아니다. 기숙사는 Westhampton 과 Richmond 양측에 위치하고 성별에 따라 구분되고 욕실은 공용이다. 다행히 신입생들을 위한 기숙사는 점차 개축되어 나아지고 있는 상황이다.

학교에는 1학년들을 위한 Roadmap과 Endeavor라는 단체가 있다. 이 두 단체를 통해 학생들은 작은 공동체 속에서 더 가까워진다. Endeavor 나 Roadmap에 속해 있으면 학생들은 같은 기숙사에 들어간다. 2학년이 되면, Sophomore Scholar 기숙사(SSIR)에 들어가 같은 기숙사에서 생활하고 같은 수업을 듣는다. 학년이 올라갈수록 기숙사 환경은 좋아져 두 명이 1개의 욕실을 사용할 수 있게 된다. 3학년, 4학년 학생들은 아파트

형 기숙사를 신청할 수 있는데 이곳은 매우 넓고 깨끗하다. 리치몬드 대학 학생 대부분은 4년 내내 캠퍼스 안에서 생활을 하고 거의 모든 학생들이 캠퍼스 안에서 이사를 한다. 이유는 캠퍼스에서 학교생활에 필요한 모든 것들이 주어지기 때문이다. UCLA 나 Virginia Tech 같이 큰 학교들처럼 학생들이 많아 기숙사에 못 들어가는 일은 없다.

리치몬드 대학은 아름다운 캠퍼스로도 잘 알려져 있다. 350 에이커(42만 8000평)이다. (참고로 연세대 신촌 캠퍼스가 29만평, 고려대 안암 캠퍼스가 20만평이다.) 리치몬드 대학은 무성한 나무와 꽃들로 둘러 쌓여 있기 때문에 굉장히 자연 친화적이다. 캠퍼스 가운데에는 호수가 하나 있고 캠퍼스는 항상 열려 있기 때문에 외부인들이 학교를 방문하여 산책을 하기도 한다. 캠퍼스의 위치도 정말 좋다. 버지니아 주도인 리치먼드의 중심부에 있기 때문이다. 학교 밖으로 나갈 일이 있으면 학교 셔틀 버스를 이용하여 다녀오면 된다. 다수의 신입생들이 차를 학교로 가져오지만 리치몬드 대학에서는 학교 안에 버스, 셔틀, 자전거, 렌터카 서비스들이 잘 되어 있어 차를 가져올 필요가 없다. 최근 리치몬드 대학에서 자전거 문화가 시작되었다. 노란 자전거는 캠퍼스 어디서나 자유롭게 사용할 수 있다. 학교 내에서는 자동차가 필요 없고, 자전거 이용은 친환경적이기 때문에 학생들에게 인기가 많다.

연 5,800달러
장학금 받다

많은 학생들과 학부모들은 리치몬드 대학의 재정보조/장학금 제도에 대해 궁금해 한다. UIUC 같은 큰 대학, 특히 주립대학들은 학생들이 너무 많아서 학생들이 원하는 만큼의 장학금을 주기 어렵다. 더군다나 주립대학은 국제학생에게는 재정보조를 주지 않는다. 하지만 이 대학에는 장학금 제도가 많을 뿐만 아니라, 많은 액수를 학생에게 지원해 준다. 장학금 종류로는, Bonner Scholar, Richmond Scholar 그리고 Presidential Scholar 등이 있다. 학교에 있는 재정 보조 오피스로 가면, 재정보조 관련 정보를 많이 얻을 수 있다. 리치몬드 대학의 재정보조 부서는 각 학생들에게 이메일을 보내서 재정보조에 관한 정보를 제공하고 실제로 경제적으로 어려운 학생들에게는 많은 액수의 재정보조/장학금을 제공한다. 나도 이 대학에서 1학년때는 연간 50,000달러, 2학년 때는 8000달러가 증액된 58,000달러의 재정보조를 받았다.

리치몬드 대학에서 스포츠 인기가 엄청나다. 나는 작은 규모의 대학이라서 뛰어난 스포츠 팀이 있을 거란 생각을 못했다. 리치몬드 대학 스포츠 팀들은 자부심이 강하고, 학생들은 보통 축구, 농구, 야구 게임에 많이 참여한다. 위 종목 외에도 수구, 축구, 필드하키, 라크로스 등 많은 종목들이 있다. 꼭 운동에 소질이 있어야 할 수 있는 것은 아니고, 스포츠 클럽 가입을 희망하는 학생들에게도 많은 기회가 주어진다. 이들은 일주일에 몇 번 만나서 가벼운 게임 및 훈련을 한다. 바쁜 학생들에게 가장 인기가 많은 종목은 양궁, 태권도, 조정, 배드민턴 등이다.

동아리 활동도 학생들에게 인기가 많다. 동아리는 학생들이 가입하기가 쉽고 대부분 학생들은 하나 이상의 동아리에 가입한다. 전문 분야 동아리, 문화 동아리, 스포츠 동아리 등 많은 분야의 동아리들이 있다. 캠퍼스 안팎으로 Sorority/ Fraternity(미국대학의 여학생 클럽/남학생 클럽) 활동들도 활발하다. 이 단체 활동을 통해 신입생들은 친구를 사귀고 자원봉사를 할 수 있는 기회가 생긴다. 주목할 만한 단체로는 대표적인 학습 친목모임인 DEM이 있다. 이 동아리는 Pre-med 과정을 위해 생긴 동아리로 여기서 학생들은 의학적 지식을 미리 쌓고 서로 도우면서 공부한다. 미국의 많은 대학 가운데 이런 동아리가 있는 학교는 별로 많지 않을 것이다.

수의대에서
로스쿨로 진로 변경

　　　　　　　나는 아버지의 권유로 리치몬드 대학에 입학은 했지만 2학년 때 다른 대학으로 편입을 하려고 했다. 나의 목표는 오로지 생물학을 전공해 수의사가 되는 것이었고 리버럴 아츠 칼리지는 나의 미래를 실현하기에는 너무 자유주의적 사고 방식의 학교였다. 나는 보다 명성이 있고 학생 수가 많은, 규모가 큰 대학으로 옮기거나 심지어 한국에 돌아 갈 생각까지 했다. 내가 배우고자 했던 동물학 관련 수업들은 내가 가고 싶어했던 일부 학교들, 즉, UIUC, UC Davis, Cornell 대학 그리고 U Penn 에서만 제공이 되었기 때문이다. 나는 리치몬드 대학을 대형 대학으로 가기 위한 디딤돌로만 생각했다.

　그러나 입학한 이후 나의 생각과 계획은 완전히 바뀌었다. 이런 결심이 선 건 1학년 2학기 때였다. 리치몬드 대학에서 진행하는 수업이나 프로그램들이 나에게 더 이상 다른 생각을 하지 못하도록 매료시켰다. 나는 내가 잘하는 것과 좋아하는 것이 조화를 이루기를 바랐다. 생물학은 언제나 나의 최우선 관심분야였지만, 내가 생각했던 것보다 훨씬 더 어려운 분야였다. 개인적으로 내가 무엇을 잘 하는지 다시 생각을 하고 계획을 세워야만 했다.

　이제 나는 내 관심 분야는 무엇인지 다시 고려해 보고, 어떤 분야를 잘 할 수 있는지 제대로 탐구를 하고 졸업을 하고자 한다. 나는 리치몬드 대학에서 앞으로 가치 있고 유익한 수업들을 더 듣고 나의 한계를 뛰어 넘기 위해 항상 노력할 것이고 학업 외 훌륭한 관계 맺기를 위해 많은 노력을 기울일 것이다.

처음에는 생물학에 초점이 맞춰진 동물학을 하는 것이 나의 목표였지만 앞으로 나는 전공은 생물학으로 하고 부전공으로 철학과 심리학을 공부하려고 한다. 내가 철학이나 심리학에 관심을 갖게 된 건 이 대학 덕분이다. 내가 만약 UIUC에 갔더라면, 결코 인문학 분야에 흥미가 있다는 사실을 알지 못했을 것이다. 나에게 새로운 관심 분야를 알게 해 주었고 소중한 지식과 경험을 얻을 수 있게 한 UR에 감사한다.

대학 졸업 후 계획도 바뀌었다. 나는 항상 수의사가 될 때까지 수의대 대학원에 가서 공부를 하고 싶었는데 더이상 고민을 하지 않게 되었다. 리치몬드 대학 로스쿨은 굉장히 유명하다. 이로 인해 나는 법학에 대한 관심이 저절로 생겼고 앞으로 로스쿨에 가길 희망한다. 앞으로 남은 3, 4학년 생활 중 내가 진심으로 하고 싶은 전공이 어떤 것인지 스스로 현명하게 판단하기 위해 리치몬드 대학의 Spiderconnect, Richmond Guarantee 와 같은 기회를 모두 이용할 계획이다. 향후에 Richmond Guarantee를 통해 다른 나라에 가서 연구 또는 인턴을 할 수 있는 기회를 갖고자 한다. 또, 여름에 리치몬드 대학에서 학교에서 연구 활동을 할 것이고, 세계적으로 가치 있는 사람이 되기 위해 노력할 것이다.

리치몬드 대학의 리버럴 아츠 교육은 정말 가치 있다. 리버럴 아츠 교육을 통해 나는 여러 분야의 학문을 찾을 수 있게 되었다. 나의 목표도 내가 이전에 전혀 고려하지 않았던 다른 분야로 바뀌었다. 나는 리치몬드 대학에 오게 된 것을 정말 감사한다. 남은 시간 동안 이 대학이 제공하는 좋은 기회들을 이용해 내 인생을 업그레이드시킬 생각이다.

Wabash College

와바시는 끊임없이
도전한다!

◆ **이인범**(물리학과 졸업, Indiana University–Bloomington, 물리학 박사과정)

Wabash College (남학교)	
위치	Crawfordsville, Indiana
학교 홈페이지	www.wabash.edu
설립연도	1832
학부생 수	864
교수 : 학생 비율	1:10
남 : 녀 비율	100% : 0%
국제학생 비율	6.8%
등록금	43650$
기숙사&식비	10050$
재정보조를 받는 학부생 비율	76%
한 학생 당 재정보조를 받는 평균 금액	37666$
졸업 후 취업률 (인턴십, 프리랜서 제외)	65%
졸업 후 대학원 진학률	27.5%
유명 전공	1. Political Science and Government 2. Mathematics 3. Spanish Language and Literature 4. English Language and Literature 5. Biology/Biological Sciences

미국에 단 3개 뿐인
4년제 남자대학

나는 미국 인디애나 주에 있는 와바시 대학
(Wabash College)을 2016년에 졸업했다. 이 대학은 1832년에 설립된 리버
럴 아츠 칼리지로 인디애나 주 크로포즈빌(Crawfordsville)이라는 작은 마
을에 위치하고 있으며 남학생만 입학이 가능한 남자대학이다. 이 대학은
동부의 리버럴 아츠 컬리지들을 모델로 설립된 학교다. 설립자 중 대부분
은 장로교 목사들이었지만, 그럼에도 불구하고 와바시 대학을 종교와 관
계없이 독립적인 학교로 만들었다. 오로지 많은 이들의 교육을 위해 설립
된 와바시는 오랜 전통을 유지하고 있는 멋진 학교다.

미국 전체에서도 4년제 남자 대학교는 단 3개 밖에 없다. 남학생만 받
기 때문에 이 대학 학생 수는 1000명이 채 되지 않는다. 그런데 지원을
위해 학교에 관한 리뷰들을 읽어보니 몇 가지 수치만으로는 알 수 없는

강점들이 있어 보였다. 입학 허가를 받은 후 나는 우수 장학생 선발 주간 (Honor Scholarship Weekend)에 와바시 만의 fly-in 프로그램 참석 겸 장학금 선발 시험을 보기 위해 와바시 대학을 방문했다. 그때 참관한 수업시간에 학생들이 집중하는 모습이 인상적이었다. 내가 묵었던 남자 클럽 (fraternity: 편집자 주. '형제'라는 의미의 라틴어인 'frater'에서 유래) 에서는 남자들만 있기에 나올 수 있는 분위기를 느꼈다. 그럼에도 항상 캠퍼스 내에는 근처 다른 학교의 여학생들이 자유롭게 출입했기에 남자학교라는 것이 느껴지지 않았다. 도리어 신사 규칙(Gentleman's rule) 등을 통해 사회에서 남자로 어떻게 살아가야 하는 지를 강조하는 모습이 매력적으로 느껴졌다.

여기서 신사 규칙(Gentleman's rule)이란 와바시의 모든 규칙을 함축해 놓은 문구다. "The student is expected to conduct himself at all times, both on and off campus, as a gentleman and a responsible citizen."(와바시 학생은 캠퍼스 내외에서 언제든 신사로, 그리고 책임감 있는 시민으로서 행동해야 한다.) 학교 내에서 잘잘못을 가릴 때 다른 규칙을 적용하기 전, 먼저 이 신사규칙을 떠올려 자신의 행동이 신사적이고 책임감 있는 행동이었는지를 생각해 보게 한다. 그러다 보면 학교 교칙을 들어 판단하기 전 자신의 행동을 돌아보고 반성하는 기회를 얻게 된다.

우수 장학생 선발 주간(Honors Scholarship weekend)에 나는 네 과목 시험을 봤는데 그중 세 과목 시험 성적이 좋게 나와 장학금을 많이 받을 수 있었다. 당시 학교를 방문했을 때, 도시보다는 한적한 분위기를 좋아하는 나에게 인디애나 주는 참 알맞은 환경이라고 생각했다. 나는 조기유학생으로 버지니아 주에서 가톨릭 사립학교에 다녔다. 10학년 2학기에 미국 고등학교로 유학을 갔고 처음 다닌 학교는 학생 수가 50명이 채 되지 않는 작은 학교여서 11학년부터는 버지니아에 있는 좀 더 큰 학교로 전학을 해 미국인 가정에서 홈스테이 하면서 학교에 다녔다. 그런 나에게 미국 중부 인디애나 주라는 새로운 환경으로 가는 것은 하나의 도전이었고 홈스테이를 계속하다가 기숙사로 가게 되는 것도 새로운 전환이었다.

15명 소규모 클래스
질문 위주의 토론수업이 핵심

와바시 대학 입학 전 여름, 학교에서 보내준 사전 준비 가이드에는 신입생 지도 시간(Freshman tutorial: FRT)이란 수업이 설명되어 있었다. 이는 모든 신입생이 들어야 하는 클래스로 소규모 그룹 토론 수업이어서 각 클래스마다 15명의 정원이 정해져 있다. 수업 내용은 수업을 맡은 교수의 재량으로 정해지며 주로 일반적인 커리큘럼의 수업에서 다룰 수 없는 내용을 담기에 교수들 또한 큰 만족을 느끼는 수업이다. 이 수업을 통해 신입생들은 기본적인 글쓰기 훈련과 토론 훈련, 주제 연구 등 대학 연구 활동에 필수인 요소들을 경험하게 된다.

나는 "We are What We Speak: The Life and Death of Languages"라는

주제의 수업을 선택했다. 이 수업은 스페인어, 프랑스어와 언어학을 공부하고 슬로베니아에서도 가르쳤던 제인 하디(Dr. Jane Hardy)교수가 담당했다. 하디 교수는 수업을 통해 우리가 자주 접하는 언어들과 그 외의 여러 가지 언어의 특징들을 가르쳐 주었다. 또한 언어가 어떻게 문화와 연결되어 있는지, 그 언어가 사용하는 사람들의 생각을 어떻게 규정하는지, 나아가서는 사람의 정체성이 어떻게 정해지는지에 대해 배웠다. 이 수업은 한 번도 해보지 못했던 공부여서 새롭고 즐거웠다. 또한 와바시 대학은 신입생 지도 시간을 담당하는 교수가 자신의 수업을 듣는 학생들의 첫 아카데믹 어드바이저(Academic Advisor)가 되도록 시스템을 만들어 놨다. 학생 입장에서는 처음 깊이 접하는 교수가 학업과 진로에 관한 상담을 해주는 것이 학교에 적응하는데 큰 도움이 된다.

나는 입학할 때 수학을 전공하고자 했다. 그런데 입학 후 첫 학기부터 언어학 수업을 신청해서 듣게 되었다는 사실이 무척 신선했고 즐거웠다. 또한 이때 함께 수업을 들은 친구들은 대학 4년 내내 친구가 되었고, 먼 외국에서 온 나를 스스럼없이 열린 마음으로 받아주었다.

두 번째 학기 클래스 중 가장 인상 깊었던 수업은 '지속적인 질문' (Enduring Questions)이라는 토론 수업이다. 첫 학기 때의 '신입생 지도 시간' 과목과 비슷하게 모든 1학년 학생들이 들어야 하는 수업이다. Colloquium(그룹 토의)라는 수업 이름에서 알 수 있듯 토론을 기본으로 하는 수업이었다. 이 땅에 사는 모든 인간이 접할 수 있는 근본적인 질문들 - 나는 누구인가? 삶은 무엇인가? 사람은 어떻게 살아야 하는가? -에 대해 동서고금의 사람은 어떠한 생각을 했는지, 여러 문학들을 읽으며 학생들이 토론하고 생각을 나누는 수업이었다. 가르치는 교수는 당시 대학 학장(Dean of the College)를 맡고 있던 개리 필립스(Gary Phillips) 교수였다. 종교, 철학, 기독교 신학 등을 전공한 교수인데 선택한 책의 목록은 너무나 다양했다. 기억에 남는 책으로는 '길가메시', 노자의 '도덕경', 헤르만 헤세의 '싯다르타' 등으로 종교와 동서양을 뛰어넘어 모든 지혜로운 사람들에 관한 글이다. 이 수업은 삶의 근원적인 질문에 대해 스스로 답을 구해가는 대학 생활의 시작을 돕는 수업이었다.

각 수업은 책을 읽고 준비해온 생각을 가지고 토론하는 형식이다. 각 책이 참으로 이해하기 쉽지 않은 책이지만, 교수의 잔잔하지만 확실한 지도를 받으며 토론하는 법을 조금씩 배워갔다. 대학 학장을 맡고 계신 분이라면 권위적이라고 예상할 수도 있겠지만 필립스 학장은 정말 침착하고, 학생이 스스로 생각할 수 있게 기다려 주고, 생각을 도울 수 있게 적절한 질문을 던지는 지혜롭고 현명하신 분이었다.

한번은 수업의 제목인 지속적인 질문, 'Enduring Questions'에 대해 대화를 나눴다. 본래 의도는 삶의 근본적인 질문들이 왜 인류를 거치며 사라지지 않고 계속 되는지 토론하는 것이었다. 하지만 나는 영어가 미숙해서였는지 다르게 해석을 했다. 즉, 삶에서 쉽게 답을 내놓지 못하는 그 질문들을 사람들은 어떻게 견뎌왔는지를 배우는 수업이라고 생각했다. 그 생각을 필립스 학장님에게 전했을 때 학장님께서는 비웃을 수도 있었을 것이다. 하지만 그분은 내 생각 또한 맞는 것 같다고 말씀하셨다. 그는 이 질문들은 쉽게 답을 내놓을 수 없는 질문들이고 누구든 삶을 살면서 평생을 고민하며 반복하는 질문일 것이라고 말했다. 그리고 우리의 삶은 이 질문들을 '견디며' 살아가는 것 같다고 진지하게 대답해 주었다.

와바시 대학의 좋은 점 또 한 가지는 워낙 학교가 있는 마을이 작다 보니 교수들이 캠퍼스 가까이에 산다는 것이다.(캠퍼스 자체가 작아서 15분이면 대각선 가장 먼 거리로 끝에서 끝을 갈 수 있다.) 캠퍼스 바로 길 건너에 있는 빅토리아 여왕 시대 스타일의 집에 대대로 학장이 거주하는 것이 대학 전통 가운데 하나다. 필립스 학장은 수업을 듣는 모든 학생들을 집으로 초대해 함께 식사하며 대화를 나누는 것을 좋아했다. 또한 학교 캠퍼스 바로 앞에 있는 집이니 대화를 하고 싶을 때 언제든 찾아오라고 말씀하셨다. 이외에도 많은 교수들이 가족, 자녀들과 함께 캠퍼스를 거닐며 저녁 시간을 보내고 학생들과 교류하는 것이 와바시 대학의 큰 장점 중 하나다.

음악 레슨,
대학에서 무료 지원

신입생들을 위해 준비된 필수 과목들을 제외하고 와바시 대학의 커리큘럼은 자유롭다. 2학년 2학기까지는 전공을 확정하지 않기 때문에 학생들에게 제한없이 수업을 듣도록 장려한다. 물리 전공을 선택한 나는 수학을 부전공으로 정했고 그것은 당연한 것이기도 했다. 하지만 나는 더불어 음악도 부전공으로 했다. 스페인어 과목도 한 과목만 더 들었으면 부전공을 할 수 있었을 텐데 워낙 다양한 수업들을 많이 듣다 보니 한 과목을 더 채우기가 쉽지 않았다. 이 글을 쓰며 성적표를 다시 보니, 3학년 2학기 전까지는 한 학기에 전공 과목보다 다른 과목들을 더 많이 들었다. 전공과목 외에도 수학과 스페인어, 음악 이론,

음악사, 철학, 경제, 심리, 글쓰기, 컴퓨터 프로그래밍, 중세문학 등 다양한 분야의 수업을 들었다.

음악을 부전공으로 정하게 된 이유는 그저 음악을 듣는 것이 좋았기 때문이다. 음악을 제대로 배운 적이 없지만 스스로 베이스 기타와 같은 악기를 배우며 음악에 관심이 많았던 나에게 와바시 대학은 큰 기회를 주었다. 음악 이론을 배우고, 음악사를 들으며 개인적으로 접할 기회가 적었던 고전 음악과 현대 음악에 대해서도 배웠다. 또한 와바시 대학에서 음악을 부전공으로 하게 되면 매년 2번씩 대중들 앞에서 악기나 성악을 배워 발표를 해야 했다. 예전부터 레슨을 꼭 받아보고 싶었지만, 상황이 잘 따라주지 않았던 나에게는 정말 큰 기회였다.

1학년부터 4년 내내 성악 수업을 들었고 중간에 베이스 기타 및 피아노 수업을 추가로 들었다. 한 개의 레슨은 무조건 학교에서 지원해 줘서 무료로 받을 수 있었고 두 개의 레슨을 동시에 받을 때도 다른 곳에서 받는 것과 비교할 수 없이 저렴한 수업료를 지불하고 레슨을 받을 수 있었다. 근처에 있는 인디애나 대학교의 제이콥스 음대는 전미에서도 손에 꼽는 훌륭한 음대인데 그곳 출신의 강사들에게 레슨을 저렴한 가격에 받을 수 있다는 것은 대단한 행운이었다. 다양한 음악 수업을 들으면서 물리와 거리가 먼 음악을 부전공으로 하게 되어 나는 나의 이성과 감성이 균형 잡혔다고 생각한다.

와바시 신입생 통과 의례 : 응원가 "Old Wabash" 외우기

1832년에 개교해 오랜 전통을 가진 와바시 대학은 대학 곳곳에 역사의 흔적들이 남아있고 학생들은 그것을 아끼고 존중하며 살아간다. 몇 가지를 소개하자면, 와바시 체육관 건물에 학교를 상징하는 큰 W자 로고가 바닥에 그려져 있는데, 학생들은 그 W를 밟지 않는 전통이 있다. 약간 미신적인 요소를 더해, 밟으면 졸업하지 못한다는 얘기가 있다. 비슷한 예로 학교를 졸업할 때 반드시 지나가는 아치가 있는데 재학생이 그 아치 아래를 지나가면 졸업하지 못한다는 말도 있다. 이러한 전통들은 새로 들어온 학생들이 학교의 분위기에 적응하는데 큰 도움을 주기도 한다. 신입생들이 들어와서 처음으로 마주하는 행사 중 하나는 Chapel Sing이라는 행사이다. 신입생들은 학교 응원가(fight song)인 "Old Wabash"를 관중들 앞에서 선배들의 방해를 이겨내고 끝까지 완창해야 한다. 흰색 티셔츠를 입고 참여하는데 만일 가사를 잊거나 방해를 이겨내지 못하고 실수를 하게 되면 티셔츠 가슴팍에 'W'자가 새겨지게 되고 재도전을 해야 한다.

와바시 대학교는 전미에서 가사가 가장 긴 응원가인 "Old Wabash"를 자랑스러워 한다. 응원가는 미식축구 등 운동경기에서 사기를 올리기 위해 연주되는 곡인데 노트르담 대학교의 응원가가 대표적이다. 와바시 대학 응원가는 1900년에 두 명의 와바시 학생들이 작곡, 작사를 해서 만든 곡이고 학교의 학생들과 교수들 외에도 소속된 모든 사람은 이 응원가 부르기를 좋아한다. 미국 어느 곳에서라도 와바시 졸업생들을 만나면 모두 함께 부를 수 있는 것이 감동적이다. 그렇기 때문에 "Old Wabash"를 외우는 이 행사는 학교의 일원이 되는 통과의례이기도 하면서 소속감을 느끼게 하는 중요한 과정이다.

신입생들은 Chapel Sing을 준비하기 위해 매일 밤 함께 모여 연습을 한다. 각 서클 멤버들끼리 또는 각 기숙사에 속한 사람들끼리 그룹으로 모여서 캠퍼스를 이곳저곳 돌아다니며 노래를 반복해서 부른다. 그 과정에 서로의 얼굴을 익히고 대화를 하며 친해지기 시작한다. 그리고 Chapel Sing을 견디며 통과해 내는 사람들 사이에는 마치 전우애와 같은 우정이 생기게 된다. 함께 한 신입생들 외에도 선배들, 교수들, 그리고 졸업생들 또한 인정하고, 같은 소속감을 느끼게 된다. 이 외에도 와바시 대학교만의 특별한 전통들은 자칫하면 무료할 수 있는 학교생활을 다채롭게 하는 역할을 한다.

학생 수 800명에
클럽 수 70개

와바시의 방과 후 생활 중 단연 큰 부분을 차지

하는 것은 클럽활동이다. 와바시에는 70개 정도의 클럽이 있는데 학생 의회는 물론이고 각 인종과 문화에 따른 학생회들과 물리, 화학, 언어 클럽 등 학업의 연장선인 클럽들도 있고 종교모임과 스포츠나 취미 생활을 공유하는 클럽도 있다. 내가 가장 즐겨했던 활동 중 하나는 남성 합창부 (Glee Club) 활동이었다. 와바시 대학의 글리 클럽은 전미에서 가장 오래된 글리 클럽 중 하나이고(1892년부터 시작), 테너 1, 테너 2, 바리톤, 베이스, 4부로 파트를 나눠 화음을 맞추는 합창단이다. 피아노 반주에 맞춰서 노래하기도 하고 악기 없이 아카펠라로 노래하기도 하는데, 그 곡들의 종류가 매우 다양하다. 오래된 성가 같은 종교적인 곡을 하기도 하고, 바버샵 콰르텟이라는 1800년대 후반에 시작된 이 장르만의 특이한 화음을 가진 곡들, 역사적으로 큰 메시지를 담은 곡들, 또 팝송을 편곡한 곡 등 문화적으로 접하기 쉽지 않은 곡들을 노래한다.

나는 노래보다는 악기를 연주하는 것이 더 익숙했지만, 항상 노래를 하고 싶은 마음이 있었기 때문에 글리 클럽에 가입했다. 한 해에 글리 클럽이 주최하는 중요한 행사들이 있어서 매주 월요일과 목요일에 2시간씩 모여 연습을 했다. 한 번의 공연을 위해 6-8곡의 레퍼토리를 배우고 가사를 외우고 화음을 맞추며 함께 노래하는 것이 와바시에서의 삶에 큰 즐거움이었다. 지휘자 지휘에 맞춰 옆 사람과 호흡을 맞추고 음량을 맞추며 하나의 목소리를 내기가 쉽지 않았지만, 그것을 이루어 냈을 때 느껴지는 성취감과 하나됨은 말로 표현하기 어렵다.

또한 글리 클럽에서는 매년 봄 방학마다 일주일 동안 함께 여행하며 노래를 하는 스프링 투어를 간다. 나는 4년 동안 게이트웨이 아치가 있는 세인트루이스, 엘비스 프레슬리의 전설이 시작한 멤피스 등 미국 곳곳을 돌아다니며 함께 노래했다. 관광지에서나 유명한 성당들, 음식점에서 아니면 길거리에서 함께 노래했는데 그 하나하나가 나에게는 큰 추억이다. 또한 각지에 있는 와바시 졸업생들과 투어 때마다 함께 식사하고 "Old Wabash"를 부르며 네트워킹을 하는 좋은 계기가 되기도 했다.

글리 클럽 투어 중 가장 특별했던 것은 2학년을 마친 여름에 간 에콰도르 투어였다. 글리 클럽과 스페인어 학과는 함께 여름방학 중 두 달간 에콰도르에 가는 프로그램을 만들었다. 첫 달은 에콰도르의 수도 키토(Quito)에 사는 가정집에 하숙하며 스페인어를 배우고 문화를 체험하였다. 고등학교에서부터 스페인어를 배워왔고 대학교에서도 부전공을 하고 싶어 스페인어 수업을 열심히 들었기에 에콰도르에 가서도 문제없을 거라고 자신했지만 학교에서 배우는 것과 현지에서 사는 것은 확실한 차이가 있었다. 느릿느릿하고 어눌한 말투를 가진 나를 하숙집 가족들은 많이 참아주었고 또 이것저것 활동들을 할 수 있게 함께 해주었다. 특히 한국(Corea)에서 왔다고 하니 에콰도르의 대통령 꼬레아(Correa)와 이름이 비슷하다며 아주 즐거워했다.

두 번째 달에는 글리 클럽과 함께 에콰도르의 여러 도시를 다니며 전통적으로 유서 깊은 성당 및 여러 장소에서 노래를 했다. 가톨릭 배경의 노래이며 라틴어 가사로 쓴 "Ave Maria"가 오래된 성당의 울림을 통해 퍼져나갈 때 깊은 감동을 전해 주었다. 아일랜드 축복송 "Irish Blessing"을 스페인어로 번역해서 부른 노래도 따뜻함을 전해 줬다. 여러 곡 중에서도 가장 인기가 많았던 것은 에콰도르 국가(National Anthem)인 "Salve, Oh Patria"(만세, 오! 우리 조국이여!)였다. 한국에서 외국인들이 모여 우리

나라 애국가를 부르는 것과 마찬가지로, 다양한 민족의 외국인들이 자신들의 언어로 자신들의 국가를 부른다는 것이 에콰도르 현지 사람들에게 감동을 줬던 것 같다. 언어와 생김새가 다른 사람들이 노래를 통해 서로에게 마음을 열고 함께 하게 되는 것은 참으로 매력적인 일이었다. 참고로 이 모든 여행을 다니며 개인적으로 사용한 용돈 외에 내가 지불한 비용은 하나도 없었다. 학생들이 풍부한 경험을 가질 수 있도록 전폭적으로 지원하는 것이 와바시 대학교의 핵심이기 때문이다.

영국 랭카스터 대학으로
교환학생

나는 3학년 2학기에 한 학기 동안 영국에 교환학생을 다녀왔다. 2학년부터 가고 싶은 나라를 정하고 가고 싶은 학교, 듣고 싶은 과목들을 조사해 지원했다. 와바시에서 제공되는 프로그램을 통해서 다녀올 경우, 모든 학점이 인정되고 또한 와바시에 지불하는 학비만큼 교환학생을 다녀오는 학교의 학비로 지원 된다. 학생은 학비 차액만 따로 지불하면 되는데 나는 그 비용이 얼마되지 않았다. 나는 영국의 랭카스터(Lancaster) 지방에 있는 랭카스터 대학(Lancaster University)으로 가서 한 학기를 보냈다. 가기 전 미국과 유럽대학의 물리 수업이 서로 다를 것으로 생각했는데 실제로 차이가 없었다. 그러나 문화적으로 영국을 경험한 것은 삶에 큰 도움이 되었다. 신입생 지도 시간에 배웠듯 영어의 시작점인 영국에서 언어가 어떻게 삶을 이루는지, 영국의 문화는 어떤 지를 경험하였는데 그곳 사람들과 함께 살아보는 것은 참으로 귀한 경험이었다. 영국 교환학생 기간 동안 나는 스위스, 캐나다, 독일 등 여러 나라에서 온 친구들을 사귀었다.

영국에 있는 동안 부활절 방학을 맞아 유럽 대륙 여행을 했다. 영국은 부활절 방학이 한 달이나 되어서 이탈리아, 프랑스, 헝가리, 오스트리아, 체코, 벨기에 등 유럽의 여러 국가를 방문했다. 영국에서 만난 친구들과 함께 방문할 곳을 조사하고, 게스트하우스를 다니고, 그곳에서 새로운 친구들을 사귀며 함께 여행하는 재미

는 이전에 경험해 보지 못했던 것이었다. 새로운 곳에서 낯선 사람들과의 만남은 내가 모르고 있던 나를 발견하는 계기가 되었다. 보여지는 모습 그대로를 보는 사람들과 만남으로써 나는 내 스스로 가지고 있던 고정관념들이 조금씩 깨어지는 경험을 했다.

교실 밖에서
이루어지는 교육

와바시 대학에서 받는 교육은 교실에서만 이루어지는 것은 아니었다. 학교에서 주는 장학금의 일부로 근로 장학금을 받

았는데 일하는 곳에서도 배울 수 있는 것이 정말 많았다. 근로 장학금은 장학금으로 허락된 액수 내에서 학생이 일의 대가로 받고, 그 돈은 학비의 일부분을 내거나 용돈으로 사용할 수 있다. 나는 학교에서 물리 튜터로도 일을 했고 도서관 사서 역할을 하기도 했다. 물리 튜터로서 다른 학생에게 도움을 주는 것은 나 스스로의 공부에도 도움이 됐다. 튜터를 하면서 나 스스로가 지식에 확신이 없으면 누군가를 잘 가르칠 수 없다는 것을 배웠다. 튜터링을 하며 스스로 더 공부하게 되었고 각 토픽에 대해 얘기를 나누는 것이 공부에 많은 도움이 됐다. 돈을 벌면서 공부를 하니 더할 나위 없었다.

또한 근로장학금을 받기 위해 일하면서 사람을 대하는 태도에 대해 배웠다. 나는 소극적이고 목소리가 작고 끝말을 많이 흐리는 버릇이 있는데 일하고 사람을 만나면서 내 모습이 어떤지 자각하게 되었고 고치려고 시도하는 계기가 되었다. 특히 파인 아트 센터(Fine Arts Center)에 있는 사무실에서 일하면서 많은 것을 배웠다. 이 사무실에서 직원인 아일린 보웬(Eileen Bowen)씨를 도와 여러 일을 했는데 핵심 업무 중 하나는 박스오피스 업무였다. 즉, 파인아트 센터에서 매년 열리는 연극과 공연의 티켓팅, 공연 날 티켓 판매 및 안내, 무대 정리 등을 돕는 일이었다.

유학생들에게나 이주민들에게 가장 어려운 것 중 하나는 영어로 전화를 하는 것이라고 생각된다. 얼굴을 보고 얘기하면 말뿐만 아니라 그 사람의 표정과 손짓 등으로 내용이 전달되는데 전화로는 오로지 언어로만 의사 전달을 해야 하기 때문이다. 오피스에서 2년 가까이 일을 하면서 전화로 사람을 대해본 경험이 그 부분을 발전시키는데 많이 도움이 되지

않았나 싶다. 대면으로 티켓팅을 하고 안내를 할 때는 몸가짐이나 표정 같은 것을 신경 쓰는 법, 자신 있게 발성을 하는 법을 연습했다. 또한 공연 중간에 무대 위 정리를 도우며 대중을 상대로 자기의 모습을 관리하는 법들을 배웠다.

작은 학교여서
인간적 만남 가능

와바시 대학에는 특히 따뜻한 사람들이 많았다. 학생들과 교수뿐 아니라 각 오피스에서 일하는 분들 한 분, 한 분이 학생들과 친분을 맺고 삶에 좋은 영향을 준다. 와바시에서는 새로 오는 유학생들에게 그 지역에 있는 가족들을 연결해 줘서 미국 가족을 가질 수 있게 해준다. 내가 처음 입학했을 때 연결된 가정은 젊은 목사님 가정이었다. 크로포드빌(Crawfordsville)보다 조금 더 시골인 라도가(Ladoga)라는 작은 마을에 사는 가족이었는데, 한국인 아들을 입양해서 살고 있었다. 그 가족이 종종 학교를 찾아와 주기도 하고 집으로 초대해 주기도 해서 같이 시간을 많이 보냈다. 내가 1학년을 마치고 와바시 대학을 휴학한 후 군입대를 기다리고 있을 때, 이 가족이 한국인 고아를 한 명 더 입양하기 위해 한국을 방문했다. 그때도 함께 시간을 보내고, 입양할 아이를 함께 만나보고 인사를 나눴다. 이 가족은 후에 선교사로 터키로 가게 되었지만, 현재까지도 SNS를 통해 연락을 주고받고 있고, 이번 여름에도 만날 계획을 하고 있다.

와바시 대학이 있는 인디애나 주 크로포즈빌(Crawfordsville)에서 한국인을 찾기란 정말 어려운 일이다. 한국인뿐만 아니라 동양인들이 많지 않아서 한인 마트나 오리엔탈 마트도 주도인 인디애나폴리스로 가거나 동양인 유학생들이 많이 다니는 퍼듀, 인디애나 대학교로 가야 찾아볼 수 있는데 가장 가까운 퍼듀 대학도 대략 1시간 정도 차로 가야 한다. 그러한 크로포즈빌(Crawfordsville)에 내가 한국음식을 먹고 싶을 때나 그저 한국인이 그리울 때마다 도움을 주신 상미 아주머니가 계시다.

상미 아주머니는 미국인 남편분과 결혼에서 크로포즈빌에 정착했다. 남편 분은 은퇴 후 과수원을 시작해서 함께 매주 토요일에 열리는 장터에 과일을 팔러 나오곤 한다. 또한 특이하게도 배추김치, 총각김치, 파김치 등등 각종 김치를 만들어서 파는데 미국인들에게도 큰 인기를 끌어서 매번 다 팔리곤 한다. 아주머니는 과수원에 각종 한국 과일(한국 종의 사과, 배, 복숭아 등등)과 채소를 길러서 물과 땅이 다른 미국에서는 맛보기 힘든 정통 한국 음식을 만들어 주었다.

이러한 인간적인 만남들은 주립대와 같은 큰 학교가 아닌 작은 와바시 대학을 다녔기 때문에 가능한 것이라 생각된다. 작은 학교에 다니는 특별함을 보여주는 이야기가 또 있다. 나는 1학년을 마치고 입대하기 위해 휴학을 신청하러 학생 처장을 찾아갔다. 와바시를 다닌 한국인 학생이 얼마 없었기 때문에 의무복무를 위해 휴학을 해야 한다는 나를 신기해 하면서도 한국의 상황을 이해해주고 흔쾌히 허락해 주었다. 또 학교의 배려로 복학 후에도 모든 장학금과 재정지원을 유지할 수 있게 되었다. 2년 후 군 복무를 마치고 2013년 8월에 학교로 복귀를 했다. 그때 나를 놀라게 했던 것은 학교에서 나를 기억해주는 사람이 정말 많다는 것이었다. 함께 입학한 동기나 같이 수업을 들은 학생들, 같은 기숙사에 살았던 학생들뿐 아니었다. 교수 중에서도 나를 직접 가르친 교수들뿐 아니라 그저 오가며 마주쳤던 많은 사람들이 나를 기억해 주었다. 행정업무를 담당하는 사람들도 나를 기억하고 반겨주었고, 휴학을 허락해준 학생 처장도, 심지어 카페테리아에서 일하는 사람들까지 나를 기억해주고 돌아온 것을 환영해 주었다. 나를 기억했던 사람들은 내가 휴학을 하고 돌아오지 않을 것이라고 생각했다는 것이다. 그래서 내가 돌아오자 그 소식이 캠퍼스에 금방 퍼지게 되었다. 그저 한 명의 유학생인 내가 여러 사람의 관심을 받고 대화의 주제가 됐다는 것에 말할 수 없는 감정을 느꼈다. 이는 와바시라서 가능한 일이었다고 생각한다.

학교 내의 커뮤니티 외에도 주변 학교와의 연결성 또한 와바시 대학에서의 삶을 풍성하게 한다. 와바시 대학에는 남쪽으로 30분 정도 떨어져 있는 드퍼 대학교(DePauw University)라는 라이벌 학교가 있다. 서로에 대한 선의의 경쟁심이 학교와 학생들에게 긍정적인 영향을 주고, 라이벌임에도 함께 개최하는 행사들이 많아서 서로에게 즐거움을 주는 관계다. 특히 매년 모논 벨(Monon Bell)이라는 미식축구 게임이 열리는데 승자가 모논 벨이라는 종을 캠퍼스에 보관하게 되고 행사때마다 그 벨을 울리는 특권을 갖게 된다. 일 년에 한 번 열리는 이 모논 벨 게임을 보기 위해 졸업생들이 캠퍼스를 찾는다. 이 게임을 전후로 여러 파티가 열리곤 한다.

와바시 대학이 남자 대학이다 보니 많은 와바시 대학생들이 여학생들을 만나기 위해서 드퍼 대학을 찾기도 한다. 특히 와바시 유학생회(International Student Association)은 드퍼 대학교의 유학생회와 함께 행사를 개최한다. 와바시 대학에서는 한국인을 만나기 쉽지 않은데 드퍼 대학교는 한국의 몇몇 대학과 자매결연을 맺어서 한국 학생들이 한 학기나 일년씩 교환학생으로 오기도 한다. 드퍼 대학교 유학생회 행사에 참여했을 때 가끔 만나게 되는 한국인은 외로운 객지 생활에 큰 힘이 되었다.

물리학자의 꿈을
키우다

나는 와바시에서 삶의 다양한 면을 배웠지만 절대 빼놓을 수 없는 것은 전공인 물리에 관한 이야기일 것이다. 물리에 대한 관심은 고등학교 마지막 학년에서부터 시작했지만 물리학자로서의 삶을 생각하기 시작한 것은 대학교 2학년을 마친 후 여름방학 때부터였다. 한국 학생들은 여름을 어떻게 보내야 할지 많은 고민을 한다. F-1 비자를 가지고 있는 유학생들은 캠퍼스 내에서만 일을 할 수 있거나 무보

수 인턴과 같은 보수를 받지 않는 일만 할 수 있는데 미국 학생들이나 다른 유학생들과의 경쟁을 뚫고 기회를 잡기가 쉽지 않다.

나는 군대에서 복학 후 2학년, 3학년 여름 모두 학교에서 연구 인턴십 자리를 얻었다. 그 두 연구 경험은 내가 물리 대학원에 진학하는데 큰 영향을 주었다. 2학년을 마친 여름에는 제임스 브라운(Dr. James Brown) 교수와 함께 핵물리학 연구를 했다. Brown 교수는 미시간 주립대학교 내에 있는 국가연구소(MSU/NSCL)에서 진행하고 있는 희귀 동위원소의 성질 연구에 쓰이는 탐지기를 보수/발전시키는 연구를 하고 있었다. 이 기간 동안 나는 교과서와 간단한 실험들을 통해서만 알고 있던 물리학 연구들이 실제 어떻게 이뤄지고 있는지 알 수 있었다.

3학년이 끝난 후 여름에는 당시 아카데믹 어드바이저인 데니스 크라우스(Dr. Dennis Krause) 교수와 함께 이론 연구를 했다. 개인적으로는 실험에 흥미가 있어서 이론 연구는 큰 관심이 없었다. 하지만 더 넓은 범위의 물리학을 알고 싶었기 때문에 이론 연구도 선뜻 하게 됐다.(그리고 페이를 받는 인턴이라 마다할 이유가 없었다!) 이론 연구는 돈이 많이 들지 않고 종이와 펜만 있으면 가능하다는 것이 크라우스 교수의 지론이다. 또 실험 물리는 여러 기관으로부터 연구비를 따내는데 많은 시간과 에너지를 소모해야 한다는 점을 알게 해주었다. 나는 두 여름을 실제 물리학자들과 함께 보내며 지식과 경험을 얻은 것뿐 아니라 실제적인 결과물을 만들기도 했다. 이론 연구 주제는 아인슈타인의 특수 상대성이론과 크라우스 교수님이 이전에 했던 양자 불안정 입자(Quantum Unstable Particle)를 응용하는 실험이었는데 이 연구 결과를 학회에서 발표하기도 하고 나중에 논문 저널에 출판하기도 했다. 내 인생 최초의 논문이었다!

대학교 3학년 후 여름을 마치고 대학원 진학을 고려하던 나에게 통과해야 하는 한 가지 관문이 있었다. 바로 SAT의 대학원 버전인 GRE였다. 작은 리버럴 아츠 칼리지를 다니면서 문득 걱정되는 부분이 있었다. 와바시 대학에서의 공부와 경험들이 나 스스로를 많이 발전시키고 있다고 생각이 되었지만 내가 우물 안 개구리와 같이 넓은 세상은 모르고 작은 세상에서 보이는 것만으로 우쭐대고 있는 것은 아닌가 하는 생각이 들었기 때문이다. 졸업이 가까워지고 그 넓은 세상으로 나가야 할 때가 가까워질수록 그런 생각들이 더 자주 찾아왔다.

하지만 우려와는 다르게 나는 GRE에서 매우 좋은 성적을 거두었다. GRE는 점수보다 백분위율을 중요하게 보는데 리딩 부분에서 90분위의 성적을 받았다. 대학원을 진학해 학자로서의 삶을 바라보는 사람들과 경쟁해 좋은 성적을 받았다는 것이 놀라웠다. 글쓰기와 수학 부문에서도 만족스러운 결과를 받아 GRE 외에 다른 준비를 하는데 시간을 쏟을 수 있었다. 물리과목 시험도 좋은 점수와 백분위율을 받아 한 번의 시험으로 마무리했다. GRE를 비롯한 시험 결과와 대학원 진학을 위해 작성한 이력서들을 보며 내가 4년 동안 와바시에서 경험해온 것들이 정말 부끄럽지 않은 내용임을 다시 확인했다.

실제로 와바시의 강점 중 하나는 대학원 진학률이다. 특히 법대나 의대 쪽으로 많은 학생이 가고 또 훌륭한 성과를 거두고 있다. 항상 글을 쓰고 토론을 하며 생각을 전개해 나가는 와바시 대학의 분위기상 당연한 것 같다. 대학원을 반드시 갈 학생이라면 와바시 대학에서 학부를 마치고 진학을 고려하는 것도 현명한 방법이지 않을까 생각된다.

와바시만의
특별한 졸업시험

　　　　　　　　와바시에서 졸업을 하기 위해서는 학점을 수료하는 것 외에도 추가로 통과해야 하는 것이 있다. 바로 종합시험(Comprehensive Exam)이라는 것인데 4년 동안 배운 지식을 모두 종합해서 시험 본다. 필기시험과 면접시험으로 나눠져 있는데 필기 부분에서는 전공과 부전공 시험을 보고 면접부분에서는 전공 과목 교수, 부전공 과목 교수, 그리고 비전공과의 교수, 이렇게 세 분을 모시고 자신의 지식과 생각들을 말로써 표현하는 시험이다. 4학년 가을 학기를 마치고 1월 초에 보는 시험이기 때문에 대부분의 시니어들이 겨울방학에 학교에 남아서 시험을 준비하곤 한다. 4년 동안 배웠던 것을 종합해서 시험 보기 때문에 복습을 해야 하는 공부의 양도 많고 또 어떤 문제들이 나올지 모르기 때문에 준비해야 할 것이 많다.

　물리의 필기시험은 세 부분으로 나뉘어 있었다. 객관식 문제와 주관식 및 에세이 형식의 문제에 답을 적어내고 세 번째는 실험에 관한 시험을 본다. 면접시험은 물리학과 교수 한 분, 음악과 교수 한 분, 그리고 연극과 교수 한 분과 대화를 나눴다. 한 시간 정도 되는 시간 동안 물리의 지식과 음악적 지식에 대해 주시는 문제들을 칠판에 써가며 설명하기도 하고, 와바시에서 얻은 경험과 지식, 삶에 대한 다양한 생각들을 풀어내며 토론을 했다. 종합시험의 결과는 통과(Pass), 우수함(High Pass), 탁월함(Distinction)으로 나눠지고 탁월함은 각 학과에서 한두 명 정도밖에 받지 못하는데 영광스럽게도 내가 두 명의 물리학과 탁월함 중 한 명이 되었다. 최우등 졸업장(Summa Cum Laude)을 받기 위해서는 학점이 3.6 이상이면서 종합시험에서 탁월함을 받아야만 하는데 탁월함을 받은 나는 최우등 졸업장을 받으며 졸업했다.

대학원에 와서 보니 와바시의 졸업시험은 대학원의 석사, 박사 학생들이 마주하게 되는 시험과 같은 것이었다. 인디애나 주립대학에서 물리학 석박사과정을 하면서 박사 단계로 넘어가기 위해서는 자격 인정 시험을 봐야 하는데 이 시험이 와바시에서 본 필기시험과 상당히 비슷했다. 경험이 있던 나로서는 그리 어렵지 않게(그런데도 어려워서 그 전날 밤 스트레스로 인해 눈물을 흘리긴 했지만) 시험을 통과했다. 또한 다른 학과의 박사생들에게 물어봤더니 그들은 박사 논문을 제출하는 것 외에 면접 시험을 봐야 한다고 한다. 나는 와바시 졸업시험이 대학원에 가려는 학생들에게 큰 도움이 된다는 생각을 다시 하게 되었다.

와바시 대학은
나를 길러준 어머니

미국에서는 모교를 '알마 마터'(길러준 어머니)라고 부른다. 아이의 모습을 벗어나 성인으로서 삶을 시작하는 중요한 시기에 지성과 인성을 포함한 전인격을 성장시키는 장소이기 때문이다. 그런 중요한 장소이기 때문에 졸업한 후에도 많은 사람들이 모교와의 관계를 끈끈히 유지한다. 나는 모교와 멀리 떨어지지 않은 인디애나 주립대학에서 석박사과정을 했기에 한번씩 모교를 찾곤 했다. 개인적인 방문 외에도 도움을 청하기 위해서도 방문했다. 석사과정을 마치고 박사 후보생이 되기 위해서는 Candidacy Seminar라는 박사 논문 주제 발표 과정을 통과해야 했다. 논문 디펜스를 하는 것같이 심사를 해줄 위원회를 구성해야 하고 1시간 가량의 발표를 준비해서 위원회 및 청중들 앞에서 발표해야 했다. 학교 내 4명의 교수로 위원회를 구성하는 것이 일반적인데 이때 와바시의 크라우스 교수에게 외부 위원으로 참석해 주기를 부탁하니 흔쾌히 허락해 주었다.

또한 발표를 준비하는 과정 중 와바시 대학에서 미리 발표해 볼 수 있는 기회도 주었다. 와바시 물리학과에는 매주 월요일 점심시간 1시간 동안 음식을 미리 준비하고 강사들을 초청해서 그들의 발표를 듣는 기회를 제공하는데 한 주에 한 번이라서 자리를 내기도 쉽지 않고 어느 정도 강사들이 미리 계획되어 있다. 하지만 크라우스 교수는 내 요청에 흔쾌히 자리를 내어 주셨고 그것도 정식 강사로 초청해 주셔서 페이를 받고 발표를 했다.

대학원생으로서 모교에 돌아갔을 때 특히 감동했던 것은 다른 물리 교수들이 학생이 아닌 같은 물리를 연구하는 사람으로 동등하게 대해 주는 것이었다. 내 연구분야를 존중해 주고 또 내가 연구한 내용을 인정해 주어서 정말 감사했다. 물리에 관련이 없지만 나를 아는 많은 교수들과 사람들이 그 자리에 참석해 주었다. 이 경험에 힘입어 논문 주제 발표를 잘 마칠 수 있었다.

2017년은 와바시 대학이 125주년 되는 해이어서 학교에서 이때를 위해 많은 준비를 했다. 글리클럽에서도 몇 년 전부터 125주년 축하 위원회를 만들어 멤버였던 졸업생들에게 연락을 하며 꾸준히 준비를 해왔다. 글리클럽 졸업생들과 재학생들이 함께 모여 공연을 하고 대화를 나누고 삶을 나누는 기쁜 시간이었다. 또한 학교를 방문했을 때 졸업한 지 1년 밖에 되지 않았지만 와바시는 새로운 느낌을 주었고, 한편 그 작은 캠퍼스가 낯설기도 했다. 그럼에도 잠깐 한 바퀴를 돌아보니 다시 집에 돌아온 듯한 느낌을 받았다. 나를 반겨주는 사람들을 만나고 인사를 나누고 지난 기억을 꺼내 대화하는 것이 즐거웠다.

와바시는 끊임없이 도전한다.

           Gentleman's Rule과 더불어 와바시 대학 학생들의 마음속에 자리 잡은 말들이 있다. 그중 하나는 '와바시는 끊임없이 도전한다("Wabash Always Fights")'라는 말이다. 각 학생들에게 이 말의 의미는 다르게 느껴질 것이다. 각자의 삶에 있는 그 싸움의 대상은 다르지만 와바시 대학 학생들은 끊임없이 싸워갈 것이다. 나도 마찬가지다. 나는 이 말을 내 패스워드 중 하나로 정해 놓고 되새기고 있다. 와바시 대학에서 또한 내가 배운 것은 이 싸움은 혼자 싸우는 것이 아니라는 것이다. 나의 와바시 대학 생활에 함께 해준 사람들을 기억하고 나 또한 그들과 같이 주변의 사람들을 도우며, 격려하며, 서로 의지하며 앞으로의 삶을 살아갈 것이다.

Whitman College

영문학 작가의 꿈을 이루다

• 라에스터(영문학 전공, 졸업) •

Whitman College	
위치	Walla Walla, Washington
학교 홈페이지	www.whitman.edu
설립연도	1883
학부생 수	1510
교수 : 학생 비율	1:9
남 : 녀 비율	43 : 57
국제학생 비율	7%
등록금	51764$
기숙사&식비	13174$
재정보조를 받는 학부생 비율	44%
한 학생 당 재정보조를 받는 평균 금액	41281$
졸업 후 취업률 (인턴십, 프리랜서 제외)	N/A
졸업 후 대학원 진학률	N/A
유명 전공	1. Biology/Biological Sciences 2. Psychology 3. Economics 4. Social Sciences 5. Fine/Studio Arts

대학 4년,
모든 순간이 수업 시간이었다

리버럴 아츠 칼리지의 장점 중 하나는 교육의 폭이 넓다는 것이다. 나는 영문학을 전공했지만, 대학교 다니는 동안 다양한 활동과 수업을 통해서 세상을 보는 시야를 넓힐 수 있었다. 1학년 때 Encounters라는 필수 과목을 들어야 한다. 이 수업에서는 종교, 역사, 과학, 철학 등 여러가지 분야의 글들을 접할 수 있는 기회를 준다. 창세기의 현대 번역을 읽기도 하고, 스페인 작가 조지 루이스 보르헤의 단편 소설들을 읽기도 하고, 미국의 노예제도나 니체의 철학을 접하기도 했다. 나는 이렇게 다양한 분야를 공부하면서 폭넓은 시야를 갖추게 되었고, 어떤 전공을 정해야 하는지 더 신중하게 생각할 수 있었다.

1학년 이후에도 전공 이외 교양 과목으로 수학, 과학 등을 들어야 했다. 이 또한 내가 삶을 살아가는데 보탬이 되었다. 나는 지질학 수업을 두

개 들으면서 화산 폭발의 과정에 대해서 배운 내용을 토대로 첫 시집에 백두산 폭발을 묘사하는 시를 쓰게 되었고, 고대 그리스 철학과 역사 수업을 들으면서 영문학의 기반이 되는 문화를 더 깊이 배울 수 있었다. 또한 대학에 들어가서 6살 이후로 손 뗀 피아노를 다시 시작한 것이 나에게는 큰 행복이었다. 나는 피아노 교수님과 매주 만나서 라흐마니노프, 드뷔시, 쇼팽의 작품들을 공부하고 직접 연주하면서 다시 시작하기 두려웠던 도전을 할 수 있었다. 나는 피아노 선생님께 쇼팽의 에뛰드나 프렐루드를 바탕으로 한 시들을 선물로 드리기도 했다.

리버럴 아츠 칼리지의 장점 중 하나는 교수들과의 친밀함이다. 티칭 조교(TA)가 아니라 교수들이 소규모 반을 직접 가르쳐서, 학생들은 많은 정보를 알차게 습득할 수 있다. Office hour에서 교수와 1대1로 철학, 16세기 여성 문학, 그리고 고대 그리스 연극들에 대해서 계속 대화를 나누다 보니, 자연스럽게 삶 이야기도 나누게 되었고, 여러 선생님들은 그저 선생님으로 끝나는 게 아니라 인생의 멘토가 되어 주었다. 한 철학 교수와는 너무 친해져서 매주 아침 식사를 함께 하며 수업에서 다 하지 못한 대화들을 활발하게 이어나가고, 방학 때는 이메일로 서로 책을 추천하면서 우정을 쌓게 되었다. 나는 교수들 덕분에 과거를 돌아보고 미래를 계획할 수 있어서 늘 감사한 마음을 가지고 있다. 평생 잊지 못할 대화들을 나누었고, 내게 가치 있는 새로운 지식을 가르쳐 주었다.

단순히 교실 안에서 배운 과목뿐만 아니라, 교실 밖에서 활동했던 모든 순간이 수업이 되었다. 교수와 친구들은 사회 정의 콘서트 개최에 도움을 주었고, 사회 정의를 주제로 한 영문학 잡지를 출간할 때, 미국의 정치 및 인종차별 대응 방법에 대한 깊은 대화를 함께 나눌 수 있었다. 원래 정의에 대한 열정이 있었지만, 막상 어떻게 실천으로 옮길지, 어떻게 영문학과 연결할 수 있는지 늘 막연했는데, 이런 활동으로 실질적인 경험을 쌓을 수 있었다.

대학은 배움의 장소인 만큼, 대학에서 보낸 4년의 시간은 내게 배움의 의미를 깊게 되새겨 주었다. 마음껏 공부하면서 내가 얼마나 배우는 것을 좋아하는지 깨닫게 되었고, 앞으로도 끊임없이 새롭게 배우는 사람이 되겠다고 다짐했다. 대학 공부를 성공적으로 마무리하면서 다른 배움에 최선을 다할 수 있다는 자신감도 생겼고, 어려운 논문이나 낯선 분야도 접근하는데 익숙해졌다. 졸업할 때가 되니까 모든 상황을 배움터로 받아들일 준비가 되었고, 모든 것을 더 국제적인 관점으로 바라볼 수 있게 되었다.

부모님께 졸업식 참석 경비 지원한 대학

위트맨 칼리지는 서부 워싱턴 주 왈라왈라에 위치한 작은 리버럴 아츠 칼리지다. 한 프랑스 잡지에서는 "세상에서 마실 와인은 프랑스의 샴페인과 미국의 왈라왈라에서만 찾을 수 있다"고 할 정도로 왈라왈라는 포도원으로 유명해서, 여름마다 와인 마시러 오는 관광객들이 북적거린다. 하지만 평소 학기 중에는 조용하고 아늑한 공간이며, 다운타운도 깔끔하고 예쁘게 꾸며져 있으며, 맛집들이 많기로 유명하다.

위트맨 칼리지는 장점들이 참 많은 학교다. 우선 전체적인 분위기가 매우 따뜻하고 가족적이며, 학교에 있는 스태프 및 교수들은 진심으로 학생들을 아끼고 챙겨준다. 재정적으로 힘든 부분이 있으면 학생처(Students Office)에서 도와주려고 노력하고, 고민이 있으면 학생처장(Dean of Students)이 같이 마음 아파해 주고, 기도해 주고, 열심히 들어준다. 나는 피아노 개인 수업을 듣고 싶었는데 한 학기에 $400이 들었다. 그래서 나는 내가 전액 장학금(full scholarship)으로 와서 재정적으로 부족하다고 지원서를 써서 냈다. 그랬더니 학교에서는 추가로 피아노 수업을 들을 수 있는 장학금을 제공해 주었다. 대학원 지원할 때 드는 비용도 보태 주고,

부모님이 졸업식에 올 수 있도록 비행기표도 지원해줄 만큼 학생들의 성공과 행복을 중요하게 여기는 학교다. 이뿐만 아니라 학생들이 학교에서 행사를 열면 학교 스태프들과 교수들이 찾아와서 열심히 응원해 준다.

이 대학 캠퍼스는 예쁘기로 소문이 났다. 곳곳에 예술 작품들이 전시되어 있으며, 푸른 풀밭과 화사한 꽃들, 다양한 나무들이 가득해서 음악을 들으면서 산책하기 더할 나위 없이 좋다. 캠퍼스도, 동네도 안전한 편이라서 나는 밤에 혼자 산책할 때도 많았다. 사계절이 뚜렷하지만 왈라왈라의 봄은 너무나 아름답다. 또한 위트맨 도서관은 24시간 열려 있으며, 겉으로 보기엔 작아 보이지만 InterLibrary Summit System으로 워싱턴 주에 있는 다른 도서관들과 다 연결되어 있어서, 필요한 책을 다 신청해서 받을 수 있다. 나는 훨씬 큰 대학 도서관에서도 못 찾았던 책들을 위트맨에서는 며칠 만에 받아 읽을 수 있었다.

학교 기숙사는 우선 다른 대학교들과 확연한 차이가 날 정도로 좋다. 1학년때 나는 Prentiss Hall이라는 여자 기숙사에서 1년을 보냈는데, 룸메이트랑 같이 쓰는 방이었지만 문으로 나눠져 있어서 혼자만의 공간을 가질 수 있었다. 기숙사가 정말 깔끔했으며 라운지에 공동 냉장고와 부엌이 갖춰져 있다. 지하에는 바닥부터 천장까지 거울로 가득한 댄스 연습룸이 있어서 운동하거나 춤 연습하기 좋은 곳이다. 화장실도 매일 청소되어서 깨끗하고, 기숙사에서 Resident Adviser들이 각 층마다 있어서 필요한 것이 있으면 언제나 챙겨준다. 방학에는 국제학생들이 기숙사에서 살 수 있도록 공간을 제공해 주며, 밤에 캠퍼스를 왔다갔다 해도 전혀 두렵지 않을 정도로 안전하다.

　나는 자연도 좋아하고 4년 동안 공부에 집중하고 싶은 마음도 커서 왈라왈라랑 잘 맞았지만, 도시의 수많은 이벤트와 기회가 부족한 건 사실이다. 솔직히 가끔 너무 작은 공간에 갇혀 있다는 느낌이 들어 답답할 때도 있었다. 힘들었던 것 중 하나는 작은 리버럴 아츠 칼리지이기에, 압도적으로 백인 학생들이 많았고, 한국에서 온 여학생은 내 학번에 나 밖에 없다는 것이었다. 이로 인해 오히려 다양한 배경을 가진 친구들을 많이 사귈 수 있었고, 미국 사회를 더 직접적으로 체험할 수 있었지만, 혼자서 한국을 대표한다는 느낌을 받거나 한국어로 얘기할 수 있는 사람이 없다는 생각이 들 땐 외롭기도 했다.

　늘 작은 교실에서 소수로 수업하기 때문에 교수와 직접 대화를 나눌 때가 많고, 목소리를 낼 수 있는 기회가 많다. 교수마다 수업 방식이 다르지만 대체로 암기보다는 토론 중심으로 수업을 진행하며, 수업 전에 책을 읽어 오면 같이 의견을 나누는 형태로 배움을 얻을 수 있다. 나는 질문할 수 있는 기회가 많고 적극적인 태도로 수업에 응할 수 있어서 배우는 게 무척 즐거웠다.

위트맨 칼리지의 또 다른 장점은 해외 체험을 할 수 있는 기회를 많이 열어준다는 것이다. 나는 영문학 교수와 18세기-19세기 스코틀랜드 문학을 연구하면서 학교 지원금으로 함께 스코틀랜드 국립도서관에 가서 18세기 때 쓰여진 미출판 원고들도 같이 해석하고, 에딘버러도 구경했다. 3학년 때는 교환 학생 신분으로 영국 옥스포드 대학교에 6개월 동안 유학했다. 위트맨 칼리지는 해외 유학(study abroad) 프로그램들이 잘 구성되어 있어서 오피스를 통해서 상담 및 도움을 받을 수 있었고, 위트맨에서 받은 장학금을 모두 옥스포드 학비로 쓸 수 있게 해주었다. 옥스포드에서 보냈던 6개월 동안 나는 매일 서점에서 5시간씩 책을 읽고, 매주 20페이지씩 글을 쓰면서 급속도로 영어가 늘었고, 그 시간들은 너무나 행복한 추억이 되었다. 이렇게 위트맨 대학교는 작은 시골에 있지만, 나는 위트맨 덕분에 국제적인 경험을 하며 영문학에 대한 사랑을 점점 키울 수 있었다.

3살부터 꿈꾸었던
작가 만들어준 대학

3살 때부터 영문학 작가가 꿈이었던 나는 위트맨 칼리지에 들어왔을 때 그 꿈을 어떻게 펼쳐야 할지 고민했다. 1학년 때 Spoken Word 동아리에 들어가서 시를 전문적으로 읽고 공연하는 연습도 하고, 도서관이나 왈라왈라 서점에 자주 가 책을 읽으면서 영어에 대한 사랑을 꾸준히 키우려고 노력했다. 좋은 글의 소재는 일상에서 찾을 수 있다고 생각해서, 매일 재미있는 대화들, 인상 깊었던 문구들, 그리고 아름다웠던 자연 풍경을 노트에 적었다. 그 과정에서 응원해준 많은 교수님들과 친구들 덕분에 차츰 자신감도 생겨서 잡지에 시들을 내보내기 시작했고, 상도 받고, 시 공연 초청도 받게 되었다.

이제 졸업을 했지만, 앞으로도 위트맨에서 쌓아온 경험을 토대로 더 넓은 세상에서 꿈을 좇아가고 싶다. 가까운 미래에 두번째 시집도 출간하고, 더 많은 잡지에 시들을 싣고, 한국에서 머물 동안 한국 문학도 더 깊이 배우고 싶다. 내가 쓰는 시나 소설에서는 한국에 대한 사랑과 한국 역사의 아픔을 많이 다루고 있다. 그래서 한국에 있는 동안 우리나라에 대해서 더 깊이 공부하고자 한다. 나는 2019년 여름동안 새조위라는 탈북자 정신건강 지원센터에서 인턴십을 하면서, 2019년 가을부터 정직원으로 일하기로 했다. 탈북자 지원을 도우면서 우리나라에 대해서 더 배우고싶고, 통일을 향한 마음과 지식을 키워 나가고 글에 담아보고 싶다. 더 나아가 내가 영어로 널리 알리고 싶은 한국에 대해 곰곰이 생각하고 있다.

앞으로 미국에 있는 Creative Writing MFA(석사) 프로그램에 지원해서 시 쓰는 실력도 더 키우고 다른 시인들도 만나고 싶다. 문학 비평에 대한 관심도 많아서 석사과정 이후 영문학 쪽으로 대학원 갈 생각도 하고 있다. 아직 불확실한 미래를 생각하면 떨리기도 하지만, 희망과 신뢰를 가지고 행복한 모험으로 가득한 삶을 살고 싶다!